신약인물설교

A New Testament preaching

차 례

신약인물 설교

신약인물 설교집

가룟 유다 / 6

가말리엘 / 12

가야바 / 18

고넬료 / 24

나다나엘 / 30

나사로-마리아의 오빠 / 36

누 가 / 42

니고데모 / 48

데 마 / 54

데메드리오 / 60

도르가 / 66

도 마 / 72

드루실라 / 78

디 도 / 84

디모데 / 90

로 데 / 96

루디아 / 102

마 가(요한) / 108

마르다 / 114

막달라 마리아 / 120

베다니의 마리아 / 126

예수의 모친 마리아 / 132

마　태 / 138

바나바 / 144

바디매오 / 150

바라바 / 156

바　울 / 162

베드로 / 168

뵈 뵈 / 174

부겔로와 허모게네 / 180

브리스가와 아굴라 / 186

빌라도 / 192

빌레몬 / 198

빌 립 (제자) / 204

빌 립 (집사) / 210

사가랴 / 216

삭개오 / 222

세례 요한 / 228

스데반 / 234

아나니아와 삽비라 / 240

아볼로 / 246

안드레 / 252

야고보 (세베대의 아들) / 258

오네시모 / 264

요셉 (마리아의 남편) / 270

요셉 (아리마대) / 276

요　한 / 282

유니게 / 288

유두고 / 294

헤로디아 / 330

헤롯 대왕 / 306

머릿말

하나님께서는 신, 구약 성경에 나타난 인물들의 믿음과 언행심사를 통해서 우리들에게 신앙적인 교훈을 깨닫게 하셨습니다. 그들이 하나님을 경외하는 자들이든지 아니면 우상숭배를 하는 자들이든지 간에 그들의 삶 자체가 바로 설교말씀입니다. 때문에 우리들은 그들의 삶을 통해서 하나님께서 원하시는 뜻과 금하시는 말씀을 깨닫고 올바른 신앙생활을 하게 되는 것입니다.

또한 하나님께서는 이 성경의 인물들을 통해서 우리 신앙인들이 하나님을 어떻게 믿고 그분의 명령에 어떻게 순종하며 주신 사명에 어떻게 충성해야 하는지에 대해서도 교훈하시고 계십니다.

이 설교는 필자가 당시대의 역사나 문화 등을 심도 있게 연구하여 작성된 것이 아니고 필자가 섬기는 교회에서 성도들에게 교훈중심으로 설교한 내용들을 모은 것입니다. 그러므로 독자들께서 어떤 교리학적 사상이나 고고학적인 면에서 관찰하고 검증하시기보다 한 목회자가 사랑하는 성도들에게 교훈을 주어 올바르게 양육하기 위해 작성된 설교라는 사실을 이해해주시기 바랍니다.

끝으로 부족한 종과 지난 40년간을 한마디의 불평함도 없이 묵묵히 한결같이 동행해주신 당회원들과 성도들께 감사드립니다. 그리고 이 책이 나오기까지 수고해주신 임은옥 권사님과 교정에 힘써주신 박정기 전도사님, 출판해주신 선교횃불의 김수곤 사장님께 감사드립니다.

2016년 12월 25일

선린교회 목양실에서

김 요 셉 목사

# 가룟 유다

[마 26:14-16]

> 그 때에 열둘 중의 하나인 가룟 유다라 하는 자가 대제사장들에게 가서 말하되 내가 예수를 너희에게 넘겨 주리니 얼마나 주려느냐 하니 그들이 은 삼십을 달아 주거늘 그가 그 때부터 예수를 넘겨 줄 기회를 찾더라

「유다」라는 말은 히브리어로 '예후다'이며, '하나님을 찬양하라'는 의미로서 이스라엘 사회에서는 대단히 흔한 이름입니다. 때문에 예수님의 열두 제자 중에 막내인 유다를 다른 유다와 구별하기 위해서 반드시 '가룟 유다'라고 말합니다. 가룟은 유다가 출생한 지명입니다. 그런데 이 가룟 유다는 자신의 아름다운 이름처럼 살지 못했습니다. 또한 예수님의 제자로서의 직분도 감당하지 못했습니다. 그리고 결국은 스승을 배신하고 양심의 가책을 받아 목매어 자살해 죽었습니다. 오늘의 말씀을 통해서 우리들도 자신의 삶을 잘 반성하고 정신차리는 기회가 되어야겠습니다.

1. 불쌍한 사람입니다.

첫째로 어려운 시대의 사람이었습니다.

가룟 유다 당시의 이스라엘의 상황은 매우 어려웠습니다. 나라는 강국인 로마의 지배 아래서 심한 압박을 받고 있었으며, 나라의 지도자인 바리새인들과 사두개인들은 로마군인들과 결탁하여 정치적으로 국민들을 괴롭혔고, 또한 경제적으로는 무거운 세금으로 힘들게 했습니다. 그리고 종교적으로는 예언이 중단된 지 400년이나 되었습니다. 한마디로 장래가 불투명하고 암담한 시대였습니다. 그런데 선지자인 세례 요한을 통해서 예수 그리스도가 증

거되었고 우리 주님께서 인류의 구주로 이 세상에 오셨습니다. 때문에 이스라엘 사람들은 모두가 다 예수 그리스도께서 이스라엘 나라의 왕이 되셔서 로마의 압박에서 나라를 해방시켜주시기를 원했습니다.

둘째로 열두 제자 중 하나로 선택되었습니다.
공생애를 시작하신 예수님께서는 인류 구원이라는 대 사역을 효과적으로 이루시기 위해 열두 제자를 세우셨습니다(눅 9:1-6). 왜 열두 제자입니까? 그것은 바로 선민 이스라엘 민족의 기원이 열두 지파로 시작되었기 때문입니다. 이것은 또한 복음을 통하여 구원받은 모든 사람들이 영적 이스라엘이 되어야함을 뜻하기도 합니다. 예수님께서는 열두 제자를 세우시고 그들에게 능력과 권세를 주셨습니다. 그리하여 그들로 하여금 담대하게 복음을 전하고 마귀를 제어하며, 각종 질병들을 치료하여 사탄과 질병에 잡혀 있는 영혼들을 구원하도록 하셨습니다. 가룟 유다도 바로 이렇게 귀한 사명을 받은 열두 제자 중의 하나였습니다. 한마디로 우리 주님께 선택받은 귀한 사람이었습니다.

셋째로 사명을 저버렸습니다.
어느 시대이든지 사람이 어떤 조직이나 단체, 사회에서 선택되어 쓰임 받는다는 것은 참으로 귀하고 복된 일입니다 더욱이 이 세상의 그 어떤 일보다도 영혼을 구원하고 살리는 귀한 일에 쓰임 받는다는 것 자체만으로도 그 무엇과 비교할 수 없는 최고의 축복인 것입니다. 그런데 가룟 유다는 예수님의 사랑을 저버렸으며 자신이 맡은 사명과 직무까지도 유기해 버렸습니다. 이 세상에서 가장 불쌍한 사람은 자신이 받은 사랑을 저버리고 맡은 바 사명과 직무를 유기하는 사람입니다. 그리고 오히려 악한 일에 쓰임 받는 불쌍한 존재로 전락해 버렸습니다. 때문에 가룟 유다는 멸망의 자식이요(요 17:12), 도둑이며(요 12:6), 마귀로서(요 6:70,71) 이 세상에 태어나지 않았으면 좋을 자(마 26:24)라는 여러 가지 오명을 남기고 비참하게 죽었습니다.

사랑하는 여러분!
우리 모두는 우리가 태어난 시대가 어떻든지 간에 믿음으로 이 세상과 환경을 다스리고 정복하는 멋진 삶을 삽시다. 또한 우리들을 지명하여 선택해 주시고 불러주신 하나님께 감사하는 삶을 삽시다. 그리고 심히 부족하고 연약함에도 불구하고 사명을 맡겨주신 주님께 최선을 다해 충성하는 멋진 성도들이 되시기 바랍니다.

2. 배신의 사람입니다.

첫째로 세상 욕망에 빠진 자였습니다.
가룟 유다는 예수 그리스도를 살아 계신 하나님의 아들로서 자신의 구주로 고백한 다른 제자들과는 전혀 달랐습니다. 그는 예수 그리스도께서 우리 인류를 죄와 저주, 멸망에서 구원하실 영적인 메시야로 믿지 않고 예수 그리스도께서 이스라엘의 왕이 되어 나라를 독립시키실 때에 정치적인 실세로서 출세하고 싶은 정치적인 야욕을 가지고 있었습니다(요 12:1-8). 때문에 그는 예수 그리스도께서 자신의 생각과 달리 이스라엘의 왕이 되지 않고 고난에 처하게 되자 실망하고 곧바로 자신의 삶의 목표와 방향을 예수 그리스도에게서 당시의 정치적인 권력자들에게로 완전히 바꾸었습니다(마 26:47-56). 참으로 배은망덕한 사람입니다.

둘째로 가증스러운 사람이었습니다.
예수님께서는 유월절 만찬식에서 "...내가 진실로 너희에게 이르노니 너희

중의 한 사람이 나를 팔리라"(마 26:21)고 하셨습니다. 이에 제자들은 심히 근심하면서 저마다 "...주여 나는 아니지요"(마 26:22)라고 물었습니다. 가룟 유다도 마찬가지였습니다(마 26:25). 만찬을 마치신 예수님께서는 십자가를 앞에 놓고 베드로와 요한, 야고보를 데리고 겟세마네 동산으로 올라가셔서 기도하셨습니다. 그러나 철부지한 제자들은 예수님의 고난의 십자가를 생각지 못하고 모두 다 졸고 있었습니다. 때에 가룟 유다가 대제사장들과 검과 몽치를 든 큰 무리들과 함께 예수님을 잡으러 왔습니다. 그리고 가룟 유다는 "...내가 입맞추는 자가 그이니 그를 잡으라"(마 26:48)고 이미 약속한대로 예수님께 나아와 "...랍비여 안녕하시옵니까" 라고 말하면서 입을 맞추었습니다(마 26:49). 바로 그 때에 예수님께서 잡히셨습니다. 참으로 가증스러운 인간이었습니다.

셋째로 예수님을 은 30에 팔았습니다.

가룟 유다는 자기의 스승인 예수 그리스도를 포기하고 예수님을 잡아죽이려고 계획하던 가야바와 제사장들을 찾아가 예수님을 넘겨주기로 약속하고 은 30을 받았습니다(마 26:14-16). 예수님께서 그 많은 사람들 중에서 자기를 선택하시고 지명하여 불러서 제자로 삼아 복음을 전파하는 귀한 사명을 주셨음에도 불구하고 그분을 배신한 것입니다. 예수님께서는 가룟 유다를 특별히 신임하셔서 전 살림살이의 재정까지도 다 맡기셨습니다. 그런데 당시 일반 노동자들의 4개월 분이요, 한 노예의 몸값인 은 30에 스승을 팔았던 것입니다(21:32, 출 30:24). 참으로 일말의 양심도 없는 파렴치하고 배은망덕한 자입니다.

사랑하는 여러분!
우리 모두는 그 어떤 이유로도 더러운 이 세상의 욕망과 연락에 빠지는 일이 없어야겠습니다. 또한 가룟 유다처럼 가증스럽게 위장하고 입맞추는 비겁한 자가 되지 맙시다. 그리고 우리가 이 세상을 떠나는 그 순간까지 배신하는 일이 없도록 합시다.

3. 비극의 사람입니다.

첫째로 사탄에게 속한 자였습니다.

예수님께서는 "...내가 너희 열둘을 택하지 아니하였느냐 그러나 너희 중의 한 사람은 마귀니라"(요 6:70)고 하셨습니다. 그것은 바로 그가 마귀에게 속한 자로서 마귀의 조종을 받아 범죄했기 때문입니다. 마귀는 언제나 자기에게 속한 자에게 들어가 사악한 생각을 갖게 하고, 악한 말을 하게 하고, 악을 행하여 사람들을 괴롭힙니다. 가룟 유다가 행한 일들을 보면 마귀의 속성이 그대로 나타나 있습니다. 마귀는 원래 하나님이 부리시는 천사였습니다. 그런데 하나님을 배신하고 대적하므로 마귀가 되었습니다. 마찬가지로 가룟 유다도 예수 그리스도의 사랑을 받고 함께 한 자였으나 예수 그리스도를 배신하고 비극의 사람으로 전락해 버렸습니다.

둘째로 목매어 자살해 죽었습니다.

가룟 유다는 자기 스승인 예수님을 노예의 몸값인 은 30에 팔았으나 주님께서 막상 십자가를 지시게 될 상황에 이르게 되자 양심의 가책을 느껴 자신이 받은 은 30을 성소에 던져 넣고 물러가 스스로 목매어 자살하고 말았습니다(마 27:5). 프랑스의 사회학자인 '에밀 뒤르켐'은 그의 저서 「자살론」에서 자살은 세 가지의 유형이 있다고 했습니다. 먼저 개인이 사회에 적응하지 못해서 죽는 이기적인 자살이 있고, 또한 국가와 민족, 사회를 위해 스스로 희생하는 자살이 있습니다. 이것은 바로 나라를 방위하기 위해 적진에 뛰어들어 죽는 용감한 군인이나 이준 열사와 같은 자일 것입니다. 그리고 사회의 변화에 적응하지 못하고 충격을 받아 죽는 죽음입니다. 이 자살은 살아 계신 하나님의 심판을 믿지 않는 불신앙과 인내심의 부족에서 비롯된 것입니다. 그러므로 그 어떤 이유에서도 자살은 합리화 될 수 없습니다.

셋째로 영벌에 처했습니다.
먼저 자살은 우리들을 지으시고 생사화복을 친히 주관하시는 하나님의 주권을 침해하고 무시하는 범법행위입니다. 그러므로 자살은 무서운 죄악입니다. 또한 자살하는 자는 자신의 죄를 회개할 수 없기 때문에 절대로 용서받을 수 없습니다. 그리고 자살하는 자는 영벌에 처하게 됩니다(계 20:11-15, 22:15). 자기 생명의 주인이신 하나님을 무시하고 자신이 자기 생명의 주인인 줄 착각하고 자살해 죽었기 때문에 구원받을 수 없다는 것입니다. 그러므로 우리 기독교인들은 모두가 다 하나님께서 부여해 주신 사명을 다하기까지 하나님의 뜻을 따라 올바로 살아가야 할 생명의 청지기들입니다.

사랑하는 여러분!
우리 모두는 그 어떤 일이 있어도 사탄에게 사로잡히는 불행한 일이 없어야겠습니다. 또한 이유 여하를 막론하고 우리는 하나님께서 주신 연한을 천국으로 부르실 때까지 최선을 다해 열심히 살아야 합니다. 하늘에 대한 소망을 가지고 인내하며 살아야 합니다. 그리하여 천국에서 영생복락을 누리는 완전한 영적인 승리자들이 되시기 바랍니다.

 # 가말리엘

[행 5:34-42]

바리새인 가말리엘은 율법교사로 모든 백성에게 존경을 받는 자라 공회 중에 일어나 명하여 사도들을 잠깐 밖에 나가게 하고 말하되 이스라엘 사람들아 너희가 이 사람들에게 대하여 어떻게 하려는지 조심하라 이 전에 드다가 일어나 스스로 선전하매 사람이 약 사백 명이나 따르더니 그가 죽임을 당하매 따르던 모든 사람들이 흩어져 없어졌고 그 후 호적할 때에 갈릴리의 유다가 일어나 백성을 꾀어 따르게 하다가 그도 망한즉 따르던 모든 사람들이 흩어졌느니라 이제 내가 너희에게 말하노니 이 사람들을 상관하지 말고 버려 두라 이 사상과 이 소행이 사람으로부터 났으면 무너질 것이요 만일 하나님께로부터 났으면 너희가 그들을 무너뜨릴 수 없겠고 도리어 하나님을 대적하는 자가 될까 하노라 하니 그들이 옳게 여겨 사도들을 불러들여 채찍질하며 예수의 이름으로 말하는 것을 금하고 놓으니 사도들은 그 이름을 위하여 능욕 받는 일에 합당한 자로 여기심을 기뻐하면서 공회 앞을 떠나니라 그들이 날마다 성전에 있든지 집에 있든지 예수는 그리스도라고 가르치기와 전도하기를 그치지 아니하니라

> 가말리엘의 이름은 '하나님의 은혜'란 의미를 가지고 있습니다. 그는 예루살렘에 사는 유명한 율법학자였습니다. 당시 유대인들의 학문사회는 힐렐 학파와 삼마니 학파가 있었습니다. 그런데 그 중에서도 예수님의 책망을 많이 받았던 다른 바리새인처럼 계율적이고 형식적이 아닌 항상 현실적이고 실천적인 삶을 교훈한 힐렐 학파의 세력과 영향력이 훨씬 더 컸습니다. 가말리엘은 바로 이 힐렐 학파였습니다. 다시 말하면 가말리엘은 당시 유대사회에서 가장 존경받고 산헤드린 공회에서 크게 영향력 있는 중요한 위치에 있었던 훌륭한 인물이었습니다.

1. 신분

첫째로 바리새파 출신이었습니다.

바리새란 말은 '갈린 사람, 분리주의자' 란 의미를 가지고 있습니다. 예수님 당시에 그들은 '이웃' 이란 단체를 만들었는데 6천 명의 회원을 가지고 있었습니다. 당시 유대교 내에서는 세 종파가 있었는데 바로 바리새파와 사두개파 그리고 엣세네파가 있었습니다. 이들이 추구하는 노선을 보면 사두개파는 절대자유주의였으며, 엣세네파는 완전한 숙명론자들이었습니다. 그러나 이 바리새파는 이 두 종파의 중간을 걷고 있었습니다. 이 바리새파는 전통적으로 내려오는 유전을 아주 중요시하고 모세의 율법을 엄수했으며 특히 금식을 고집했습니다. 뿐만 아니라 그들은 독선적이었고 거룩한 척하는 외식적인 삶을 살았습니다. 그렇지만 실제적으로는 그 무엇보다도 지위나 명예, 돈을 좋아하고 교회를 심히 박해하는 악한 자들이었습니다(마 12:24, 23:33; 요 8:31). 그런데 이 가말리엘은 독사의 자식들이라고 예수님의 책망을 받았던 바리새인들과는 달리 하나님을 믿고 섬기며 경외하기를 힘쓰는 올바른 사람이었습니다.

둘째로 율법교사였습니다.

당시 이스라엘에서는 율법교사를 랍비라고도 하고 선생이라고도 했습니다. 그들은 모두 다 랍비학교를 졸업하고 철저한 율법교육을 받은 자들로서 몸소 율법을 실천하고 언제나 품위를 지키고 위신을 세우며 위엄 있게 행동해야 했습니다. 또한 모든 사람들을 선도하고 특별히 가난한 사람들을 구제했습니다. 그리고 안식일에는 회당에서 율법을 가르쳤습니다. 가말리엘은 학식이 많은 자로서 당시에 아주 유명한 율법 교사였습니다. 다시 말하면 당 시대의 최고의 율법학자로서 이스라엘 사람들에게 율법을 가르치는 교사였습니다.

셋째로 공회원이었습니다.

당시의 로마는 유대인들을 통치하고 있으면서도 유대민족에게 어느 정도 자치권을 부여하고 있었습니다. 때문에 유대인들은 공회를 세우고 나라를 통치했으며 그 이름을 '대심판소'라고 했습니다. 이 공회가 후에 아랍말인 '산헤드린'(막 15:1)이라고 고쳐서 부르게 되었습니다. 이 공회는 바사 시대부터 창설되었으며 창설 당시에는 '원로원'(행 5:21)이라고 불렸는데 나중에 '산헤드린'이라고 바꾸어 부르게 되었습니다. 이 공회의 기능은 정치, 경제, 사회에 대한 법규 제정은 물론 친히 행정권과 사법권까지 행사했습니다. 이 산헤드린 공회는 대부분이 사두개인들과 소수의 바리새인들로 구성되어 있었습니다. 그러나 소수의 바리새인들이 주도하고 영향력을 행사했습니다. 그런데 이 산헤드린의 권한이 아주 막강하여 사형선고까지 행사했습니다(마 26:3; 행 4:5, 6:12). 그러나 이 사형선고만큼은 로마정부의 동의를 얻어야 했습니다. 이 공회의 권위는 유대 전국에 미쳤으며, 각 지방의 사건들을 신속히 처리하기 위해 각 지역마다 작은 공회를 설치하고 있었습니다(마 5:22, 10:17; 막 13:9).

사랑하는 여러분!
우리들은 예수 그리스도의 대속의 십자가로 구원받은 하나님의 백성들입니다. 그러므로 우리들도 이유여하를 막론하고 하나님의 말씀대로 살아야 합니다. 또한 하나님께서 우리들을 충성되이 여기시사 복음 전파의 사명을 맡기셨습니다. 그러므로 최선을 다하여 잠든 영혼들을 깨워서 구원하는 파수꾼이 되어야겠습니다. 그리고 하나님께서 허락해 주신 능력으로 이 세상을 다스려 가는 능력자들이 되시기 바랍니다.

2. 성품

첫째로 훌륭한 인격자였습니다.

그는 외식적이고 이기적이며 배타적인 대부분의 바리새인들과는 달리 아주 훌륭한 인격자였습니다. 그는 당시 이스라엘 사회에서 율법의 황제라 불릴 만큼 율법에 대하여 대가였습니다. 그러나 그는 조금도 교만하지 않았습니다. 또한 그는 다른 사람들에 대하여 쉽게 자기의 주관적인 생각으로 쉽게 판단하고 헤아려 정죄하는 어리석은 행동을 하지 않았습니다. 때문에 그는 격분해 있던 대제사장과 사두개인 등 유대 지도자들에게 "이스라엘 사람들아 너희가 이 사람들에게 대하여 어떻게 하려는지 조심하라"(행 5:35)는 말로 자제를 당부하고 심사숙고하게 처리할 것을 촉구했습니다. 그는 자신이 바리새인이요, 율법교사이며, 공회원임에도 불구하고 편협된 인격을 갖지 않고 다른 사람의 입장과 처지를 배려할 줄 아는 참으로 훌륭한 인격자였습니다.

둘째로 존경받는 사람이었습니다.

사도들이 손으로 민간에 기사와 이적을 행하고 병든 자를 치료하자 많은 사람들이 나음을 받았습니다(행 5:12-16). 이것을 본 대제사장과 사두개인들이 시기하여 사도들을 잡아다가 공회 앞에서 세우고 심문했습니다(행 5:17-28). 그러나 베드로와 사도들이 "...사람보다 하나님께 순종하는 것이 마땅하니라 너희가 나무에 달아 죽인 예수를 우리 조상의 하나님이 살리시고 이스라엘에게 회개함과 죄사함을 주시려고 그를 오른손으로 높이사 임금과 구주를 삼으셨느니라 우리는 이 일에 증인이요 하나님이 자기에게 순종하는 사람들에게 주신 성령도 그러하니라"(행 5:29-32)고 강력하게 항변했습니다. 그러자 대제사장과 사두개인들이 듣고 크게 분노하여 사도들을 죽이려고 했습니다(행 5:33). 이에 가말리엘이 조심할 것을 당부하자(행 5:39) 그들은 모두가 가말리엘의 말을 옳게 여기고 "사도들을 불러들여 채찍질하며 예수의 이름으로 말하는 것을 금하고"(행 5:40) 놓아주었습니다. 우리들도 마찬가지로 이 가말리엘과 같이 예수님의 이름으로 이 세상에 영향력을 행사할 수 있어야겠습니다. 이렇게 영향력 있는 사람이 되어야겠습니다.

셋째로 사리 판단이 밝았습니다.

그는 유대인의 전통을 체계화했으며 율법의 황제라는 칭호를 받는 힐렐의 손자요, 당시대에 막강한 권력기관인 공회의 회원이었습니다. 그러나 사도들이 유대인들의 전통과 율법을 부정하는 듯한 말을 했음에도 불구하고 그에 대해 절대로 흥분하거나 이성을 잃지 않았습니다. 오히려 냉철하고 차분하게 상황을 주시하고 올바르게 판단했습니다. 때문에 잡혀온 사도들을 밖으로 다 내보낸 뒤에 살기등등해 있는 대제사장과 사두개인에게 잡혀온 사도들에 대해 조심스럽게 대하고 지혜롭게 일을 처리하라고 주문한 것입니다(행 5:35-41). 우리들도 이러한 가말리엘의 삶을 본받아야겠습니다.

사랑하는 여러분!

우리들도 가말리엘처럼 훌륭한 인격자가 되어야겠습니다. 또한 모든 사람들에게 존경받은 언행심사를 가져야겠습니다. 그리고 자기 자신의 불완전한 지식이나 경험, 아집에 사로잡히지 말고 사리판단에 밝은 자들이 되어야겠습니다.

3. 신앙

첫째로 하나님 중심의 신앙인이었습니다.

가말리엘은 자신이 당대 최고의 율법학자요, 전통의 대가이며 공회에서 가장 영향력 있는 자로 존경받는 처지에 있으면서도 율법과 유대의 전통에서 비롯된 자신의 사상과 학문적 이론이 절대적이라고 고집부리지 않고 모든 일을 하나님 중심적으로 생각하고 처리했습니다. 때문에 그는 흥분한 대제사장과 사두개인들에게 "이제 내가 너희에게 말하노니 이 사람들을 상관하지 말고 버려두라 이 사상과 이 소행이 사람으로부터 났으면 무너질 것이요 만일 하나님께로부터 났으면 너희가 그들을 무너뜨릴 수 없겠고 도리어 하나님을 대적하는 자가 될까 하노라"(행 5:38-39)고 하나님의 뜻과 섭리를 중요시했습니다. 그렇습니다. 우리들이 이 세상을 살아가는 동안에 가장 중요한 것은 바로 범사에 하나님을 중심한 신앙으로 살아가는 것입니다.

둘째로 경건한 신앙인이었습니다.
크게 흥분하여 사도들을 죽이려고 하는 대제사장과 사두개인들에게 하나님의 율법과 유대의 전통을 부정하는 듯한 말을 하는 그들을 대변하고 공회원들의 뜻을 무시한 듯한 말을 했지만 어느 하나도 가말리엘에게 이의를 제기하거나 거역하지 않았습니다. 이것은 바로 그가 평상시에 경건한 신앙생활을 함으로써 이스라엘 사회에서 두터운 신임을 받고 있었다는 사실을 입증한 것입니다. 때문에 탁월한 지도력이 생기게 된 것입니다.

셋째로 영육이 복받은 신앙인이었습니다.
전설에 의하면 그는 노년에 개종하여 예수 그리스도를 영접하고 세례를 받았다고 합니다. 또한 그의 가정, 식구들도 모두 구원받았다고 합니다. 그리고 육신적으로도 3대가 공회원이 되는 영예까지 누렸다고 합니다. 우리들도 가말리엘과 같은 인격과 신앙을 가지고 이 세상을 변화시키는 능력 있는 신앙인들이 되어야겠습니다.

사랑하는 여러분!
우리 모두 철저히 하나님 중심적이요, 교회 중심적인 삶을 삽시다. 또한 모범적인 신앙생활로 다른 사람들이 존경하고 따를 수밖에 없는 영향력 있는 지도자들이 됩시다. 그리고 우리들의 영육이 장구한 축복을 받아 하나님께 영광 돌리는 멋진 성도들이 되시기 바랍니다.

 # 가야바

[요 11:47-53]

이에 대제사장들과 바리새인들이 공회를 모으고 이르되 이 사람이 많은 2)표적을 행하니 우리가 어떻게 하겠느냐 만일 그를 이대로 두면 모든 사람이 그를 믿을 것이요 그리고 로마인들이 와서 우리 땅과 민족을 빼앗아 가리라 하니 그 중의 한 사람 그 해의 대제사장인 가야바가 그들에게 말하되 너희가 아무 것도 알지 못하는 도다 한 사람이 백성을 위하여 죽어서 온 민족이 망하지 않게 되는 것이 너희에게 유익한 줄을 생각하지 아니하는도다 하였으니 이 말은 스스로 함이 아니요 그 해의 대제사장이므로 예수께서 그 민족을 위하시고 또 그 민족만 위할 뿐 아니라 흩어진 하나님의 자녀를 모아 하나가 되게 하기 위하여 죽으실 것을 미리 말함이러라 이 날부터는 그들이 예수를 죽이려고 모의하니라

> 가야바는 대제사장 안나스의 사위로서 주후 18년부터 36년까지 약 18년 동안을 대제사장으로 재직했습니다. 그는 사두개파에 속한 자로서 아주 교만하고 모략적 지혜가 많은 사람이었습니다. 가장 중요한 것은 그는 예수님 당시의 대제사장으로서 예수님과는 아주 깊은 악연을 가진 사람이었습니다. 그는 공회 의장으로서 겟세마네 동산에서 체포된 예수님을 심문하고 사형에 해당하는 자로 판결하고 총독 빌라도의 재판에 넘겨 사형을 집행되도록 하는 데까지의 모든 회의를 주도한 자였습니다.

1. 예수님 살해 음모 주동자

첫째로 예수님께서 나사로를 살리셨습니다.

예수님께서는 죽은 지 나흘이나 되는 나사로를 살리셨습니다(요 11:31-44). 이에 나사로가 다시 살아난 것을 목격한 많은 유대인들이 예수님을 구

주로 믿었습니다(요 11:45). 그러나 일부 사람들이 예수님의 행적을 즉시 바리새인들에게 보고했습니다(요 11:46). 다시 말하면 예수님께서 죽은 나사로를 살리신 이적을 보고 어떤 사람은 전능하신 주님을 구주로 믿고 구원받는가 하면 어떤 사람은 마음에 상처를 받고 예수님을 배척하고 박해하는 악을 저질렀습니다(요 11:46). 그렇습니다. 오늘날도 마찬가지입니다. 강단에서 선포되는 하나님의 말씀을 받고 은혜를 받아 자신의 죄악을 회개하고 사명을 찾아 충성하는 빛에 속한 자가 있는가 하면, 말씀을 듣고 상처를 받고 병이 들어 불순종하는 어둠에 속한 자도 있습니다. 그러므로 지금 이 시간에 나 자신은 과연 어떤 사람인지 철저하게 점검해 봐야 하겠습니다.

둘째로 공회가 급히 소집되었습니다.
몇 명의 유대인들로부터 예수님께서 죽은 나사로를 살리셨다는 것을 보고받은 유대종교지도자들은 긴급 공회를 소집하고 "…이 사람이 많은 표적을 행하니 우리가 어떻게 하겠느냐 만일 그를 이대로 두면 모든 사람이 그를 믿을 것이요 그리고 로마인들이 와서 우리 땅과 민족을 빼앗아 가리라"(요 11:47,48)고 두려워했습니다. 이것은 바로 예수님의 기적을 본 유대인들이 모두 다 예수님을 믿는 것이 두려웠기 때문입니다. 왜냐하면 그렇게 될 경우 먼저 자신들의 비리와 불법, 허구가 밝혀질 것이요 또한 지금까지 지켜왔던 종교적 행위를 통한 자기들의 기득권과 이익이 위협받기 때문이었습니다. 그리고 예수님의 표적을 본 많은 군중들이 주님을 따르게 되면 로마인들이 그것을 반란의 징조로 보고 자신들을 문책하고 유대 나라를 더욱 더 강하게 탄압할 것이라고 생각했기 때문입니다.

셋째로 예수님에 대한 체포 명령을 내렸습니다.
긴급 소집된 공회는 예수님을 잡아 죽이려고 모의했습니다(요 11:53). 때문에 예수님께서는 유대인 가운데 드러나지 않게 하시려고 제자들과 함께 에브라임으로 가서서 머무셨습니다(요 11:54). 때에 유월절이 다가오자 많은 사람들이 자기를 성결케 하기 위해 예루살렘으로 올라갔습니다. 그런데 "그들이 예수를 찾으며 성전에 서서 말하되 너희 생각에는 어떠하냐 그가 명절에 오지 아니하겠느냐"(요 11:56)라고 서로가 궁금해했습니다. 이는 바로 산헤드린을 구성하고 있는 대제사장들과 바리새인들이 유월절을 이용하여 누구든지 예수 있는 곳을 알거든 신고하여 잡게 하라고 체포 명령을 내렸기 때문이었습니다(요 11:57).

사랑하는 여러분!
우리 모두는 언제나 설교말씀을 받고 은혜를 받는 사람들이 되어야겠습니다. 또한 부패된 나 자신을 포기하고 하나님의 말씀대로 순종하는 성도들이 되어야겠습니다. 그리고 그 어떤 면으로든지 남을 괴롭히고 힘들게 하는 어리석은 삶을 살지 말아야겠습니다.

2. 예수님 사형 판결자

첫째로 안나스가 심문했습니다.
예수님을 체포한 무리들은 밤중인데도 불구하고 대제사장 안나스의 집으로 데리고 갔습니다. 그 해의 법적인 대제사장은 가야바였습니다. 그럼에도 불구하고 그들이 예수님을 대제사장인 가야바에게로 데리고 가지 않고 안나스에게로 데리고 간 것은 안나스가 전임 대제사장으로서 당시 유대의 영향력이 있는 실력자였기 때문이었습니다(요 18:1-3). 원래 율법에 의하면 반드시 해가 떠야만 공회를 열고 재판을 할 수 있었습니다. 그러나 예수님을 신속히 재판하여 사형에 처하기 위해 율법을 어겨가면서까지 신속하게 진행시킨 것입니다. 안나스는 먼저 예수님에게 그의 제자들과 그의 교훈에 대해 심문했습니다. 왜냐하면 유대교 지도자들은 예수 그리스도를 이단의 괴수로 보았기 때문에 예수님을 따르는 제자들의 수가 얼마나 되느냐 하는 것은 대단히 중요했습니다. 그는 또한 예수님의 교훈에 대해 심문했습니다. 그것은 바로 예수님에게서 율법에 의해 사형에 해당하는 하나님을 모독한 죄나 이단성, 민란을 선동한 죄목을 얻기 위해서였습니다. 이에 예수님께서는 제자들에 대한 질문에 대해서는 일체 대답하지 않으셨습니다. 예수님께서는 안나스의 심문 그 자체가 부질없다고 말씀하시고 잘못이 있으면 증인을 세워 증언하라고 하셨습니다(요 18:22-23).

둘째로 가야바에게 이송되셨습니다.

안나스의 예수님에 대한 예비 심문이 별 소득이 없이 끝나자 공회원들은 예수님을 당해 년도의 법적인 대제사장인 가야바에게로 이송했습니다. 이것은 바로 산헤드린 공회에서의 예수님에 대한 정식 재판형식을 거치는 것을 의미합니다. 가룟 유다를 돈으로 매수한 대제사장과 공회원들은 예수님을 따르는 백성들의 눈을 피해 예수님을 밤에 체포했고 불법적으로 밤에 재판을 했습니다. 또한 그들은 예수님에 대한 거짓증인도 이미 다 준비해 놓고 있었습니다(막 14:55-59). 다시 말하면 예수님에 대한 재판은 이미 짜놓은 각본대로 진행하는 하나의 요식 행위였습니다. 특별히 사형에 대한 판결은 당일에 할 수가 없었습니다. 그럼에도 불구하고 불법적으로 판결했습니다.

셋째로 빌라도의 법정으로 이송되셨습니다.

불법적으로 밤중에 신속하게 사형을 판결한 가야바는 예수님을 로마의 빌라도 총독에게 넘겼습니다. 왜냐하면 산헤드린 공회가 유대의 최고 행정기관이요, 사법기관의 재판소이지만 사형집행권이 그들에게 없었기 때문입니다. 그러나 산헤드린 공회는 범법자에 대한 출교, 태형 등의 형벌을 가할 수 있었습니다. 다만 성전구역을 불법적으로 침입하는 이방인들에 대해서는 사형을 집행할 수 있었습니다. 그리하여 예수님은 무지한 유대인들과 우유부단한 빌라도에 의해 십자가형이 집행되었습니다(요 19:1-20). 이 과정은 이 나라의 군사 쿠데타 정권의 군사법정과 똑같았습니다.

사랑하는 여러분!
우리 모두는 그 어떤 일이 있어도 진리를 왜곡하거나 다른 사람에 대한 약점이나 허물을 잡으려는 야비한 삶을 살지 맙시다. 또한 다른 사람에 대한 거짓 증언하는 불법을 행하지 맙시다. 그리고 이유 여하를 막론하고 남을 해치는 악한 삶을 살지 말아야 합니다.

3. 제자들을 심문한 자

첫째로 제자들이 예수님의 부활을 증언했습니다.
대제사장 가야바는 예수 그리스도를 정죄하여 사형시키면 그를 따르던 자들이 다 흩어지고 자신들이 염려하던 모든 문제들이 자연스럽게 해결되리라고 착각했습니다. 그런데 이것이 웬일입니까? 제자들은 예수님께서 부활하심으로 말미암아 그분이 하나님의 아들이심이 증명되었다고 두려움 없이 생명 걸고 열심히 증언했습니다. 때문에 예수 그리스도를 구주로 믿는 자들의 수가 날로 늘어났습니다. 이에 가야바는 예수님의 제자들을 붙잡아다가 공회에서 "...너희가 무슨 권세와 누구의 이름으로 이 일을 행하였느냐"(행 4:7)고 심문했습니다. 이에 대해 베드로는 성령이 충만하여 예수 그리스도에 대해 기탄 없이 증언했습니다(행 4:8-12).

둘째로 제자들을 정죄할 사유를 찾지 못했습니다.

어부로서 배움이 없는 베드로였지만 담대하게 예수님을 증언 했습니다(행 4:13). 왜냐하면 그는 하나님의 성령으로 충만했고 복음이 진리인 것을 확실하게 체험했기 때문입니다. 또한 예수 그리스도의 이름으로 치유 받은 수많은 사람들이 바로 증인이었습니다. 때문에 그들은 제자들을 비난할 말이 없어졌습니다(행 4:14). 그렇습니다. 우리들이 제 아무리 부족하고 연약해도 전능하신 우리 하나님이 함께 하시면 그 무엇도 우리들을 해하거나 복음전파를 막을 수 없습니다.

셋째로 제자들을 석방했습니다.

공회원들은 베드로와 요한에게 자신들의 지위와 권세는 물론 율법적인 지식으로 공박을 가함으로 복음을 전파하지 못하도록 입을 막고자 했습니다(행 4:15-18). 그러나 그 모든 것들이 다 여의치 못하자 마지막 수단으로 생명에 대한 위협을 가했습니다. 그러나 베드로와 요한은 "...하나님 앞에서 너희의 말을 듣는 것이 하나님의 말씀을 듣는 것보다 옳은가 판단하라 우리는 보고 들은 것을 말하지 아니할 수 없다"(행 4:19,20)고 했습니다. 그러자 공회원들은 제자들을 구속할 만한 그 어떠한 묘안을 찾지 못하고 할 수 없이 석방시켰습니다.

사랑하는 여러분!

우리들도 이 세상의 그 무엇도 두려워하지 말고 자신 있게 복음을 전파합시다. 전능하신 하나님께서 놀랍도록 역사하실 것입니다. 또한 우리들이 제 아무리 부족해도 성령께서 역사하시면 그 무엇도 무서울 것이 없습니다. 그러므로 언제나 전능하신 하나님을 보고 두려움 없이 계속 전진하는 능력 있는 삶을 사시기 바랍니다.

 # 고넬료

[행 10:1-8]

가이사랴에 고넬료라 하는 사람이 있으니 이달리야 부대라 하는 군대의 백부장이라 그가 경건하여 온 집안과 더불어 하나님을 경외하며 백성을 많이 구제하고 하나님께 항상 기도하더니 하루는 제 구 시쯤 되어 환상 중에 밝히 보매 하나님의 사자가 들어와 이르되 고넬료야 하니 고넬료가 주목하여 보고 두려워 이르되 주여 무슨 일이니이까 천사가 이르되 네 기도와 구제가 하나님 앞에 상달되어 기억하신 바가 되었으니 네가 지금 사람들을 욥바에 보내어 베드로라 하는 시몬을 청하라 그는 무두장이 시몬의 집에 유숙하니 그 집은 해변에 있다 하더라 마침 말하던 천사가 떠나매 고넬료가 집안 하인 둘과 부하 가운데 경건한 사람 하나를 불러 이 일을 다 이르고 욥바로 보내니라

> 고넬료는 로마군의 백부장으로서 피지배국인 유다의 가이사랴에 주둔하면서 그 지역의 치안을 책임진 자였습니다. 다시 말하면 그는 이방인으로서 지배국의 권력자였습니다. 그러나 그는 하나님을 믿는 백성들을 많이 구제하고 하나님께 항상 기도하는 아름다운 신앙인이었습니다. 우리들도 고넬료의 신앙과 삶을 통해서 보다 더 나은 신앙인으로 아름답게 서가야겠습니다.

1. 경건한 신앙인이었습니다.

첫째로 하나님을 잘 경외했습니다.

고넬료는 이방인으로서 유대를 지배하고 있는 로마의 권력자였습니다(행 10:1). 다시 말하면 그의 지위나 위치적으로 볼 때에 하나님을 믿고 경외할 수 있는 입장과 처지가 아니었습니다. 그럼에도 불구하고 그는 자신은 물론 온 가족을 인가 귀도 시켜 하나님을 잘 경외하는 모범적인 신앙인이었습니

다. 우리 인간이 하나님을 경외하는 것은 하나님께서 요구하신 것이요(신 10:10), 지혜의 근본이며(잠 9:10), 우리 인간의 마땅한 본분입니다(전 12:13).

둘째로 예배에 최선을 다했습니다.

가이사랴에서 욥바까지는 약 45㎞나 되는 먼 거리인데도 불구하고 그는 종들을 보내어 베드로를 초청하여 예배를 드렸습니다. 그는 하나님의 말씀을 듣기 위해 자기의 일가와 친척은 물론 가까운 친구들까지도 다 모아놓고 주의 종인 베드로가 오기를 기다렸습니다(행 10:24). 한마디로 예배에 최선을 다했습니다. 바로 이와 같이 준비된 자세가 바로 은혜를 사모하는 예배자의 자세입니다. 이런 사람이 예배를 잘 드리고 말씀을 깨닫게 되며 은혜를 받습니다. 우리들도 고넬료와 같이 하나님 앞에 드리는 모든 예배에 최선을 다해 준비해야겠습니다. 우리들의 신앙 조상들인 아브라함과 이삭, 야곱은 모두가 다 예배에 성공한 분들이었습니다.

셋째로 겸손히 순종하는 사람이었습니다.

그는 예배드릴 준비를 다해 놓고 난 다음 기다리다가 베드로가 자기 집에 도착하자 베드로의 발 앞에 나아가 엎드려 절했습니다(행 10:24,25). 인간적으로 보면 그는 지배국의 백부장으로서 가이사랴 지역을 관할하는 지역 사령관이었습니다. 그런데 그가 피지배국의 초라한 어부인 베드로를 맞아 그것도 자기의 가족들과 일가친척은 물론 친구들이 다 보는 앞에서 땅에 엎드려 절한다는 것은 공적인 인물로서의 자신의 지위나 나라의 체면을 생각한다면 그렇게 쉬운 일은 아닙니다. 또한 그러한 사실이 만약에 상부에 보고될 경우에 당할 수 있는 어떤 불이익을 생각한다면 도저히 상상할 수 없는 큰 모험인 것입니다. 그러나 그는 이러한 인간적인 처지와 상황을 전혀 개의치 않고 베드로를 주님의 사자로서 깍듯하게 모셨습니다. 바로 예수님을 영접하는 자세로 맞아드렸습니다. 또한 그는 베드로에게 "…이제 우리는 주께서 당신에게 명하신 모든 것을 듣고자 하여 다 하나님 앞에 있나이다"(행 10:33)라고 겸손히 무릎을 꿇었습니다. 그리고 그는 순종의 사람이었습니다. 그는 기도 중에 하나님의 음성을 듣고 즉시로 순종하여 생전에 들어 보지도 못한 베드로란 주의 종을 자기 집으로 초청했습니다. 때문에 그는 베드로를 통해 은혜를 받고 이방인으로서는 최초로 세례를 받는 영광을 누리게 되었습니다. 그렇습니다. 순종은 신앙인의 생명입니다. 그러므로 순종이 없는 신앙은 생명이 없기 때문에 역사가 일어나지 않습니다. 그 곳에는 오직 불평과 불만으로 인한 죄와 저주만 있을 뿐입니다.

사랑하는 여러분!
우리 모두는 하나님을 잘 경외하는 신앙인들이 되어야겠습니다. 또한 예배에 최선을 다하여 은혜와 축복이 넘치는 삶을 살아야겠습니다. 그리고 고넬료처럼 겸손히 순종하는 사람이 되어 하나님께 영광을 돌리는 복된 성도들이 되어야겠습니다.

2. 선행에 힘쓴 사람이었습니다.

첫째로 우리는 선한 일을 위해 지음 받았습니다.
성경은 "우리는 그가 만드신 바라 그리스도 예수 안에서 선한 일을 위하여 지으심을 받은 자니 이 일은 하나님이 전에 예비하사 우리로 그 가운데서 행하게 하려 하심이니라"(엡 2:10)고 하셨습니다. 그렇습니다. 우리가 예수 그리스도 안에서 새로운 피조물이 된 것은 선한 일을 하기 위해서입니다. 여기에서의 선한 일은 구원받기 위한 일이 아니라 구원받은 자로서 마땅히 맺어야 할 열매입니다. 이 일은 오직 하나님의 은혜에 의한 성령의 역사하심과 우리들의 순종을 통해서만 나타납니다. 그러므로 구원받은 우리 성도들은 반드시 선한 일을 위해 사용되어져야 합니다. 우리들의 언행심사와 시간과 물질, 달란트를 오직 하나님의 영광을 위한 선한 일에만 쓰임 받아야 합니다. 바로 거기에 하나님께서 영생과 칭찬으로 함께 하십니다(롬 2:7, 13:3).

둘째로 말씀대로 구제에 힘쓴 사람이었습니다.

그는 이방인이요, 로마군의 지휘관임에도 불구하고 하나님을 경외하며 백성들을 구제하고 선행에 힘쓴 모범적인 신앙인이었습니다. 인간적으로 생각해 볼 때에 한 나라의 정복자요, 관할의 책임자로서 피지배국의 백성들에게 구제와 선행에 최선을 다한다는 것은 결코 쉬운 일이 아닙니다. 그의 구제는 유대 종교의 지도자들과 같이 과시하기 위한 외식적인 것이 아니라 "네 이웃을 네 자신과 같이 사랑하라"(마 19:19)는 하나님의 말씀을 그대로 실천한 것이었습니다. 그렇습니다. 구제는 하나님의 명령입니다(출 22:22; 신 10:19; 렘 7:6). 때문에 사도 바울은 구제를 적극적으로 권장했습니다(딤전 6:17-19). 그러므로 우리들도 우리의 몸과 마음, 시간과 물질로 구제와 선행에 힘쓰는 삶을 살아야겠습니다.

셋째로 유대인들로부터 칭찬 받는 사람이었습니다.

당시 유대인들은 로마의 식민통치 아래서 정치, 경제, 종교적으로 많은 핍박을 받고 있었습니다. 때문에 압박을 받고 있는 유대인들로서는 자신들을 억압하고 있는 로마 사람들에 대한 인식이 아주 나빴습니다. 그럼에도 불구하고 고넬료는 유대 온 족속으로부터 많은 칭찬을 받았습니다(행 10:22). 오늘 우리나라 기독교인들에게 있어서 가장 심각한 문제는 이 세상 사람들로부터 이러한 칭찬과 격려를 받고 있지 못하다는 것입니다. 우리 성도들이 우리들의 언행심사를 통해 예수님의 말씀대로 '이 세상의 소금과 빛, 거룩한 향기'가 되었다고 하면 고넬료와 같이 이 세상의 모든 사람들로부터 칭찬을 받을 것입니다. 그러므로 우리들도 오늘의 말씀을 통해 그 동안 우리들의 잘못된 언행심사와 삶의 자세를 회개하고 바로 서야겠습니다.

사랑하는 여러분!
우리 모두 구원받은 자들의 열매인 선한 일에 쓰임 받는 자들이 됩시다. 또한 나 자신이 할 수 있는 역량대로 최선을 다해 구제하는 일에 힘씁시다. 그리고 가정이나 교회, 이 세상에서 칭찬 받는 멋진 성도들이 되시기 바랍니다.

3. 항상 기도하는 사람이었습니다.

첫째로 그는 열심히 기도했습니다.
기도는 '하나님과의 대화요 인격적인 교제'입니다. 그러므로 기도 없이 하나님을 알 수 없고, 기도 없이 신앙 생활할 수도 없으며, 기도 없이 인생을 살아갈 수 없습니다. 때문에 우리 모두는 성도들의 영적 호흡인 이 기도를 쉬지 말고 해야 합니다(살전 5:17). 고넬료는 유대인이 아님에도 불구하고 항상 기도하는 사람이었습니다(행 10:2). 유대인들은 언제나 하루에 세 번씩 시간을 정해놓고 반드시 기도했습니다. 그런데 이 고넬료가 기도한 시간도 바로 유대인들의 기도시간이었습니다. 그러므로 우리들도 하루 중에서 일정한 시간을 정해놓고 끊임없이 기도하는 삶을 살아야 합니다.

둘째로 기도 응답을 받았습니다.
하루는 고넬료가 기도하는데 제구시쯤 환상 중에 하나님의 사자가 들어와 "...네 기도와 구제가 하나님 앞에 상달되어 기억하신 바가 되었으니 네가 지금 사람들을 욥바에 보내어 베드로라 하는 시몬을 청하라"(행 10:3-5)고 했습니다. 바로 기도 중에 천사를 보고 그의 음성을 들은 것입니다. 아마도 그가 열심히 기도하지 않았다고 하면 그러한 역사는 일어나지 않았을 것입니다. 그렇습니다. 기도는 반드시 응답됩니다(요 14:14). 때문에 열심히 기도한 고넬료에게 하늘 문이 열린 것입니다. 예수님께서 기도하실 때에도 하늘 문이 열렸습니다(눅 3:21). 그러므로 우리 모두는 범사에 아무 것도 염려하지 말고 전능하신 하나님께 기도해야 합니다(빌 4:6,7). 그러면 반드시 문제를 해결 받고 평안을 얻게 됩니다(시 118:5-6).

셋째로 성령을 충만히 받았습니다.

고넬료는 열심히 기도하다가 환상을 보았고 그 환상 중에서 주의 사자인 베드로를 청하라는 명을 받았으며 그대로 순종하여 베드로를 자기 가정에 모시고 하나님의 말씀을 듣게 되었으며(행 10:23-29), 성령으로 충만하게 되었습니다(행 10:44, 45). 성령은 인간적인 어떤 수단이나 방법으로 받는 것이 아닙니다. 어떤 값이나 대가를 주고 살 수 있는 것도 아닙니다. 살아 계신 하나님을 믿고 오로지 기도에 힘쓰는 자들에게 주어지는 하나님의 선물입니다(욜 2:28-30; 행 4:29-31). 그러므로 우리들도 열심히 기도하여 성령을 충만히 받아 맡은 바 사명을 잘 감당하는 능력 있는 성도들이 되어야겠습니다.

사랑하는 여러분!

우리 모두 항상 깨어서 기도하는 삶을 삽시다. 또한 고넬료처럼 기도하는 대로 응답을 받아 기뻐하는 감격의 삶을 삽시다. 그리고 성령으로 충만하여 무서운 것이 없이 복음을 전파하는 담대한 사명자들이 되시기 바랍니다.

# 나다나엘

[요 1:43-51]

이튿날 예수께서 갈릴리로 나가려 하시다가 빌립을 만나 이르시되 나를 따르라 하시니 빌립은 안드레와 베드로와 한 동네 벳새다 사람이라 빌립이 나다나엘을 찾아 이르되 모세가 율법에 기록하였고 여러 선지자가 기록한 그이를 우리가 만났으니 요셉의 아들 나사렛 예수니라 나다나엘이 이르되 나사렛에서 무슨 선한 것이 날 수 있느냐 빌립이 이르되 와서 보라 하니라 예수께서 나다나엘이 자기에게 오는 것을 보시고 그를 가리켜 이르시되 보라 이는 참으로 이스라엘 사람이라 그 속에 간사한 것이 없도다 나다나엘이 이르되 어떻게 나를 아시나이까 예수께서 대답하여 이르시되 빌립이 너를 부르기 전에 네가 무화과나무 아래에 있을 때에 보았노라 나다나엘이 대답하되 랍비여 당신은 하나님의 아들이시요 당신은 이스라엘의 임금이로소이다 예수께서 대답하여 이르시되 내가 너를 무화과나무 아래에서 보았다 하므로 믿느냐 이보다 더 큰 일을 보리라 또 이르시되 진실로 진실로 너희에게 이르노니 하늘이 열리고 하나님의 사자들이 인자 위에 오르락 내리락 하는 것을 보리라 하시니라

> 나다나엘(하나님의 선물 또는 하나님이 주셨다는 뜻)은 갈릴리 가나 출신으로 빌립에 의해 전도를 받아 예수 그리스도의 제자가 된 자로서 바돌로매와 동일 인물로 보고 있습니다. 예수님께서는 빌립의 전도를 받은 나다나엘이 나아오는 것을 보시고 "...보라 이는 참으로 이스라엘 사람이라 그 속에 간사한 것이 없도다"라고 칭찬하셨습니다. 오늘 이 시간에 함께 예배드리는 우리들도 나다나엘과 같이 참이스라엘 사람이요 그 속에 간사함이 없다고 하는 칭송을 받는 멋진 그리스도인으로 살아야겠습니다.

1. 빌립에 의해 전도 받은 자였습니다.

첫째로 빌립이 나다나엘을 찾아가 전도했습니다.

빌립은 자기를 찾아주시고 제자로 삼아 주신 예수님을 따르기로 작정하고 곧바로 그 비밀을 나다나엘을 찾아가 전했습니다. 그는 나다나엘에게 "...모세가 율법에 기록하였고 여러 선지자가 기록한 그이를 우리가 만났으니 요셉의 아들 나사렛 예수니라"(요 1:45)고 했습니다. 다시 말하면 빌립이 자신이 만난 예수님이 율법에서 말씀하신 분이라는 사실을 확실하게 증언한 것입니다. 또한 그는 예수님이 "...요셉의 아들 나사렛 예수니라"고 예수님의 인간적인 신분까지 구체적으로 들어가면서 전했습니다. 그러므로 우리들도 빌립과 같이 예수 그리스도를 성경 말씀에 근거하여 그분이 우리 인류의 죄를 대속하신 구주라는 사실을 구체적으로 증언해야 합니다.

둘째로 율법에 정통한 자였습니다.

나다나엘은 예수님을 만나기 전부터 율법에 아주 충실한 자였습니다. 때문에 빌립이 나다나엘에게 "모세가 율법에 기록하였고 여러 선지자가 기록한 그이를 우리가 만났으니 요셉의 아들 나사렛 예수니라"(요 1:45)고 예수님께서 율법에서 말씀하신 분이시라는 사실을 강조해서 증언한 것입니다. 우리는 여기에서 빌립이 율법에 정통한 나다나엘을 주님께로 인도하기 위해 예수님이 모세의 율법에서 이미 예언된 분이라는 사실을 확실하게 증언하는 지혜를 엿볼 수 있습니다. 그렇습니다. 우리들도 빌립처럼 사람들의 욕구와 관심사항이 무엇인지 구체적으로 파악하여 그들이 마음 문을 열고 예수 그리스도를 자신의 구주로 받아들일 수 있도록 하는 지혜로운 자세를 가져야 겠습니다.

셋째로 나다나엘이 불신했습니다.

빌립의 전도를 받은 나다나엘은 "...나사렛에서 무슨 선한 것이 날 수 있느냐"(요 1:46上)고 빌립의 말을 믿지 않았습니다. 그는 율법을 연구하는 자였으므로 메시야가 유대 베들레헴에서 탄생할 것을 알고 있었습니다(마 2:1). 또한 당시 나사렛은 갈릴리의 한 마을로써 멸시 당하고 있는 곳이기에 구주가 탄생할 수 없다고 생각했습니다. 때문에 나다나엘은 빌립의 말을 불신했을 뿐만 아니라 가소롭게 여기고 아주 무시해 버린 것입니다. 그럼에도 불구하고 빌립은 나다나엘의 냉정한 거부에도 조금도 위축되지 않고, 나다나엘에게 "와서 보라"(요 1:46下)고 오히려 강권했습니다. 그러자 나다나엘은 할 수 없이 예수님 앞으로 나아왔습니다(요 1:47). 그렇습니다. 우리들도 빌립과 같은 믿음과 말씀에 대한 확신은 물론 영혼 사랑에 대한 뜨거운 열정을 가지고 보다 적극적으로 복음을 전파하여야겠습니다. 그리고 하나님께서 우리들에게 명령하시는 모든 일들은 즉시 순종해야 합니다. 어떤 이유로든지 인간적인 생각으로 이것저것 따지거나 미루어서는 절대로 안됩니다.

사랑하는 여러분!
우리 모두 빌립처럼 구원받아야 할 불쌍한 영혼들을 찾아 나섭시다. 또한 기도와 말씀, 성령으로 철저하게 무장하고 목마른 심령들을 찾아가 자신 있게 전합시다. 그리고 복음을 전할 때에 그 어떠한 고난과 역경이 있다고 할지라도 조금도 두려워하지 말고 강권하여 데려다가 주님께로 인도하는 능력 있는 성도들이 되시기 바랍니다.

2. 예수님의 칭찬을 받은 자였습니다.

첫째로 예수님께서 이미 그를 잘 알고 계셨습니다.
예수님께서는 나다나엘이 나아오는 것을 보시고 "...빌립이 너를 부르기 전에 네가 무화과나무 아래에 있을 때에 보았노라"(요 1:48)고 하셨습니다. 무화과나무는 팔레스틴 전역에서 잘 번식하는 나무입니다. 그래서 무화과나무는 유대 민족의 번영을 상징하는 표현으로 사용되었습니다(왕상 4:25; 미

4:4). 특히 커다란 잎으로 무성한 그늘을 드리웠습니다. 때문에 당시의 랍비들이 이 그늘 밑에서 율법을 묵상하고 교육하는 장소로 사용했습니다. 따라서 '무화과나무 아래' 라는 표현은 나다나엘이 예수님을 만나기 전에 이곳에서 율법을 묵상하고 있었음을 보여주는 것입니다. 예수님께서는 바로 이때부터 그를 예의주시 하시고 계셨음을 알 수 있습니다. 예수님께서는 바로 그를 제자로 삼으신 것입니다.

둘째로 참으로 이스라엘 사람이라고 하셨습니다.
나다나엘이 빌립의 강권함을 받고 나아올 때에 예수님께서는 그를 보시고 "...참으로 이스라엘 사람"(요 1:47下)이라고 하셨습니다. 여기에서 주님께서 나다나엘을 참으로 이스라엘 사람이라고 하신 것은 그의 경건한 신앙을 가리킨 것입니다. 이스라엘은 하나님의 택하심을 받은 언약 백성으로서 완전히 구별된 백성들이었습니다. 그것은 바로 혈통적인 것이 아니라 하나님과의 언약관계에 대한 성실한 이행과 순종 여하에 따라 구분하셨습니다. 그런데 당시 유대인들은 하나님께 대한 사랑과 언약관계를 잊어버리고 형식적인 종교의식에만 사로잡혀서 위선적인 삶을 살았습니다. 그러나 나다나엘은 하나님과의 언약관계를 성실히 이행하고 순종하는 아주 경건한 사람이었습니다. 때문에 예수님께서 그를 보시고 "참으로 이스라엘 사람" 이라고 칭찬하신 것입니다.

셋째로 간사함이 없다고 하셨습니다.
여기에서 간사하다는 것은 다른 사람들을 속이고 유혹하여 잘못된 길로 인도하는 것을 말합니다. 그런데 당시의 이스라엘 사람들 중에는 그 이름에 걸맞은 진실됨이 없이 외식적인 모습만 나타내는 사람들도 있었습니다. 그런데 나다나엘에게는 그러한 간사함이 없었습니다. 그는 당시 이스라엘의 잘못된 사상과 분위기, 환경과는 전혀 상관없이 오직 참 이스라엘 사람으로 살

있습니다. 그렇습니다. 우리들도 이유 여하를 막론하고 다른 사람들을 속이고 유혹하여 잘못된 길로 인도하는 간사함과 전혀 상관이 없는 나다나엘과 같은 신실한 믿음의 사람이 되어야겠습니다.

사랑하는 여러분!
언제나 불꽃같은 눈으로 감찰하시는 주님을 의식하고 하루 하루를 성실하게 살아갑시다. 또한 언제나 하나님과 진정으로 만난 진실한 사람인 참 이스라엘로 삽시다. 그리고 언제, 어디서나, 항상 간사함이 없는 성실한 삶을 사시기 바랍니다.

3. 참된 고백의 사람이었습니다.

첫째로 예수님을 하나님의 아들이라고 고백했습니다.
나다나엘은 빌립이 예수님에 대해 증언했을 때에 "나사렛에서 무슨 선한 것이 날 수 있느냐"고 그의 말을 아주 경멸했었습니다. 그러나 이제는 "...랍비여 당신은 하나님의 아들이시요..."(요 1:49上)라고 고백했습니다. 나다나엘의 이 고백은 참으로 위대한 신앙고백입니다. 예수님께서는 하나님의 뜻을 이 세상에서 실행하시기 위해 오신 분이십니다. 다시 말하면 하나님께서 아담의 원죄로 인하여 죄와 저주로 멸망할 수밖에 없는 우리 인간들을 구원하시기 위해 이 땅에 보내신 독생자이십니다. 나다나엘은 이 사실을 믿고 고백한 것입니다. 우리 모두에게도 예수님께서는 우리들을 구원하시기 위해 이 세상에 오신 하나님의 아들이시라는 분명한 고백과 확신이 있어야 합니다.

둘째로 이스라엘의 임금이라고 했습니다.
예수님을 '하나님의 아들' 이시라고 고백한 나다나엘은 예수님을 "...이스라엘의 임금이로소이다"(요 1:49下)라고 했습니다. 이 고백은 예수님이야말로 자신이 지금까지 기다리고 고대하던 분이시며 신명을 바쳐 섬길 대상이심을 나타낸 것입니다. 누구든지 예수님을 왕으로 고백한다는 것은 그분에게 온전히 복종하겠다는 충성 서약과 같은 것입니다. 그렇습니다. 예수님께서는 이 세상을 다스리시는 만왕의 왕이십니다. 그러므로 이 세상의 모든 인간은 다 그분을 구주로 믿고 그분의 다스리심을 받아야 합니다. 이유 여하를 막론하고 그분의 뜻과 말씀대로 순종하며 살아야 합니다. 우리들의 모든 것을 다 바쳐 충성하는 자세로 살아야 합니다.

셋째로 새로운 비전의 약속을 받았습니다.
예수님께서는 나다나엘이 예수님에게 "하나님의 아들이요 이스라엘의 임금이시라"고 고백했을 때에 "...진실로 진실로 너희에게 이르노니 하늘이 열리고 하나님의 사자들이 인자 위에 오르락내리락하는 것을 보리라"(요 1:51)고 약속해 주셨습니다. 이 말씀은 예수님께서 벧엘에서 야곱이 꿈꾸었던 내용(창 28:10-15)을 인용하신 말씀으로써 나다나엘을 비롯한 오늘의 성도들이 야곱이 받았던 복보다도 더 큰 복을 받게 될 것이라는 것입니다. 그렇습니다. 예수 그리스도의 대속의 은혜로 구원받은 우리 모두는 하나님 나라를 소유하게 되며, 하나님의 사자들의 보호를 받고 언제나 기도를 응답받는 풍성한 삶을 살게 될 것입니다.

사랑하는 여러분!
우리 모두 예수 그리스도께서 하나님의 아들로서 우리의 구주가 되신 것을 확실하게 믿고 고백합시다. 또한 예수 그리스도께서는 우리들의 임금으로서 우리들을 통치하신다는 사실을 믿읍시다. 그리고 사망 권세까지 이기신 주님께서 끝까지 책임져 주신다는 사실을 믿고 자신있게 살아가시기 바랍니다.

나사로-마리아의 오빠

[요 11:17-44]

　예수께서 와서 보시니 나사로가 무덤에 있은 지 이미 나흘이라 베다니는 예루살렘에서 가깝기가 한 오 리쯤 되매 많은 유대인이 마르다와 마리아에게 그 오라비의 일로 위문하러 왔더니 마르다는 예수께서 오신다는 말을 듣고 곧 나가 맞이하되 마리아는 집에 앉았더라 마르다가 예수께 여짜오되 주께서 여기 계셨더라면 내 오라버니가 죽지 아니하였겠나이다 그러나 나는 이제라도 주께서 무엇이든지 하나님께 구하시는 것을 하나님이 주실 줄을 아나이다 예수께서 이르시되 네 오라비가 다시 살아나리라 마르다가 이르되 마지막 날 부활 때에는 다시 살아날 줄을 내가 아나이다 예수께서 이르시되 나는 부활이요 생명이니 나를 믿는 자는 죽어도 살겠고 무릇 살아서 나를 믿는 자는 영원히 죽지 아니하리니 이것을 네가 믿느냐 이르되 주여 그러하외다 주는 그리스도시요 세상에 오시는 하나님의 아들이신 줄 내가 믿나이다 이 말을 하고 돌아가서 가만히 그 자매 마리아를 불러 말하되 선생님이 오셔서 너를 부르신다 하니 마리아가 이 말을 듣고 급히 일어나 예수께 나아가매 예수는 아직 마을로 들어오지 아니하시고 마르다가 맞이했던 곳에 그대로 계시더라 마리아와 함께 집에 있어 위로하던 유대인들은 그가 급히 일어나 나가는 것을 보고 곡하러 무덤에 가는 줄로 생각하고 따라가더니 마리아가 예수 계신 곳에 가서 뵈옵고 그 발 앞에 엎드리어 이르되 주께서 여기 계셨더라면 내 오라버니가 죽지 아니하였겠나이다 하더라 예수께서 그가 우는 것과 또 함께 온 유대인들이 우는 것을 보시고 심령에 비통히 여기시고 불쌍히 여기사 이르시되 그를 어디 두었느냐 이르되 주여 와서 보옵소서 하니 예수께서 눈물을 흘리시더라 이에 유대인들이 말하되 보라 그를 얼마나 사랑하셨는가 하며 그 중 어떤 이는 말하되 맹인의 눈을 뜨게 한 이 사람이 그 사람은 죽지 않게 할 수 없었더냐 하더라 이에 예수께서 다시 속으로 비통히 여기시며 무덤에 가시니 무덤이 굴이라 돌로 막았거늘 예수께서 이르시되 돌을 옮겨 놓으라 하시니 그 죽은 자의 누이 마르다가 이르되 주여 죽은 지가 나흘이 되었으매 벌써 냄새가 나나이다 예수께서 이르시되 내 말이 네가 믿으면 하나님의 영광을 보리라 하지 아니하였느냐 하시니 돌을 옮겨 놓으니 예수께서 눈을 들어 우러러 보시고 이르시되 아버지여 내 말을 들으신 것을 감사하나이다 항상 내 말을 들으시는 줄을 내가 알았나이다 그러나 이 말씀 하옵는 것은 둘러선 무리를 위함이니 곧 아버지께서 나를 보내신 것을 그들로 믿게 하려 함이니이다 이 말씀을 하시고 큰 소리로 나사로야 나오라 부르시니 죽은 자가 수족을 베로 동인 채로 나오는데 그 얼굴은 수건에 싸였더라 예수께서 이르시되 풀어 놓아 다니게 하라 하시니라 성경에는 나사로가 두 명이 나옵니다. 예수님께서 비유로 말씀하신 거지 나사로가 있고, 또 한 명은 마르다와 마리아의 오빠인 나사로입니다. 그런데 예수님께서 비유로 말씀하신 거지 나사로는 예수님의 비유시리즈에서 말씀드렸기 때문에 오늘 이 시간에는 마리아의 오빠인 나사로에 대해서 말씀드리고자 합니다. 이 나사로는 병들어 죽었다가 예수님의 은혜로 살아났습니다. 다시 말하면 우리는 이 나사로의 사건을 통해서 이 세상에서는 전혀 불가능한 절망적인 일이라고 할지라도 주님께서 함께 하시면 그 어떠한 일도 가능하다는 사실을 알 수 있습니다. 그러므로 예수님을 구주로 믿는 사람은 그 어떠한 절망적인 상황에서도 소망 중에 기뻐할 수 있습니다.

1. 병들어 죽었습니다.

첫째로 나사로는 주님의 사랑을 받았습니다.

나사로와 그의 누이들인 마르다와 마리아는 특별히 예수 그리스도의 사랑을 많이 받은 자들이었습니다(요 11:5). 그래서 예수님께서는 베다니에 들르실 때마다 나사로의 집에 들르셨고 그들은 예수님을 정성껏 대접했습니다(요 12:2; 눅 10:38-41). 그 중에서도 특히 마리아의 예수님에 대한 사랑과 섬김은 대단했습니다. 그녀는 지극히 비싼 향유 곧 순전한 나드 한 근을 가져다가 예수님의 발에 붓고 자기 머리털로 발을 씻겨 드리기도 했습니다(요 12:3). 때문에 예수님께서는 그들을 지극히 사랑하신 것입니다. 다시 말하면 에로스적인 사랑이나, 어떤 목적이나 조건 때문에 사랑하신 것이 아니라 자신을 믿고 따르는 그들을 순수하게 사랑하신 것입니다(요 13:1). 자신의 타락된 욕망을 채우기 위해 자기를 낳아 기른 부모까지도 배신하고 죽이는 오늘의 세태가 바로 본받아야 할 고귀하고 순수한 사랑입니다.

둘째로 나사로가 병들었습니다.

범죄한 아담 이후의 모든 인간은 다 죄 중에서 잉태되어 태어난 죄인들이기 때문에 저주받은 이 세상에서 죄와 저주로 인한 갖가지 시련과 가난, 질병과 죽음 등 여러 가지 문제로 시달릴 수밖에 없는 안타까운 존재로 전락되어 버렸습니다. 때문에 이 세상에 사는 모든 인간은 다 예외 없이 이러한 문제로 인해 시달리고 있습니다. 그렇습니다. 이 병에는 남녀노소, 빈부귀천, 유무식, 지위고하가 상관없습니다. 그러므로 나사로도 예외일 수 없었습니다(요 11:3). 이 병의 원인은 아주 다양합니다. 하나님의 영광을 위한 병이 있습니다(요 9:3, 11:4). 죄로 인한 병이 있습니다(민 12:9,10). 술로 인한 병이 있습니다(잠 23:29,30). 부모의 죄로 인한 질병이 있습니다(삼하 12:14). 천재지변이나 사고로 인한 병이 있습니다. 나이가 많아서 생긴 노환이 있습니다(창 48:1). 그런데 예수님께서는 나사로의 병은 하나님의 영광을 위한 병이라고 하셨습니다.

셋째로 나사로가 죽었습니다.
나사로는 예수님의 친구로서 어느 누구보다도 예수님을 더 사랑하고 잘 대접한 좋은 사람이었습니다. 그러나 그도 어떤 병인지 모르지만 병들어 죽었습니다(요 11:11-14). 그렇습니다. 이 죽음은 어느 누구에게도 반드시 찾아옵니다. 이 죽음은 남녀노소, 빈부귀천, 유무식, 지위고하를 막론하고 모든 사람들에게 반드시 찾아옵니다. 여기에서는 그 어떤 사람도 예외일 수 없습니다. 때문에 예수님의 사랑을 받은 나사로도 죽은 것입니다.

사랑하는 여러분!
예수님께서는 우리들의 모든 죄를 대속하시기 위해 십자가를 지시고 죽으셨습니다. 그러므로 우리들은 헤아릴 수 없는 큰사랑을 받은 자들입니다. 또한 나사로가 병든 것처럼 이 세상의 모든 인간들은 다 병이 듭니다. 병들기 전에 주의 일에 충성합시다. 그리고 이 세상에서의 종말인 죽음이 언제 찾아올지 모릅니다. 예기치 못한 죽음이 찾아오기 전에 맡은 바 사명을 잘 감당하시기 바랍니다.

2. 예수님께서 살리셨습니다.

첫째로 죽은 나사로를 살리러 가셨습니다.

마르다와 마리아의 오빠인 나사로가 병들자 사람을 예수님께 보내어 주님께서 사랑하시는 자가 병들었다고 연락을 했습니다(요 11:1-3). 그러나 예수님께서는 "...이 병은 죽을 병이 아니라 하나님의 영광을 위함이요 하나님의 아들이 이로 말미암아 영광을 받게 하려 함이라"(요 11:4)고 말씀하시고 이틀을 더 그곳에서 머무셨습니다. 그리고 제자들에게 유대로 다시 가자고 하셨습니다(요 11:6,7). 그러나 제자들은 "...방금도 유대인들이 돌로 치려 하였는데 또 그리로 가시려 하나이까"(요 11:8)라고 자신들의 안전만을 생각했습니다. 이에 예수님께서는 "...나사로가 죽었느니라"(요 11:14)고 말하여 제자들도 나사로를 살리러 가시는 예수님을 따랐습니다.

둘째로 죽은 지 나흘이나 되었습니다.

예수님께서는 나사로가 죽은 것을 아시고 안타까워하시기보다는 "내가 거기 있지 아니한 것을 너희를 위하여 기뻐하노니 이는 너희로 믿게 하려 함이라"(요 11:15)고 말씀하셨습니다. 이러한 주님의 태도는 우리 인간들의 시각과는 전혀 다른 차원의 것이었습니다. 그러나 이 모두는 다 우리 주님께서 영광을 받으실 그 때와 시기를 기다리신 것입니다. 다시 말하면 죽은 지가 나흘이나 되는 나사로를 살리심으로 예수님 자신이 메시야이심을 제자들에게 분명하게 나타내시기 위해 기다리신 것이었습니다. 왜냐하면 이것은 전능하신 주님이 아니고서는 이 세상의 그 누구도 할 수 없는 일이기 때문이었습니다.

셋째로 나사로를 살리셨습니다.

예수님께서 나사로를 살리시기 위해 베다니에 도착하셨을 때에는 나사로가 죽어 무덤에 장사된 지가 이미 나흘이나 되는 날이었습니다. 그런데 '죽은 지가 나흘 되는 날'(요 11:39)에는 깊은 의미가 있었습니다. 당시의 유대인들의 관습에 의하면 사람이 죽어도 사흘 동안에는 그 영혼이 시체에서 완전히 떠나지 아니하고 주위를 배회하다가 다시 육체로 들어갈 기회를 찾는다고 생각했습니다. 그러나 나흘째가 되면 몸의 조직이 부패되어 해체되고 그 영혼은 완전히 떠나버린다고 믿고 있었습니다. 때문에 유대인의 상식대로라면 죽은 나사로가 절대로 살아날 수 없었습니다. 그러나 주님께서 "…나사로야 나오라"(요 11:43)고 명령하시자 나사로가 베로 동인 채로 나왔습니다. 주님께서는 그를 "…풀어 놓아 다니게 하라"(요 11:44)고 말씀하셨습니다.

사랑하는 여러분!
우리들도 예수님처럼 죽은 영혼을 찾아 나서는 전도자들이 됩시다. 또한 우리 모두는 생사화복을 주관하시는 주님만 믿고 따릅시다. 그리고 언제나 사람을 살리고 자유케하며 세우는 일에 최선을 다하는 성도들이 되시기 바랍니다.

3. 죽음의 위협을 당했습니다.

첫째로 나사로 때문에 많은 유대인들이 주님을 믿었습니다.
대부분의 유대인들은 예수님에 대해 소문으로만 알고 있었습니다. 그러나 예수님께서 죽은 지가 나흘이나 되어 썩기 시작한 나사로를 살리신 것을 보고는 많은 유대인들이 예수님을 하나님의 아들로 믿기 시작했습니다. 이것을 본 어떤 사람이 바리새인들에게 가서 예수님께서 행하신 놀라운 기적과 그것을 본 많은 유대인들이 예수님을 믿고 따른다는 사실을 보고했습니다. 이에 종교지도자들인 바리새인과 대제사장은 물론 사두개인들까지도 모두 다 두려워했습니다. 왜냐하면 만약에 주님을 믿고 따르는 유대인들이 많아진다고 하면 그들의 비리와 불법과 허구가 밝혀짐으로 자신들의 입지가 좁아지고 기득권이 위협받기 때문이었습니다. 또한 예수님의 기적을 보고 많은 군중들이 따르게 되면 자신들을 지배하고 있는 로마인들이 반란의 징조로 보고 탄압할 것이라고 생각했기 때문입니다.

둘째로 예수님에 대한 체포명령을 내렸습니다.
산헤드린 공회원들인 대제사장들과 바리새인들은 "...누구든지 예수 있는 곳을 알거든 신고하여 잡게 하라"(요 11:57)고 체포명령을 내렸습니다. 그들 모두는 다 종교적인 열심으로 인해 사람들로부터 존경받고 있는 자들이었습니다. 그러므로 그들은 어느 누구보다도 더 먼저 예수 그리스도를 구주로 믿고 전도해야 할 사람들이었습니다. 그럼에도 불구하고 그들은 자신들이 기득권을 주님께서 빼앗아 갈 것을 염려하여 체포명령을 내린 것입니다. 그렇습니다. 사명자가 본연의 자세를 벗어날 때에 하나님께 욕을 돌리고 핍박하는 대적자로 전락하기 쉽습니다.

셋째로 나사로까지 죽이려고 했습니다.
나사로를 살리신 예수님에 대한 체포명령을 내린 대제사장과 바리새인들은, 이제 자신들에게 그 어떠한 일도 행한 일이 없는 선량한 나사로까지 죽이려고 모의했습니다. 왜냐하면 다시 살아난 나사로 때문에 많은 사람들이 예수님을 믿고 따랐기 때문입니다. 또한 부활을 부인하는 사두개인들이 주류를 이루고 있던 대제사장들로서는 나사로를 살리신 예수님이나 부활의 증거가 된 나사로를 그냥 그대로 놔둘수 없었기 때문입니다. 자신들의 이익을 위해 남의 생명까지 해치려고 하는 참으로 불의한 인간들이었습니다.

사랑하는 여러분!
우리들도 하나님의 자녀다운 삶으로 본을 보임으로 모든 사람들을 주님께 인도하는 멋진 삶을 삽시다. 또한 그 어떤 일이 있어도 나에게 악을 행하는 불행한 삶을 살지 맙시다. 그리고 나 자신의 이익 때문에 남에게 손해를 끼치고 힘들게 하는 일이 없도록 해야겠습니다.

 # 누 가

[딤후 4:9-11]

너는 어서 속히 내게로 오라 데마는 이 세상을 사랑하여 나를 버리고 데살로니가로 갔고 그레스게는 갈라디아로, 디도는 달마디아로 갔고 누가만 나와 함께 있느니라 네가 올 때에 마가를 데리고 오라 그가 나의 일에 유익하니라

> 누가(총명하다, 빛나다란 의미)는 유대인이 아닌 이방인이었습니다. 그는 예수님의 제자도 아니었고 복음의 사건들을 직접 본 적도 없는 사람이었습니다. 그러나 사도 바울을 통해서 복음을 받고 그리스도인이 된 후로는 완전히 자기를 포기하고 바울과 동행하면서 복음만을 전파했습니다. 그것도 자신이 직접 앞선 것이 아니라 복음을 전하는 사도 바울을 돕는 일에 평생을 바쳐 충성했습니다. 한마디로 그는 '자신과 세상은 간 곳 없고 오직 구속한 주님만 나타내는' 참으로 위대한 그리스도인이었습니다. 오늘 이 시대에도 바로 이러한 일꾼들이 요구되고 있습니다.

1. 청지기로서의 누가

첫째로 헌신적인 의사였습니다.

누가는 청지기가 지녀야할 성품과 자격을 골고루 갖춘 사람으로서 겸손히 헌신하는 모범적인 삶을 살았습니다(골 4:14). 그는 당 시대에 보기 드문 의사로서 많은 돈을 벌어서 편안한 삶을 살 수 있는 사람이었습니다. 그러나 예수를 영접한 후에는 이 세상의 부귀영화는 물론 자신이 누릴 수 있는 모든 것을 다 포기하고 바울과 함께 이방인 선교에 일생을 바친 아주 헌신적인 사람이었습니다. 그는 의사로서 재능과 기술 능력이 있음에도 불구하고 자기 자

신의 지위나 명예, 권세와 부에 대해서는 전혀 생각지 않았습니다. 오직 바울을 돕는 일에만 몰두했습니다. 다시 말하면 자신을 나타내지 않고 하나님의 일에만 철저하게 헌신된 사명자였습니다. 때문에 자신의 재능을 오직 복음을 전하는 일에만 사용한 것입니다. 바로 오늘의 교회와 사회에 이러한 헌신자가 필요합니다.

둘째로 겸손한 저술자였습니다.
누가는 이스라엘의 역사에 대해 해박한 지식을 가지고 있었으며 성경에도 능통하고 뛰어난 문학적 재능과 보도에도 능한 자였습니다(눅 1:1-3). 때문에 그는 이 세상에서 가장 아름다운 누가복음과 사도행전을 기록했습니다. 그러나 그는 자신의 저서에서 한번도 자신의 이름을 밝히지 않은 아주 겸손한 인품의 소유자였습니다. 그렇습니다. 하나님께서는 언제나 겸손한 자를 사랑하시고 그와 함께 하시며 복을 주십니다. 그러나 교만한 자는 반드시 패망하게 하십니다(잠 16:18). 그는 예수님을 직접보지 못했지만 목격자들의 증언을 자료로 하여 성경을 기록했습니다(눅 1:2, 8:3). 그는 누가복음을 통해서 구전으로 내려오던 예수 그리스도에 대한 복음이 구체적으로 기록되어져 분명하게 전해지고 계속 확장되기를 원했습니다. 또한 당시 사회에서 소외당한 자들에 대한 문제를 다룸으로서 각계 각층의 사람들로 하여금 예수 그리스도를 믿게 하려고 했습니다(눅 5:27-39). 그러므로 우리들도 누가와 같이 겸손히 사명을 감당하는 헌신적인 청지기들이 되어야겠습니다.

셋째로 투철한 사명자였습니다.
그가 이 누가복음을 기록한 목적이 데오빌로라는 한 생명을 깨우치고 가르치기 위함이었습니다(눅 1:3,4). 그것은 바로 그가 한 생명을 참으로 귀하게 여기고 사랑하며 섬기는 투철한 사명자였다는 사실을 잘 나타내고 있는 것입니다. 또한 그는 데오빌로로 대표되는 이방인 개종자들의 믿음을 견고케 하고 불신자들의 공격에 올바로 대처하도록 하기 위해 누가복음을 썼습니다. 또한 개종한 이방인 그리스도인들에게 기독교에 대한 진리를 보다 더 깊이 가르침으로 성숙한 신앙 생활을 할 수 있도록 하기 위해 사도행전까지 기록했습니다.

사랑하는 여러분!
우리 모두 누가처럼 철저한 헌신자들이 됩시다. 또한 나와 세상은 간 곳 없이 구속한 주님만 나타내는 겸손한 청지기들이 됩시다. 그리고 맡은 바 사명을 철저하게 감당하는 투철한 사명자들이 되시기 바랍니다.

2. 동역자로서의 누가

첫째로 바울의 동역자가 되었습니다.
바울을 통하여 전도를 받고 그리스도인이 된 누가는 바울의 동역자가 되었습니다. 그는 바울을 만난 다음에는 언제나 바울과 함께 동행하면서 동역했습니다. 그는 바울을 도와 주의 일을 할 때에 절대로 자기를 주장하지 않았습니다. 복음을 전파하는 사도 바울을 돕는 것을 사명으로 여겼습니다. 바울의 건강을 돌보고 바울이 세운 교회의 양떼들을 보살피는 것만으로도 기뻐했습니다. 때문에 바울의 의향과 목적이 바로 누가의 목적과 삶이 되었습니다. 그래서 바울은 누가를 나의 동역자(몬 1:24)라고 칭찬했습니다. 그는 자신의 몸과 마음, 시간과 물질, 재능 등 삶 전체를 드려 바울의 선교사역을 도운 참으로 훌륭한 동역자였습니다.

둘째로 최선을 다해 협력했습니다.

그는 사도 바울이 선교사역을 잘 할 수 있도록 최선을 다해 편의를 제공하면서 뒷바라지를 했습니다. 그는 자신의 의견이나 주장을 내세우지 않고 바울이 원하는 대로 무조건 순종했습니다. 그는 사명감이 투철한 청지기로서 성공적으로 사명을 잘 감당한 자였지만 바울의 동역자로서 더욱 빛난 사람이었습니다. 그는 바울의 선교사역에 있어서 없어서는 아니 되는 참으로 귀한 일꾼이었습니다. 그렇습니다. 성숙한 사명자는 개인적으로도 최선을 다해 사명을 잘 감당하지만 같은 일을 하는 동역자로서도 성숙된 조화와 협력으로 자신과 공동체의 목적을 더욱 극대화시키는 능력을 가지고 있어야 합니다. 바로 이러한 사람이 오늘의 가정과 교회, 이 사회에 요구되고 있습니다.

셋째로 끝까지 충성했습니다.

바울은 로마 옥중에서 자신의 순교시간이 다가옴을 깨닫고 오늘 본문에 기록된 디모데후서를 통해 에베소에서 어렵게 목회하고 있는 디모데를 위로하고 그에게 새로운 힘과 용기를 주고자 했습니다. 그는 디모데의 소심한 성격과 연약한 육체를 걱정하면서 그에게 맡겨진 사명을 인내로써 감당할 것을 간곡하게 당부했습니다. 자신의 죽음을 앞에 두고 사랑하는 제자를 생각하는 사도 바울의 아름다운 마음이 새겨진 책이 바로 디모데후서입니다. 그 당시 바울은 심히 외로웠습니다. 왜냐하면 그와 함께 지내던 사람들은 다 그를 떠나고 오직 누가만 함께 있었기 때문입니다(딤후 4:10-11). 당시에는 로마인이 죄수로 호송될 때에는 두 명의 노예를 시종으로 데리고 갈 수 있는 특권이 있었습니다. 때문에 누가는 자신이 로마시민권이 있는 바울의 노예로 등록하고 그를 시중들었을 것이라고 생각해 볼 수 있습니다. 누가는 사도 바울이 이 세상을 떠날 때까지 최선을 다해 보필한 충성된 제자였습니다.

사랑하는 여러분!

우리들도 복음을 전파하는 일에 누가와 같은 진정한 동역자가 됩시다. 또한 나 자신을 포기하고 최선을 다해 협력합시다. 그리고 우리의 생명이 다하는 그 날까지 누가처럼 변함없이 충성하는 동역자들이 되시기 바랍니다.

3. 사랑 받은 누가

첫째로 깨끗하게 자기를 비웠기 때문입니다.

누가는 사람의 질병을 치료하는 의사였을 뿐만 아니라 가장 아름다운 문체로 누가복음을 기록한 훌륭한 학자였습니다. 그러나 그는 그러한 자신의 모든 것을 다 비우고 사도 바울을 돕는 일에 몰두했습니다. 자신이 못났거나 능력이 부족해서가 아니었습니다. 자신의 형편과 상황이 어려워서가 아니었습니다. 어느 누구의 압력에 의해서도 아니었습니다. 그는 복음을 듣고 그리스도인이 된 다음에는 자신이 그렇게 살아야 되겠다는 사명감을 가졌기 때문입니다. 오늘의 세상이 왜 이렇게 살벌하고 어렵습니까? 왜 나 자신이 스스로를 괴롭힙니까? 모두가 다 자기를 비우지 못하기 때문입니다. 매사가 다 장사속이기 때문입니다. 손익계산을 생각하기 때문입니다. 그러므로 마음을 비웁시다. 더러운 욕심을 버립시다. 사랑 받는 사람이 될 것입니다.

둘째로 철저한 섬김의 삶을 살았기 때문입니다.

누가는 의사요, 학자였지만 한번도 다른 사람 위에 군림한 적이 없었습니다. 오직 전도자 바울을 섬기고 교회와 성도들을 섬겼습니다. 한번도 자신이 주동이 되어 선교사역을 하려고 한 적이 없었습니다. 오직 바울이 하는 일에 돕는 자로서 만족했고 기뻐했습니다. 때문에 자신이 직접 쓴 누가복음이나 사도행전에서도 자신이 기록했다고 자신의 이름을 나타내거나 직접적으로 언급한 내용이 없습니다. 참으로 겸손한 사람이요 숨은 일꾼이었습니다. 오늘의 가정과 교회, 사회가 왜 이렇게 시끄럽고 싸움이 많습니까? 왜 평화가 없습니까? 모두가 다 자신이 섬김을 받으려하고 다른 사람을 섬기지 않기 때문입니다.

셋째로 변함이 없었기 때문입니다.
누가는 자신의 몸과 마음, 시간과 물질, 재능은 물론 삶 전체를 드려 최선을 다해 바울을 도와 헌신했지만 한번도 변덕을 부린 적이 없었습니다. 더욱이 본받아야 될 것은 불평하거나 낙심함이 없이 기쁨으로 섬겼다는 것입니다. 바울을 만나고부터 한번도 변함없이 초지일관하여 시종이 여일하게 그를 도왔습니다. 때문에 사도 바울도 그를 사랑했고 당시 사회적으로 높은 지위와 가문의 데오빌로도 그를 사랑했습니다. 우리들도 하나님의 사랑을 받고 사람들로부터도 신뢰받고 존경받으며 사랑받는 멋진 사람들이 되어야겠습니다.

사랑하는 여러분!
우리 모두 자기를 비웁시다. 더러운 욕심을 버립시다. 또한 철저하게 섬김의 삶을 삽시다. 그리고 변함없이 충성합시다. 그 어떤 이유로도 신뢰를 저버리지 맙시다. 그리하여 사랑 받고 존경받는 성도들이 되시기 바랍니다.

니고데모

[요 3:1-15]

그런데 바리새인 중에 니고데모라 하는 사람이 있으니 유대인의 지도자라 그가 밤에 예수께 와서 이르되 랍비여 우리가 당신은 하나님께로부터 오신 선생인 줄 아나이다 하나님이 함께 하시지 아니하시면 당신이 행하시는 이 표적을 아무도 할 수 없음이니이다 예수께서 대답하여 이르시되 진실로 진실로 네게 이르노니 사람이 3)거듭나지 아니하면 하나님의 나라를 볼 수 없느니라 니고데모가 이르되 사람이 늙으면 어떻게 날 수 있사옵나이까 두 번째 모태에 들어갔다가 날 수 있사옵나이까 예수께서 대답하시되 진실로 진실로 네게 이르노니 사람이 물과 성령으로 나지 아니하면 하나님의 나라에 들어갈 수 없느니라 육으로 난 것은 육이요 영으로 난 것은 영이니 내가 네게 거듭나야 하겠다 하는 말을 놀랍게 여기지 말라 바람이 임의로 불매 네가 그 소리는 들어도 어디서 와서 어디로 가는지 알지 못하나니 성령으로 난 사람도 다 그러하니라 니고데모가 대답하여 이르되 어찌 그러한 일이 있을 수 있나이까 예수께서 그에게 대답하여 이르시되 너는 이스라엘의 선생으로서 이러한 것들을 알지 못하느냐 진실로 진실로 네게 이르노니 우리는 아는 것을 말하고 본 것을 증언하노라 그러나 너희가 우리의 증언을 받지 아니하는도다 내가 땅의 일을 말하여도 너희가 믿지 아니하거든 하물며 하늘의 일을 말하면 어떻게 믿겠느냐 하늘에서 내려온 자 4)곧 인자 외에는 하늘에 올라간 자가 없느니라 모세가 광야에서 뱀을 든 것 같이 인자도 들려야 하리니 이는 그를 믿는 자마다 영생을 얻게 하려 하심이니라

이 세상에서 가장 능력있고 멋진 사람은 자신이 처해 있는 입장과 처지, 환경을 잘 다스려 가는 사람일 것입니다. 오늘 본문의 니고데모도 「백성의 정복자」라는 그의 이름의 뜻에 걸맞게 아름답고 능력있는 삶을 산 사람입니다. 그는 당시대에 자신이 누리고 있는 지위와 권세, 명예와 부와의 기득권과는 상관없이 예수 그리스도를 구주로 믿고 끝까지 유종의 미를 이룬 아름다운 삶을 살았습니다. 우리들도 니고데모와 같이 변함 없이 끝까지 충성하는 성도들이 되어야겠습니다.

1. 니고데모의 신분

첫째로 바리새인이었습니다.
먼저 이 바리새인들의 특징을 보면 유대의 한 종파로서 모세의 율법과 조상들의 전통을 매우 중요시하고 엄수했습니다(막 7:3; 행 26:5). 다시 말하면 유대주의에 대단한 열성분자들이었습니다(마 23:15). 또한 그들은 금식을 고집하고 사람들에게 과시하기를 좋아하는 외식주의자들이었습니다(눅 18:12; 마 23:5-7). 그리고 예수님의 책망을 받은 자들이었습니다. 그들은 율법과 전통에는 열심이었지만 영적으로는 무지하여 언제나 성경을 곡해하는 우를 범했습니다(요 3:1-10; 마 15:1-11). 뿐만 아니라 특별히 교만하고(눅 16:14,15), 돈을 좋아했으며(눅 16:14), 교회를 박해한 자들이었습니다. 때문에 예수님으로부터 맹인이요(마 15:12-14), 독사의 자식이며(마 12:34), 마귀에게서 난 자들이라(요 8:44)는 책망을 받았습니다. 어떻게 보면 이것이 바로 우리들의 자화상인지도 모르겠습니다.

둘째로 유대인의 관원이었습니다.
당시 유대에는 70명으로 구성된 원로원이라는 공회가 설치되어 있었습니다. 그 공회의 의장은 대제사장이었습니다. 그런데 헤롯 왕 때에 산헤드린이라고 고쳐 부르게 되었습니다(행 5:21). 그 기능은 정치적이요, 종교적이며, 도덕적이었습니다. 정치적으로는 사법권과 행정권까지 모두다 행사했습니다. 또한 종교법원으로서 유대교인 전체를 관리했습니다. 한마디로 산헤드린은 유대인들의 최고 권력 기구요 재판소였습니다(행 9:2). 그리고 그들의 행정업무 중의 하나는 세금을 징수하는 것이었습니다. 그런데 산헤드린은 나중에 세금 받는 일을 세금청부업자인 세리들에게 맡겼습니다. 다시 말하면 니고데모는 유대의 최고 관원이었습니다.

셋째로 율법교사였습니다.

니고데모는 율법에 정통하여 유대인들로부터 존경받는 율법교사였습니다. 이 율법교사들은 종교법과 의식의 문제들에 있어서 독자적인 판결을 내릴 수 있었으며 형사소송 때에는 재판관으로서 참여할 수가 있었고 민사소송 때에는 여러 재판관들과 함께 판결을 내릴 수가 있었습니다. 또는 그들에게는 랍비(크신 어른)라는 칭호가 주어졌습니다. 이 랍비들은 율법을 잘 알뿐만 아니라 몸소 실천하여 위신있게 행하고 거룩하게 살아야 했습니다. 그리고 백성들에게 율법을 가르치고 해석하여 주어서 올바로 살아가도록 계도해야 했습니다. 그러므로 니고데모는 당시 유대의 최고 지성인이었습니다.

사랑하는 여러분!
우리들도 바리새인들과 같이 예수님으로부터 책망받을 일만 하고 있지 않는지 반성해 봐야겠습니다. 또한 이웃과 사회에 아름다운 신앙의 영향력을 끼치는 삶을 살아야겠습니다. 그리고 말씀대로 믿고 실천하여 이 세상의 소금과 빛의 사명을 다하는 성도들이 되어야겠습니다.

2. 예수님을 찾은 니고데모

첫째로 밤에 찾아왔습니다.
바리새인이요 유대인의 관원이며 율법교사인 그가 예수님을 밤에 찾아온 것에 대한 의견들이 분분합니다. 어떤 사람은 타인의 이목이 두려웠기 때문이었을 것이라고 했습니다. 어떤 사람은 밤늦게까지 율법을 연구하고 논쟁했던 랍비들의 습관 때문이었을 것이라고 했습니다. 어떤 사람은 분주한 낮을 피해 예수님과 진지하게 충분히 이야기하고 싶었을 것이라고 했습니다. 그러나 이러한 여러 가지 설보다는 이 요한복음을 기록한 요한의 사상이 중요한데 요한은 밤을 영적인 어둠의 때요, 거짓과 무지의 실재로 해석했습니다(요 11:9,10). 다시 말하면 니고데모가 밤에 예수님을 찾아온 것을 그가 바리새인이요, 관원이며, 율법교사로서 높은 지위와 명예, 권세와 부를 가지고 외형적으로는 화려하게 사는 사람이었지만 심령적으로는 어두운 삶을 살았다는 것을 의미합니다.

둘째로 예수님을 랍비라고 불렀습니다.

당시 바리새인들은 예수님을 미워한 나머지 예수님의 일거수 일투족을 세밀하고 예의 주시하고 어떻게 하든지 율법이나 자신들의 전통에 비춰 잘못된 것을 발견하여 트집을 잡으려고 혈안이 되어 있었습니다. 때문에 바리새인인 니고데모는 예수님께서 가나 혼인잔치에서 물로 포도주를 만드신 기적을 보았습니다(요 2:1-11). 또한 "성전 안에서 소와 양과 비둘기 파는 사람들과 돈 바꾸는 사람들이 앉아 있는 것을 보시고 노끈으로 채찍을 만드사 양이나 소를 다 성전에서 내쫓으시고 돈 바꾸는 사람들의 돈을 쏟으시며 상을 엎으시고 비둘기 파는 사람들에게 이르시되 이것을 여기서 가져가라 내 아버지의 집으로 장사하는 집을 만들지 말라..."(요 2:14-16)고 성전을 청결케 하시는 일들까지도 잘 알고 있었습니다. 때문에 니고데모는 "...랍비여 우리가 당신은 하나님께로부터 오신 선생인 줄 아나이다 하나님이 함께 하시지 아니하시면 당신이 행하시는 이 표적을 아무도 할 수 없음이니이다"(요 3:2)라고 고백했습니다.

셋째로 거듭남에 대해 물었습니다.

예수님께서 니고데모가 밤에 예수님을 찾아와 "...당신은 하나님께로부터 오신 선생인 줄 아나이다 하나님이 함께 하시지 아니하시면 당신이 행하시는 이 표적을 아무도 할 수 없음이니이다"라고 고백했을 때에 "...진실로 진실로 네게 이르노니 사람이 거듭나지 아니하면 하나님 나라를 볼 수 없느니라"(요 3:3)고 하셨습니다. 이에 니고데모는 "... 사람이 늙으면 어떻게 날 수 있사옵나이까 두 번째 모태에 들어갔다가 날 수 있삽나이까"(요 3:4)라고 예수님께 질문했습니다. 니고데모는 자신이 율법교사요 공회의원으로서 율법을 가르치고 행하며 재판을 하는 사람임에도 불구하고 아직도 율법의 근본 의미도 파악하지 못하고 있는 영적으로 무지했다는 것을 알 수 있습니다.

사랑하는 여러분!
우리들도 니고데모처럼 외적으로는 예수 믿는 사람 같은데 영적으로는 어두운 상태가 아닌지 살펴보아야겠습니다. 또한 대속의 주님에 대한 확실한 신앙고백이 있어야겠습니다. 그리고 거듭난 성도로서 구원의 확신을 가지고 날마다 찬송과 감사가 넘치는 삶을 살아야겠습니다.

3. 예수님의 제자가 된 니고데모

첫째로 숨어 있는 예수님의 제자였습니다.
그러나 예수님께서 행하신 기사와 이적을 보고 많은 사람들이 예수님을 믿게 되자 당황한 대제사장과 바리새인들이 예수님을 그들의 공적으로 여기고 하인들을 시켜서 잡아오도록 명령했습니다(요 7:32). 그러나 그들은 예수님의 말씀을 듣고는 잡아올 명분이 없어서 그냥 돌아왔습니다(요 7:33-46). 그래서 화가 난 대제사장과 바리새인들이 "...너희도 미혹되었느냐"(요 7:47) "율법을 알지 못하는 이 무리는 저주를 받은 자로다"(요 7:49)라고 공박했습니다. 이 때까지만 해도 밤에 예수님을 찾아와 거듭남의 영적 의미를 들은 니고데모는 아리마대 요셉과 더불어 은밀하게 숨어서 주님을 믿는 자들이었습니다(요 7:11-13). 그것은 아마도 자신들의 신분과 여건상 어쩔 수 없는 선택이었는지도 모르겠습니다.

둘째로 담대하게 예수님을 옹호했습니다.
대제사장들과 바리새인들이 예수님을 잡아오지 못한 하인들에게 대노하며 심하게 공박하는 것을 본 니고데모는 "우리 율법은 사람의 말을 듣고 그 행한 것을 알기 전에 심판하느냐"(요 7:51)고 대제사장과 바리새인들에게 이의를 제기했습니다. 그것은 바로 담대하게 예수님을 옹호한 것이었습니다.

다시 말하면 니고데모가 예수님을 직접적으로 변론하지 않고 그들 자신이 율법이 없는 자들을 저주할 만큼 자랑하던 그 율법으로 대제사장들과 바리새인들에게 이의를 제기한 것입니다. 모든 일을 다 알기 전에는 판단할 수 없다는 니고데모의 의견은 그 자신으로서는 예수님에 대하여 무엇인가를 알고 있음을 시사함과 동시에 유대교 지도자들의 무지와 잘못된 편견을 담대하게 지적한 것입니다.

셋째로 예수님의 장례를 도왔습니다.
아리마대 요셉은 예수님의 제자였으며(마 27:57), 부자였고 산헤드린 공회원이었습니다(막 15:43). 그는 의로운 사람으로서 숨어서 은밀하게 예수님을 믿은 사람이었습니다(눅 23:50). 그러나 예수님께서 십자가에서 돌아가신 후로는 빌라도에게 담대하게 나아가 예수님의 시체를 요구하여 가져갔습니다(요 19:38). 때에 니고데모도 몰약과 침향 섞은 것을 백리트라쯤 가지고 와서 예수님의 시체에 바르고 세마포로 쌌습니다(요 19:39-40). 아리마대 요셉과 니고데모의 용기와 헌신은 참으로 대단한 것이었습니다. 왜냐하면 예수님이 처형되자 예수님의 제자들도 다 뿔뿔이 흩어졌으나 그들은 끝까지 주님을 따랐기 때문입니다.

사랑하는 여러분!
우리 모두는 그 어떤 이유에서도 니고데모처럼 소극적인 신앙 생활을 해서는 안 됩니다. 또한 우리들도 아리마대 요셉과 니고데모처럼 담대하게 복음을 전파해야겠습니다. 그리고 우리의 생명이 다하는 그 날까지 최선을 다해 충성해야겠습니다.

 # 데 마

[딤후 4:9-18]

너는 어서 속히 내게로 오라 데마는 이 세상을 사랑하여 나를 버리고 데살로니가로 갔고 그레스게는 갈라디아로, 디도는 달마디아로 갔고 누가만 나와 함께 있느니라 네가 올 때에 마가를 데리고 오라 그가 나의 일에 유익하니라 두기고는 에베소로 보내었노라 네가 올 때에 내가 드로아 가보의 집에 둔 겉옷을 가지고 오고 또 책은 특별히 가죽 종이에 쓴 것을 가져오라 구리 세공업자 알렉산더가 내게 해를 많이 입혔으매 주께서 그 행한 대로 그에게 갚으시리니 너도 그를 주의하라 그가 우리 말을 심히 대적하였느니라 내가 처음 변명할 때에 나와 함께 한 자가 하나도 없고 다 나를 버렸으나 그들에게 허물을 돌리지 않기를 원하노라 주께서 내 곁에 서서 나에게 힘을 주심은 나로 말미암아 선포된 말씀이 온전히 전파되어 모든 이방인이 듣게 하려 하심이니 내가 사자의 입에서 건짐을 받았느니라 주께서 나를 모든 악한 일에서 건져내시고 또 그의 천국에 들어가도록 구원하시리니 그에게 영광이 세세무궁토록 있을지어다 아멘

> 이 세상 사람들이 쓴 위인전이나 종교서적은 그 책의 주인공이나 주요 인물들에 대한 기사는 모두가 다 아름답게 미화시켜서 좋은 점만 부각시켜 기록하고 있습니다. 그러나 성경에 기록되어 있는 인물들은 모두가 다 그들의 장, 단점이나 그들의 실제 언행에 대해 여과 없이 그대로 기록하고 있습니다. 왜냐하면 성경은 성령의 감동으로 기록된 책이기에 인간적인 생각으로 미화할 수 없기 때문입니다. 아담 이후의 모든 인간들은 다 죄인으로서 불완전한 존재들이기 때문입니다. 또한 그래서 본문의 데마에 대해서도 여과 없이 그가 행한 사실대로 기록하고 있는 것입니다.

1. 바울의 동역자였던 데마

첫째로 바울의 동역자였습니다.

데마는 한 때 바울의 복음전파사역을 돕던 동역자였습니다. 그는 바울이 로마에서 복음을 전파하다가 1차로 감옥에 투옥되었을 때에도 바울과 함께 있을 정도로 바울의 복음전파에 열심히 조력했던 사람이었습니다(골 4:14; 몬 1:24). 그는 바울이 로마의 감옥에 2차로 투옥될 때까지도 함께 했습니다. 그러나 그는 끝까지 충성하지 않았습니다. 진정한 충성은 시종이 여일하게 변함없이 충성하는 것입니다. 이 일 저 일을 따지지 않고 충성하는 것입니다. 상황과 환경을 따지지 않고 충성하는 것입니다. 손익을 계산하지 않고 충성하는 것입니다. 죽을 때까지 시종이 여일하게 충성하는 것입니다. 그러므로 우리 모두는 이유 여하를 막론하고 우리의 생명이 다하는 그 날까지 변함 없이 충성해야 합니다.

둘째로 불안한 신앙인이었다고 합니다.

A.D. 2세기 후반의 자료들인 외경 바울행전에 의하면 데마는 바울에게 있어서 반드시 필요한 일꾼이었음에도 불구하고 신앙적으로 불안전했다고 합니다. 때문에 언제나 바울에게 불안과 불편을 제공하는 좀 힘든 동역자로 묘사되었다고 합니다. 그런 면에서 볼 때에 그의 신앙과 성품에 조금 문제가 있지 않았나 생각됩니다. 오늘날도 마찬가지입니다. 예수 그리스도를 구주로 믿고 구원받은 자로서 주님의 몸된 교회를 섬기면서 맡은 바 사명을 충성되이 잘 감당해야 함에도 불구하고 교회와 성도들은 물론 목회자들까지도 힘들게 하는 안타까운 사람들이 있습니다.

셋째로 바울과 같은 사명자가 필요합니다.

예수 그리스도를 구주로 믿고 거듭난 바울은 온전히 자신을 죽였습니다. 때문에 바울은 자신을 '죄인 중에 내가 괴수'(딤전 1:15)요, '성도 중에 지극히 작은 자'(엡 3:8) 라고 하는 참으로 겸손한 신앙인이요 사명자였습니다.

또한 그는 자신의 입장과 처지, 상황과는 상관없이 복음을 전파하는 전천후 사명자였습니다. 때문에 자신을 때리고 고문하는 자에게도 복음을 전했습니다. 자신을 재판하는 재판관에게 복음을 전했습니다. 감옥에서는 간수에게도 복음을 전했습니다. 자신이 탄 배가 풍랑을 만나 파선될 위기에 처했을 때에도 복음을 전했습니다(행 27:1-26). 그는 상황과 환경을 만들어 가면서 복음을 전파했습니다. 동지를 만들어 가면서 복음을 전파했습니다. 일을 만들어 가면서 사역을 감당하는 창조적인 일꾼이었습니다(몬 1:4-22). 그러면서도 그는 항상 기뻐하고 감사했습니다(살전 5:16-18). 때문에 자신을 떠난 데마를 아쉬워하면서도 그를 결코 원망하지 않았습니다.

사랑하는 여러분!
우리 모두는 천하보다도 더 귀한 생명을 살리는 일에 최선을 다하는 사명자들이 됩시다. 또한 그 어떤 이유로도 변덕을 부리거나 남을 힘들게 하는 자가 되지 맙시다. 그리고 바울과 같은 전천후 사명자들이 되시기 바랍니다.

2. 고난을 피한 데마

첫째로 바울의 이방선교에 동행했습니다.
바울은 유대인이었으나 이방의 다소에서 태어났기 때문에 로마의 시민권을 가질 수 있었습니다. 때문에 그는 헬라의 문화를 익혔고 율법에 정통한 가말리엘의 문하생으로 율법준수에 특별한 열심을 가지고 있었습니다. 때문에 예수님의 제자들을 이단자로 규정하고 박해하는 데에 혈안이 되어있던 완악한 자였습니다. 그러나 그가 다메섹 도상에서 예수님을 만나 변화된 다음에는 특별히 로마선교에 앞장섰습니다. 그 때에 바울과 함께 동행하면서 도왔던 자가 바로 데마였습니다. 그는 참으로 귀한 일에 함께 한 것입니다. 우리들도 마찬가지로 이 세상 모든 사람들에게 복음을 전하는 일에 최선을 다하는 충성된 전도자들이 되어야겠습니다.

둘째로 바울이 로마 감옥에 투옥되었습니다.

네로 황제의 박해로 로마에서 두 번째로 투옥되었습니다. 바울이 1차로 로마 감옥에 투옥될 때까지 그 동안 같이 고생했던 데마가 아마도 이제 바울에게 더 이상 기대 할 것이 없다고 생각하고 실망한 나머지 고생하기 싫어서 떠났을 것입니다. 바울은 자기와 함께 동거동락하며 복음을 전했던 데마, 그레스게, 디도, 두기고가 다 자기 곁을 떠나고 누가만 남았다고 믿음의 아들 디모데에게 편지했습니다. 그러면서 그는 디모데에게 자신에게 올 때에 "...마가를 데리고 오라 그가 나의 일에 유익하니라"(딤후 4:11)고 했습니다. 그리고 드로아 가보의 집에 둔 겉옷과 가죽 종이에 쓴 책을 가지고 오라고 부탁했습니다(딤후 4:13). 그것은 바로 이제 곧 닥쳐 올 추운 겨울의 로마 감옥 생활을 준비하기 위해서였을 것입니다(딤후 4:21). 여기에서 우리는 사도 바울이 약해 있을 때에 필요한 것은 함께 할 수 있는 동역자(마가)와 육체적인 것(겉옷)과 영적인 것(성경)들이 모두 다 동시에 필요했다는 것을 알 수 있습니다. 그러므로 영과 육으로 구성된 우리 인간들이 신앙 생활할 때에 인간 관계는 물론 영적인 것과 육적인 것 그 어느 것 하나만을 절대시하거나 무시하고 소홀해서는 안 된다는 교훈을 얻게 됩니다.

셋째로 바울은 데마를 원망하지 않았습니다.

그 동안 함께 했던 데마와 그레스게, 디도, 두기고가 다 떠나가고 싸늘한 감옥에서 외롭게 있던 바울은 디모데에게 "구리 세공업자 알렉산더가 내게 해를 많이 입혔으매 주께서 그 행한 대로 그에게 갚으시리니 너도 그를 주의하라 그가 우리 말을 심히 대적하였느니라 내가 처음 변명할 때에 나와 함께 한 자가 하나도 없고 다 나를 버렸으나 그들에게 허물을 돌리지 않기를 원하노라"(딤후 4:14-16)고 했습니다. 우리는 몇 가지 교훈을 얻게 됩니다. 먼저 구리 세공업자 알렉산더가 사도 바울을 얼마나 괴롭혔으면 바울이 이토록 잊지 않고 디모데에게 주의 시켰을까이며 또한 자신과 함께 동역 하다가 떠난 자들에게 허물을 돌리지 말라는 것입니다. 아마도 그 동안 함께 했던 자들이 떠날 때에 바울에게 해는 끼치지 않았던 것 같습니다. 그리고 자신이 참으로 외롭고 힘들 때에는 진정으로 편들어 줄 수 있는 사람이 없다는 것입니다.

사랑하는 여러분!
우리 모두 사도 바울처럼 불신자들에게 복음을 전하여 구원하는 일에 최선을 다 합시다. 또한 그 어떤 이유로도 복음전파의 사명에서 물러서는 약한 자들이 되지 맙시다. 그리고 이유 여하를 막론하고 남을 괴롭히는 안타까운 삶을 살지 맙시다.

3. 변질된 데마

첫째로 세상을 더 사랑했습니다.
사도 바울은 데마가 이 세상을 사랑하여 자신을 버리고 데살로니가로 갔다고 했습니다. 이것은 그가 인간적인 차원에서 바울을 배신한 것이 아니라 예수 그리스도를 구주로 믿는 신앙을 저버리고 세상으로 떠났다는 것입니다(딤후 4:10). 다시 말하면 사도 바울을 도와서 이방인들에게 복음을 전하는 것보다 이 세상의 것인 육신의 정욕과 안목의 정욕과 이생의 자랑(요일 2:15-17)이 더 좋아서 신앙을 버리고 이 세상으로 떠났다는 것입니다. 그러나 바울은 "...오직 하나님의 능력을 따라 복음과 함께 고난을 받으라"(딤후 1:8)고 했습니다. 그는 또한 "나는 이제 너희를 위하여 받는 괴로움을 기뻐하고 그리스도의 남은 고난을 그의 몸 된 교회를 위하여 내 육체에 채우노라"(골 1:24)고 했습니다. 그러므로 우리 모두는 그 어떠한 이유로도 믿음을 저버리고 세상으로 나갈 수는 없습니다.

둘째로 사명을 저버렸습니다.

데마가 처음에 이방인 선교에 열심 하는 사도 바울을 도왔던 것은 영혼구원에 대한 사명감을 가지고 있었기 때문이었을 것입니다. 그러던 그가 생명을 내놓고 복음을 전파하는 사도 바울을 떠난 것은 그가 영혼 구원에 대한 사명을 저버린 것이었습니다. 하나님께서 우리들을 다른 사람보다 먼저 구원시켜 주신 것은 우리들로 하여금 복음을 전파하여 이 세상 사람들을 구원시키기 위함입니다. 그러므로 우리들은 그 어떤 이유로도 이 복음 전파의 사명을 소홀히 하거나 기피할 수 없습니다. 우리 모두는 생명이 다하는 그 날까지 최선을 다해 맡은 바 사명을 열심히 감당해야 합니다.

셋째로 바울을 떠났습니다.

한 때는 사도 바울의 동역자였던 데마는 인간적인 생각으로 이해 관계를 따져서 감옥에 갇힌 늙은 바울과 함께 해야 별 소득이 없다고 생각했기 때문에 고향인 데살로니가로 갔을 것입니다. 안타깝게도 이 세상에는 이 데마와 같은 사람들이 너무나도 많습니다. 데마가 전도자인 바울을 떠난 것은 하나님의 일을 버리고 스승과 동지를 배반한 것입니다.

사랑하는 여러분!

우리 모두는 그 어떠한 일이 있어도 세상을 사랑하는 안타까운 삶을 살지 말아야합니다. 또한 우리의 생명이 다하는 그 날까지 오직 복음을 전하는 일에 최선을 다해야겠습니다. 그리고 언제나 동역자들과 신의를 지켜 가면서 복음을 전해야겠습니다.

# 데메드리오

[행 19:11-27]

하나님이 바울의 손으로 놀라운 능력을 행하게 하시니 심지어 사람들이 바울의 몸에서 손수건이나 앞치마를 가져다가 병든 사람에게 얹으면 그 병이 떠나고 3)악귀도 나가더라 이에 돌아다니며 마술하는 어떤 유대인들이 4)시험삼아 3)악귀 들린 자들에게 주 예수의 이름을 불러 말하되 내가 바울이 전파하는 예수를 의지하여 너희에게 명하노라 하더라 유대의 한 제사장 스게와의 일곱 아들도 이 일을 행하더니 악귀가 대답하여 이르되 내가 예수도 알고 바울도 알거니와 너희는 누구냐 하며 악귀 들린 사람이 그들에게 뛰어올라 눌러 이기니 그들이 상하여 벗은 몸으로 그 집에서 도망하는지라 에베소에 사는 유대인과 헬라인들이 다 이 일을 알고 두려워하며 주 예수의 이름을 높이고 믿은 사람들이 많이 와서 자복하여 행한 일을 알리며 또 마술을 행하던 많은 사람이 그 책을 모아 가지고 와서 모든 사람 앞에서 불사르니 그 책 값을 계산한즉 은 오만이나 되더라 이와 같이 주의 말씀이 힘이 있어 흥왕하여 세력을 얻으니라 이 일이 있은 후에 바울이 마게도냐와 아가야를 거쳐 예루살렘에 가기로 작정하여 이르되 내가 거기 갔다가 후에 로마도 보아야 하리라 하고 자기를 돕는 사람 중에서 디모데와 에라스도 두 사람을 마게도냐로 보내고 자기는 아시아에 얼마 동안 더 있으니라 그 때쯤 되어 이 도로 말미암아 적지 않은 소동이 있었으니 즉 데메드리오라 하는 어떤 은장색이 은으로 아데미의 신상 모형을 만들어 직공들에게 적지 않은 벌이를 하게 하더니 그가 그 직공들과 그러한 영업하는 자들을 모아 이르되 여러분도 알거니와 우리의 풍족한 생활이 이 생업에 있는데 이 바울이 에베소뿐 아니라 거의 전 아시아를 통하여 수많은 사람을 권유하여 말하되 사람의 손으로 만든 것들은 신이 아니라 하니 이는 그대들도 보고 들은 것이라 우리의 이 영업이 천하여질 위험이 있을 뿐 아니라 큰 여신 아데미의 신전도 무시 당하게 되고 온 아시아와 천하가 위하는 그의 위엄도 떨어질까 하노라 하더라

하나님의 말씀이 전파되는 곳에는 반드시 놀라운 기사와 이적

> 이 일어나게 됩니다. 무엇보다도 말씀을 듣는 자들이 회개하고 주님께로 돌아오는 역사가 일어납니다. 절망 가운데 있던 자들이 소망을 갖게 되고 병든 자들이 치유 받는 역사가 일어납니다. 반면에 사탄이 이를 방해하여 핍박하는 역사도 일어납니다. 오늘 본문의 데메드리오는 진리의 신봉자인 요한삼서의 데메드리오와 동명이인으로서 에베소에 있는 은장색들의 조합장 격인 사람입니다. 오늘 본문은 그가 주동이 되어 바울의 복음 전파를 방해하기 위하여 소동을 일으킨 사실에 대해 말씀하고 있습니다. 그러나 우리는 하나님께서는 언제나 당신의 백성들에게 범사에 합력하여 유익하게 하신다는 사실을 기억해야 합니다. 분명한 것은 기독교의 역사는 언제나 핍박을 받을 때에 보다 더 건전하게 발전해 왔습니다.

1. 당시 에베소의 상황

첫째로 에베소는 우상의 도시였습니다.

당시의 에베소는 아데미(Artemis) 여신상을 섬기는 우상의 도시였습니다. 이 아데미 여신상은 스물 네 개의 유방을 지닌 여자의 모습이었는데 그 상을 섬기는 자들은 다산을 상징하는 이 땅의 모신(母神)으로 믿고 있었습니다. 당시 근동지방 사람들은 이 신이 하늘에서 내려왔다고 믿고 있었습니다(원래 이 신상은 운석이었는데 그들이 신으로 섬긴 것이라고 함). 그런데 당시 에베소에 있던 이 아데미 신전은 가로 120m, 세로 60m가 되는 엄청난 규모였다고 합니다. 이 신전에는 해마다 원근 각처에서 몰려든 수많은 순례자와 여행자들로 초만원을 이루었다고 합니다. 당시 로마 통치하에서 아시아도의 수도인 에베소는 우상 중심의 도시였습니다.

둘째로 바울이 복음을 전파했습니다.

바울은 3차 전도 여행 시에 에베소에서 아주 열정적으로 사역을 감당했습니다. 그는 회당과 두란노 서원에서 날마다 강론했습니다(행 19:8-10).

셋째로 놀라운 역사가 일어났습니다.

바울의 전도를 통해 아시아에 사는 유대인들과 헬라인들이 주의 말씀을 들었습니다. 또한 바울에게 희한한 능력도 행하게 하셨습니다. 그가 사람들에게 주 예수의 이름으로 세례를 베풀고 안수했을 때에 성령이 그들에게 임하심으로 방언도 하고 예언도 했습니다(행 19:1-10). 때문에 사람들이 바울의 몸에서 손수건이나 앞치마를 가져다가 병든 사람에게 얹으면 그 병이 떠나고 악귀도 나갔습니다(행 19:11,12). 이것을 본 떠돌이 유대인 마술사들이 시험적으로 악귀들린 자들에게 주 예수의 이름을 불러 말하되 "...내가 바울이 전파하는 예수를 의지하여 너희에게 명하노라"(행 19:13)고 시험하기도 했습니다. 이에 악귀가 "...내가 예수도 알고 바울도 알거니와 너희는 누구냐 하며 악귀 들린 사람이 그들에게 뛰어올라 눌러 이기니 그들이 상하여 벗은 몸으로 그 집에서 도망..."(행 19:15,16)하는 일도 있었습니다. 이 일 후로 에베소에 거하는 유대인과 헬라인들이 다 주 예수를 믿고 그의 이름을 높였으며 은혜 받은 수많은 사람들이 간증하기도 했습니다. 뿐만 아니라 마술 하던 자들이 마술 책을 모아 가지고 나와서 많은 사람들 앞에서 불태웠습니다(행 19:17-19). 한 마디로 에베소 전체가 회개의 역사로 완전히 뒤집혔습니다.

사랑하는 여러분!

오늘 우리가 지금 살고 있는 우리나라도 마찬가지입니다. 산 좋고 물 좋은 곳에는 모두가 절간이 자리잡고 있습니다. 몇 집 건너서 하나는 무당집입니다. 스포츠 신문이나 주간지 신문들은 모두가 다 무당들의 홍보지입니다. 그러므로 우리 모두는 멸망해 가는 이 세상을 향하여 사도 바울처럼 열심히 복음을 전파합시다. 하나님께서 큰 능력으로 함께 하실 것입니다.

2. 복음 전파를 금지시킴

첫째로 종교적인 이유에서였습니다.

은장색 데메드리오가 에베소 사람들을 선동하여 바울이 복음을 전하는 것을 금지했습니다. 왜냐하면 바울이 에베소 사람들에게 "...사람의 손으로 만든 것들은 신이 아니라"(행 19:26)고 전함으로 자신들이 숭배하고 있는 아데미 여신의 권위가 땅에 떨어지고 사람들로부터 무시당하는 것이 싫어서였습니다. 다시 말하면 아데미 여신 우상을 무시하고 그에 반하는 복음을 전하는 바울의 일행을 핍박함으로 그들이 에베소에서 예수 그리스도를 전하지 못하게 하고 에베소 사람들로 하여금 아데미 여신의 우상에 대해 보다 더 큰 열심을 갖게 하기 위한 방편에서였습니다. 오늘의 우리 현실도 마찬가지입니다. 우상 숭배하는 자들이나 샤머니즘의 신앙을 가진 자들이 예수 그리스도의 복음을 전하는 자들을 핍박하고 방해하며 복음을 받아들이지 않고 거역합니다.

둘째로 물질적인 이유에서였습니다.

데메드리오는 마게도냐에서 아데미 여신상의 신상 모형(아데미 여신상을 안치해 놓은 은으로 만든 작은 신전)을 만드는 공장을 운영하면서 아주 부요하게 살던 사람이었습니다. 그런데 사도 바울의 복음전파로 인하여 일어난 에베소 사람들의 회개운동과 예수 영접으로 인한 개종사태는 우상숭배자들과 아데미 여신상을 만들어 팔아 생활하는 은장색들에게는 아주 큰 타격을 주었습니다. 특별히 은장색 데메드리오는 신상 모형을 제조하는 자였습니다. 그런데 사도 바울이 에베소는 물론 아시아 전 지역에 복음을 전파함으로 인해 자신들의 수입원이 크게 타격을 받기 때문에 사도 바울의 복음 전파를 강력하게 저지한 것입니다(행 19:24-27).

셋째로 문화적인 이유에서였습니다.

데메드리오는 아데미 여신상을 섬기는 에베소의 문화에 익숙해 있는 자였습니다. 그는 그 곳에서 신상 모형을 제조하는 사업가로서 남부럽지 않은 부귀영화를 누리면서 육체의 연락을 즐겨왔습니다. 그런데 바울이 복음을 전함으로 인해 자신이 지금까지 누리고 있던 기득권이 사라지고 생소한 문화 환경이 조성되는 것이 싫었기 때문입니다. 그렇습니다. 대부분의 사람들은 다 이렇게 자신들이 가진 정치, 경제, 사회, 문화, 종교들의 모든 기득권이 침해받는 것을 좋아하지 않습니다. 오늘날도 마찬가지입니다. 이미 자신이 가진 기득권을 누리면서 쾌락에 빠진 자들은 이 데메드리오처럼 진리로 인해 개혁되고 환경이 변하는 것을 싫어합니다.

사랑하는 여러분!
우리들도 그 동안 우리가 믿어 왔던 어떤 샤머니즘이나 우상숭배의 습관 때문에 신앙생활에 지장 받는 일이 없어야겠습니다. 또한 어떤 물질적인 이익 때문에 신앙생활에 소극적인 일이 없도록 합시다. 그리고 그 동안 우리들이 누려왔던 그 어떤 문화적인 습관 때문에 복음을 거부하는 악을 행하는 일이 없도록 하시기 바랍니다.

3. 데메드리오 일당의 불의

첫째로 민중을 선동했습니다.
데메드리오는 바울의 일행이 에베소에서 복음을 전하지 못하도록 하기 위해 자기 공장의 직공들과 영업하는 자들을 모아 놓고 "...여러분도 알거니와 우리의 풍족한 생활이 이 생업에 있는데 이 바울이 에베소뿐 아니라 거의 전 아시아를 통하여 수많은 사람을 권유하여 말하되 사람의 손으로 만든 것들은 신이 아니라 하니 이는 그대들도 보고 들은 것이라 우리의 이 영업이 천하여질 위험이 있을 뿐 아니라 큰 여신 아데미의 신전도 무시 당하게 되고 온 아시아와 천하가 위하는 그의 위엄도 떨어질까 하노라"(행 19:25-27)고 감언이설로 선동했습니다. 이 말을 들은 민중들은 분이 가득하여 바울과 함께 동역하던 가이오와 아리스다고를 잡아 연극장으로 끌고 들어갔습니다(행 19:28,29). 그렇습니다. 악한 자들은 언제나 이렇게 불평

불만으로 악을 선동합니다.

둘째로 불법을 자행했습니다.
데메드리오는 바울과 그의 두 동역자들에게 누명을 씌워 범죄인으로 만들어서 에베소에서 쫓아내려고 온갖 수단과 방법을 다 부렸습니다. 그러나 서기장은 흥분해 있는 무리를 진정시키고 그들에게 이 사람들이 "신전의 물건을 도둑질하지도 아니하였고 우리 여신을 비방하지도 아니한 이 사람들을 너희가 붙잡아 왔으니 만일 데메드리오와 그와 함께 있는 직공들이 누구에게 고발할 것이 있으면 재판 날도 있고 총독들도 있으니 피차 고소할 것이요 만일 그 외에 무엇을 원하면 정식으로 민회에서 결정할지라 오늘 아무 까닭도 없는 이 일에 우리가 소요 사건으로 책망 받을 위험이 있고 우리는 이 불법 집회에 관하여 보고할 자료가 없다 하고"(행 19:37-40) 데메드리오의 불법 집회를 해산시켰습니다.

셋째로 악의 도구였습니다.
데메드리오는 바울의 일행이 에베소에서 복음을 전하는 것을 방해한 것은 사탄의 조종을 받은 자로서 이 세상의 부와 연락에 취해 멸망 받을 수밖에 없는 불행한 자였습니다. 또한 그는 어리석은 자들을 선동하여 마음을 완악하게 하여 복음을 거부하게 만들고 우상을 섬기게 함으로 자신만 아니라 다른 사람들까지도 멸망 받게 하는 아주 불행한 사람이었습니다. 그렇습니다. 지금 이 시간에도 자신은 물론 다른 사람들을 구원받게 하고 복 받게 하는 사람이 있고, 자신도 망하고 다른 사람도 망하게 하는 악한 사람도 있습니다.

사랑하는 여러분!
우리 모두는 언제나 좋은 일에 사람들을 깨우치는 멋진 삶을 삽시다. 또한 그 어떤 이유로도 다른 사람에게 악을 끼치지 맙시다. 그리고 언제나 하나님의 선한 일에만 가치 있게 쓰임 받는 멋진 성도들이 되시기 바랍니다.

 # 도르가

[행 9:36-43]

욥바에 다비다라 하는 여제자가 있으니 그 이름을 번역하면 도르가라 선행과 구제하는 일이 심히 많더니 그 때에 병들어 죽으매 시체를 씻어 다락에 누이니라 룻다가 욥바에서 가까운지라 제자들이 베드로가 거기 있음을 듣고 두 사람을 보내어 지체 말고 와 달라고 간청하여 베드로가 일어나 그들과 함께 가서 이르매 그들이 데리고 다락방에 올라가니 모든 과부가 베드로 곁에 서서 울며 도르가가 그들과 함께 있을 때에 지은 속옷과 겉옷을 다 내보이거늘 베드로가 사람을 다 내보내고 무릎을 꿇고 기도하고 돌이켜 시체를 향하여 이르되 다비다야 일어나라 하니 그가 눈을 떠 베드로를 보고 일어나 앉는지라 베드로가 손을 내밀어 일으키고 성도들과 과부들을 불러 들여 그가 살아난 것을 보이니 온 욥바 사람이 알고 많은 사람이 주를 믿더라 베드로가 욥바에 여러 날 있어 시몬이라 하는 무두장이의 집에서 머무니라

도르가는 다비다라는 히브리식 이름을 헬라식으로 번역한 것입니다. 그녀는 어려운 이웃을 위한 헌신과 봉사가 투철한 사람이었습니다. 때문에 그녀는 후에 이웃을 위한 섬김의 모델이 되어 많은 교회에서 여자 성도들이 '도르가선교회'를 만들어 이웃과 사회를 위해 봉사하게 되었습니다. 또한 그녀가 베드로의 기도를 받고 다시 살아난 것을 보고 많은 사람들이 하나님을 구주로 믿게 되었습니다. 다시 말하면 도르가는 자신의 주위에 있는 어려운 사람들을 돌보아주었을 뿐만 아니라 그들의 영혼까지도 구원받게 하는 데에 귀하게 쓰임 받았습니다. 그러므로 우리들도 도르가와 같이 이 세상과 이웃을 위한 선행과 구제에 열심하여 하나님의 사랑을 실천하고 그들의 영혼을 구원하는 일에 최선을 다해야겠습니다.

1. 선행과 구제에 힘썼습니다.

첫째로 선행을 실천했습니다.

"우리는 그가 만드신 바라 그리스도 예수 안에서 선한 일을 위하여 지으심을 받은 자니 이 일은 하나님이 전에 예비하사 우리로 그 가운데서 행하게 하려 하심이니라"(엡 2:10)고 하셨습니다. 그러므로 우리 모두는 주 안에서 선행을 위하여 지음 받은 자들입니다. 이 선행의 문자적인 의미는 모든 것을 보다 더 좋게 하고 아름답게 하며 기쁘고 즐겁게 하는 행위를 말합니다. 때문에 도르가는 혼자서 외롭고 힘들게 살아가는 사람들을 보다 더 아름답고 즐겁게 살아갈 수 있도록 돕는 일에 최선을 다했습니다.

둘째로 열심히 구제했습니다.

"땅에는 언제든지 가난한 자가 그치지 아니하겠으므로 내가 네게 명령하여 이르노니 너는 반드시 네 땅 안에 네 형제 중 곤란한 자와 궁핍한 자에게 네 손을 펼지니라"(신 15:11)라고 하셨습니다. 우리의 조상인 아담의 불순종으로 인하여 저주받은 이 세상에는 언제나 가난과 질병, 눈물과 고통이 상존하게 되어있습니다(창 3:17-19). 그러므로 예수 그리스도의 대속의 은혜로 구원받은 우리 성도들은 언제나 우리의 주위에 상존하고 있는 가난과 질병은 물론 그 어떤 면으로든지 고통받고 있는 자들에게 구제의 손길을 베풀어야 합니다(신 15:7,8). 때문에 도르가는 자신의 주위에 있는 힘들고 외롭게 살아가는 홀로 된 여인들을 적극적으로 도왔습니다(행 9:39).

셋째로 우리도 선행과 구제에 힘써야 합니다.

사도 바울은 고린도교회 성도들에게 가난한 예루살렘 교회를 구제하기 위한 모금을 권면할 때에 이것은 너희를 힘들게 하려는 것이 아니라 균등케 하려는 것이라고 했습니다(고후 8:6-15). 그렇습니다. 진정한 구제는 가진 자가 못 가진 자에게 인심쓰는 것이 아닙니다. 우리 모두는 다 이 세상에 알몸으로 태어났습니다. 원래부터 가진 것은 하나도 없었습니다. 그런데 하나님의 은혜로 다른 사람보다 더 많이 가지게 되었습니다. 그러므로 지금 우리가 가지고 있는 것으로 못 가진 이웃에게 나누어주어 그들이 보다 더 나은 삶을 살 수 있도록 도와야 합니다. 그것이 바로 균등케 하시려는 하나님의 뜻에 순종하는 것입니다.

사랑하는 여러분!
우리들도 도르가와 같이 이 세상의 모든 것들이 보다 더 아름답게 잘 되도록 합시다. 또한 내 몸과 마음, 시간과 물질, 재능 등으로 보다 어려운 자들을 도와 균등케 하시려는 하나님의 뜻을 이루어 갑시다. 그리하여 우리 하나님이 원하시는 복된 삶을 사시기 바랍니다.

2. 도르가가 죽었습니다.

첫째로 모든 인간은 다 죽습니다.
아담 이후로 이 세상에 태어난 모든 인간은 다 죽습니다. 이 죽음은 이 세상 모든 인간들에게 공평하게 임하게 됩니다. 이 죽음에서는 그 누구도 예외일 수 없습니다. 남녀노소, 빈부귀천, 유무식, 지위고하가 따로 없습니다. 모두가 다 반드시 죽습니다. 인간만이 아니라 이 세상에 살고 있는 생명이 있는 모든 것들은 다 죽습니다. 그럼에도 불구하고 우리 인간은 죽음을 자신의 인생 설계에 계산하지 않습니다. 그저 천년 만년 살 것처럼 계획하고 살아갑니다. 참으로 어리석은 것이 우리 인간입니다. 이것은 바로 우리 인간의 죽음이 비밀로서 언제 죽을지 모르기 때문입니다.

둘째로 어떻게 살다가 죽느냐입니다.

이 세상에 태어나서 살아가는 인간의 상태를 보면 갖가지입니다. 아브라함과 모세, 요셉과 다니엘처럼 평생 동안 믿음으로 민족과 국가를 위해 헌신하면서 아름답게 살다간 사람들도 있습니다. 반면에 아간과 고라, 사울처럼 하나님을 거역하고 불순종하며 사람들에게 악을 행하고 저주받아 죽은 사람도 있습니다. 주님을 배신한 가룟 유다처럼 양심의 가책을 받아 자살해 죽는 사람도 있습니다. 그런데 오늘 본문의 도르가는 선행과 구제에 힘쓰다가 죽었습니다. 여러분은 지금 어떠한 삶을 살고 있습니까? 하나님의 말씀에 순종하며 감사하는 삶을 살고 있습니까? 아니면 하나님의 말씀에 불순종하며 거역하는 삶을 삽니까? 사람을 살리는 삶입니까? 사람을 죽이는 삶입니까? 환경을 밝게 하는 삶입니까? 환경을 어둡게 하는 삶입니까? 좋은 일을 하고 있습니까? 나쁜 일을 하고 있습니까? 우리들도 도르가처럼 평생동안 하나님의 뜻을 실현하는 아름다운 삶을 사는 자들이 되어야겠습니다.

셋째로 도르가가 살아났습니다.

평상시에 선행과 구제를 많이 한 도르가가 죽게 되자 사람들은 그의 시체를 씻어 다락에 누이고 욥바에서 가까운 룻다에 있는 베드로에게 두 사람을 보내어 빨리 오도록 했습니다. 베드로가 도착하자 욥바에 사는 모든 과부들은 그 동안 도르가가 지어준 속옷과 겉옷을 베드로에게 보이면서 울었습니다(행 9:37-39). 그렇습니다. 한 인간이 이 세상을 어떻게 살았느냐를 보려면 그가 죽었을 때에 얼마나 많은 사람이 그의 죽음을 안타까워하며 우느냐로 알 수 있습니다. 도르가의 죽음을 본 베드로는 오직 살아 계신 예수님의 능력만 의지하고자 방안에 있는 모든 사람들을 다 내보내고 무릎을 꿇고 하나님께 기도했습니다. 기도한 베드로는 예수님께서 도르가를 살리실 것을 확신한 다음 "...다비다야 일어나라..."(행 9:40)고 명령했습니다. 그러자 도르가가 눈을 떠 베드로를 보고 일어나 앉았습니다(행 9:40). 참으로 놀라운 역사가 일어난 것입니다. 그렇습니다. 부활하신 예수 그리스도를 구주로 믿고 기도하면 놀라운 역사가 일어납니다. 우리 모두 기도합시다. 그리하여 귀하게 쓰임 받는 성도들이 되시기 바랍니다.

사랑하는 여러분!
우리 인간은 이렇게 모두 다 죽습니다. 그러므로 내게도 반드시 죽음이 있음을 알고 삽시다. 또한 한번 밖에 살 수 없는 삶, 깨끗하고 아름답게 삽시다. 그리고 부활하신 우리 주님을 소망하면서 이 세상을 자신있게 살아가시기 바랍니다.

3. 좋은 흔적을 남겼습니다.

첫째로 선행의 흔적이 있었습니다.
도르가가 병들어 죽자 그 동안 도르가의 사랑을 받았던 욥바의 많은 과부들이 베드로에게 그 동안 도르가가 자신들에게 지어준 속옷과 겉옷을 베드로에게 보이면서 울었습니다. 그것이 바로 도르가가 죽기 전에 행했던 선행과 구제의 흔적이었습니다. 사람마다 이렇게 흔적이 있습니다. 사기꾼은 사기전과의 흔적이 있습니다. 살인자는 살인전과의 흔적이 있습니다. 어떤 범죄인이든지 반드시 범죄의 흔적을 가지게 됩니다. 포상 받은 자는 포상 받은 흔적이 있습니다. 사도 바울은 "...누구든지 나를 괴롭게 하지 말라 내가 내 몸에 예수의 흔적을 지니고 있노라"(갈 6:17)고 했습니다. 지금 여러분에게는 어떠한 흔적이 있습니까?

둘째로 그가 사랑하던 자들입니다.
도르가는 죽었지만 그의 사랑을 받던 많은 과부들은 지금 도르가와 함께 있습니다. 그렇습니다. 이 세상에서 가장 좋은 재산은 바로 자신과 함께 하는 사람이 많다는 것입니다. 도르가 자신은 죽었지만 그 동안의 그의 행적을 높이고 따르며 함께 하는 자들이 많다는 것은 그녀가 이 세상에 남길 수 있는 가장 아름다운 흔적인 것입니다. 이기적인 인간은 그와 함께 하는 자가 없습니다. 불평과 불만이 많은 사람도 함께 하는 자가 없습니다. 소극적이고 부정적인 인간도 그와 함께 하는 자가 없습니다. 교만하고 악한 인간도 함께 하는 자가 없습니다. 지금 여러분과 함께 하는 사람, 여러분을 존경하고 따르는 사람은 얼마나 됩니까? 그것이 바로 신앙인인 여러분의 인생점수입니다.

셋째로 많은 사람을 믿게 했습니다.
도르가가 죽었다가 베드로의 기도로 다시 살아난 것을 보고 많은 사람들이 예수 그리스도를 구주로 믿고 따랐습니다. 그녀는 자신의 삶을 통해서 많은 사람들을 구원받게 했습니다. 어떤 사람들은 자신의 언행심사와 삶을 통해서 사람들을 병들게 하고 실족시켜서 믿음에서 떠나게 하는 사람이 있습니다. 그러나 어떤 사람들은 그들의 언행심사와 삶을 통해서 수많은 사람들을 주님께로 인도하여 구원받게 합니다. 지금 여러분은 어느 부류에 속합니까? 이 시간 우리 모두 그 동안의 내 자신의 삶의 자화상을 철저하게 되돌아봅시다. 주님께서는 "누구든지 나를 믿는 이 작은 자 중 하나를 실족하게 하면 차라리 연자 맷돌이 그 목에 달려서 깊은 바다에 빠뜨려지는 것이 나으니라"(마 18:6)고 하셨습니다.

사랑하는 여러분!
우리 모두는 자신들의 삶의 현장에 선행의 좋은 흔적을 남깁시다. 또한 나를 믿고 함께 하는 동지들이 보다 더 많게 합시다. 그리고 부족하지만 우리들의 삶을 통해 많은 사람들이 구원받게 하는 멋진 성도들이 되시기 바랍니다.

 # 도 마

[요 20:24-29]

  열두 제자 중의 하나로서 디두모라 불리는 도마는 예수께서 오셨을 때에 함께 있지 아니한지라 다른 제자들이 그에게 이르되 우리가 주를 보았노라 하니 도마가 이르되 내가 그의 손의 못 자국을 보며 내 손가락을 그 못 자국에 넣으며 내 손을 그 옆구리에 넣어 보지 않고는 믿지 아니하겠노라 하니라 여드레를 지나서 제자들이 다시 집 안에 있을 때에 도마도 함께 있고 문들이 닫혔는데 예수께서 오사 가운데 서서 이르시되 너희에게 평강이 있을지어다 하시고 도마에게 이르시되 네 손가락을 이리 내밀어 내 손을 보고 네 손을 내밀어 내 옆구리에 넣어 보라 그리하여 믿음 없는 자가 되지 말고 믿는 자가 되라 도마가 대답하여 이르되 나의 주님이시요 나의 하나님이시니이다 예수께서 이르시되 너는 나를 본 고로 믿느냐 보지 못하고 믿는 자들은 복되도다 하시니라

>   예수님의 열두 제자 중에 하나였던 도마(히브리어)는 갈릴리 출신으로서 어부였는데 디두모(헬라어)라고도 했습니다. 그는 유대인들이 예수님을 돌로 치려할 때에 제자들에게 "우리도 주와 함께 죽으러 가자"고 담대함을 보였던 사람입니다. 그런데 주님께서 자신이 가셔야 할 사명의 길을 말씀하셨을 때에는 그 말씀을 이해하지 못하고 엉뚱한 질문을 했으며, 예수님의 부활을 의심하기까지 했습니다. 그러나 그는 후에 인도에서 복음을 위해 일하다가 순교했습니다. 지금 인도에는 그의 선교를 기념하는 성 도마산과 도마 교회가 있습니다.

1. 주님의 말씀을 깨닫지 못했습니다.

  첫째로 예수님께서 제자들에게 분부하셨습니다.
  예수님께서는 제자들에게 "너희는 마음에 근심하지 말라 하나님을 믿으니

또 나를 믿으라 내 아버지 집에 거할 곳이 많도다 그렇지 않으면 너희에게 일렀으리라 내가 너희를 위하여 거처를 예비하러 가노니 가서 너희를 위하여 거처를 예비하면 내가 다시 와서 너희를 내게로 영접하여 나 있는 곳에 너희도 있게 하리라 내가 어디로 가든지 그 길을 너희가 아느니라"(요 14:1-4)고 하셨습니다. 이것은 바로 예수님께서 잡히실 때에 자신을 따르던 제자들이 흔들리거나 낙심하지 말고 끝까지 믿음을 지키고 담대하게 환난을 이겨 나가도록 위로하시고 격려하신 말씀입니다. 그러므로 우리 성도들은 이 세상을 살아가면서 그 어떠한 시련과 환난을 당한다고 할지라도 조금도 겁낼 필요가 없습니다. 왜냐하면 우리 주님께서 이미 이 세상을 이기셨기 때문입니다.

둘째로 주님이 가시는 길을 모른다고 했습니다.

도마는 예수님께서 분부하신 말씀을 듣고 "...주여 주께서 어디로 가시는지 우리가 알지 못하거늘 그 길을 어찌 알겠사옵나이까"(요 14:5)라고 했습니다. 예수님께서는 3년 동안의 공생애 기간 동안에 자신이 인류의 죄를 대속하시고 구원하시기 위해 이 세상에 오신 것과 십자가에 못 박혀 죽으시고 부활 승천하셨다가 재림하실 것을 수 차례나 말씀하셨습니다. 그러나 영적으로 우둔한 도마는 주님이 말씀하신 진리를 깨닫지 못하고 엉뚱한 질문을 했습니다. 이것은 도마 개인만의 문제가 아니라 이 세상을 살아가는 우리 모두의 문제이기도 합니다. 이 세상의 연락과 육신의 정욕에 이끌려 살아가는 자연인의 상태에 있는 자는 하나님의 진리의 말씀을 들어도 이렇게 깨달을 수 없습니다.

셋째로 예수님이 길과 진리요, 생명이십니다.

예수님께서는 도마의 어리석은 질문에 "...내가 곧 길이요 진리요 생명이니 나로 말미암지 않고는 아버지께로 올 자가 없느니라"(요 14:6)고 하셨습니다. 이것은 바로 예수님 자신이 우리 인간들이 하나님 앞에 나아갈 수 있는 길이며 천국 가는 유일한 길이라는 말씀입니다. 그렇습니다. 우리 인간은 예수님을 통해서만 죄 용서를 받고 하나님의 자녀가 될 수 있으며 천국백성이 될 수 있습니다. 다시 말하면 길이신 예수님을 믿어야만 구원받습니다. 길이신 예수님을 믿어야만 하나님의 자녀가 됩니다. 길이신 예수님을 믿어야만 사탄을 물리치고 승리할 수 있습니다. 길이신 예수님을 믿어야만 평안과 기쁨을 얻을 수 있습니다. 또한 진리이신 예수님을 믿어야만 죄에서 자유하게 되고 거룩하게 되어 하나님이 창조하신 원래의 모습으로 회복될 수 있습니다(요 8:32). 그리고 생명이신 예수 그리스도를 통해서만 영생을 얻을 수 있습니다(요 20:31).

사랑하는 여러분!
우리 모두는 주님의 이름으로 이 세상과 사탄을 넉넉히 이길 수 있습니다. 그러므로 그 어떤 것도 두려워하지 맙시다. 그리고 길이요, 진리요, 생명이신 주님의 이름으로 하나님의 자녀가 되고 천국 백성이 되었으니 이 세상 만물을 다스리고 정복하는 멋진 삶을 사시기 바랍니다.

2. 의심 많은 제자였습니다.

첫째로 부활하신 주님께서 제자들에게 나타나셨습니다.
안식 후 첫날, 부활하신 주님께서는 십자가의 사건 이후 제자들이 유대인들을 두려워하여 한 곳에 모여 있을 때에 제자들에게 나타나셔서 ".. 너희에게 평강이 있을지어다"(요 20:19)라고 말씀하시고 자신의 손과 옆구리를 보이시자 제자들이 기뻐했습니다. 예수님께서 또 다시 제자들에게 "...너희에게 평강이 있을지어다 아버지께서 나를 보내신 것같이 나도 너희를 보내노라"(요 20:21), "...성령을 받으라"(요 20:22), "너희가 누구의 죄든지 사하면 사하여 질 것이요 누구의 죄든지 그대로 두면 그대로 있으리라"(요 20:23)고 하셨습니다. 다시 말하면 부활하신 주님께서 두려워하는 제자들에게 나타나셔서 평강을 선포하시고 복음전파의 사명을 주셨습니다. 이 시간이 바로 이 세상에서의 첫 주일 예배였습니다.

둘째로 도마는 그 곳에 없었습니다.

안식 후 첫날, 부활하신 주님께서 제자들에게 나타나셨을 때에 열 제자만 있었고 도마는 그 곳에 없었습니다(요 20:24). 왜냐하면 예수님의 열 두 제자 중에서 가룟 유다는 예수님을 은 삼십에 팔고 양심의 가책을 받아 자살해 죽었고(마 27:5), 도마는 왠 일인지 모르지만 열 제자들과 함께 있지 않았습니다. 이에 대한 기록은 성경 어디에도 나와있지 않습니다. 그러나 주님의 부활을 목격한 열 제자들이 도마에게 부활의 주님을 증언했을 때에 그에 대해 부정적인 반응을 보인 것(요 20:25)을 보면 예수님께서 자신의 생각과는 달리 십자가에 처형당하신 것을 보고 큰 낙담과 좌절에 빠져 은둔해 있었을 것이라고 추측해 볼 수 있습니다. 그러므로 우리 모두는 이유 여하를 막론하고 언제나 주님이 원하시는 예배의 현장에 있어야 합니다.

셋째로 예수님의 부활을 의심했습니다.

부활하신 예수님의 말씀을 들은 열 제자들이 도마에게 "...우리가 주를 보았노라"고 말하자 그는 "...내가 그 손의 못 자국을 보며 내 손가락을 그 못 자국에 넣으며 내 손을 그 옆구리에 넣어 보지 않고는 믿지 아니하겠노라"(요 20:25)고 했습니다. 도마뿐만 아니라 다른 제자들도 부활하신 예수님을 직접 만나기 전에는 예수님의 부활을 믿지 못했습니다. 왜냐하면 언제나 자신의 육체적인 감각을 통해서만 확인하려는 인간의 제한성 때문입니다. 그러나 예수님께서는 공생애 삼 년 동안에 제자들에게 자신의 죽음과 부활, 승천과 재림에 대해 수 차례 분명히 말씀하셨습니다. 그럼에도 불구하고 도마가 예수님의 부활을 믿지 못했다는 것은 그 동안 주님께서 말씀하신 것을 믿지 못했기 때문입니다. 그러나 그것은 바로 불신앙의 죄악입니다.

사랑하는 여러분!
우리 모두는 하나님 앞에 드리는 공적인 예배 시간은 생명을 걸고 지킵시다. 그 어떠한 이유로도 예배 시간에 빠지는 어리석은 자가 되지 맙시다. 이유 여하를 막론하고 예배에 성공한 자들이 되어 반드시 승리하는 삶을 사시기 바랍니다.

3. 확실한 신앙고백을 했습니다.

첫째로 주님께서 도마에게 확인시켜 주셨습니다.
열 명의 제자들에게 나타나셨던 주님께서는 그로부터 여드레 후에 열 한 제자들에게 나타나셔서 그 전과 같이 여전히 "…너희에게 평강이 있을지어다"(요 20:26)라고 축복하시고 도마에게 말씀하시기를 "…네 손가락을 이리 내밀어 내 손을 보고 네 손을 내밀어 내 옆구리에 넣어 보라 그리하여 믿음 없는 자가 되지 말고 믿는 자가 되라"(요 20:27)고 하셨습니다. 주님께서는 열한 제자들 중에서도 특별히 주님의 부활을 믿지 않고 의심하는 도마에게 자신의 상처를 만져 보라고 하신 것은 도마의 불신앙에 대한 책망이 아니라, 그가 아직 온전한 믿음에 이르지 못한 것에 대한 안타까움과 부활의 체험으로 인해 굳건한 신앙을 갖게 되기를 원하심이셨습니다.

둘째로 주님에 대한 신앙을 고백했습니다.

부활의 주님을 확인한 도마는 주님에게 "...나의 주님이시요 나의 하나님이시니이다"(요 20:28)라고 고백했습니다. 이러한 도마의 고백은 참으로 위대한 고백입니다. 도마는 부활하신 주님을 보고 평소의 선생되신 예수님만을 재발견한 것이 아니라 하나님의 모습을 발견한 것입니다. 그러므로 도마는 주님의 제자 중에서 예수님을 하나님이라고 제일 처음 증언한 자가 되었습니다. 이것은 바로 도마가 예수님의 부활의 의미를 진정으로 이해하고 깨달았다는 것입니다. 그렇습니다. 우리 주님께서는 이 세상 만물을 창조하신 하나님께서 우리 인간의 육신을 입으시고 이 세상에 오신 분이십니다(요 10:30).

셋째로 위대한 순교자가 되었습니다.

3세기경에 쓰여진 외경 도마행전에 의하면 도마는 인도에 가서 건축 일을 하면서 전도하다가 어떤 원주민에게 창에 찔려 순교했다고 합니다. 그는 창에 찔려 죽임을 당하면서도 "주님이시여 저는 주님을 예배합니다."라고 외쳤다고 합니다. 그는 자기의 목숨을 복음을 위해 아름답게 바쳤습니다. 죽는 그 순간까지 예배하는 삶을 살았습니다. 현재 인도의 마드라스 근처에는 도마의 인도 선교와 순교를 기념하는 성 도마산과 성 도마교회가 있습니다. 그곳에는 도마에 대한 자료들이 많이 있습니다. 우리들도 도마처럼 주님에 대한 확실한 신앙고백을 가지고 이 세상의 그 무엇도 두려워하지 않고 담대하게 복음을 전하는 사명자들이 되어야겠습니다.

사랑하는 여러분!

우리 모두 성경 말씀대로 믿고 따르며 행합시다. 또한 도마처럼 예수님이 나의 주님이신 것을 확실한 고백을 가진 능력 있는 신앙인이 됩시다. 그리고 도마처럼 생명을 바쳐 충성하는 성도들이 되시기 바랍니다.

 # 드루실라

[행 24:24-27]

> 수일 후에 벨릭스가 그 아내 유대 여자 드루실라와 함께 와서 바울을 불러 그리스도 예수 믿는 도를 듣거늘 바울이 의와 절제와 장차 오는 심판을 강론하니 벨릭스가 두려워하여 대답하되 지금은 가라 내가 틈이 있으면 너를 부르리라 하고 동시에 또 바울에게서 돈을 받을까 바라는 고로 더 자주 불러 같이 이야기하더라 이태가 지난 후 보르기오 베스도가 벨릭스의 소임을 이어받으니 벨릭스가 유대인의 마음을 얻고자 하여 바울을 구류하여 두니라

> 똑같은 사람이라도 그가 얼굴과 머리, 옷과 신발을 어떻게 가꾸느냐에 따라서 전혀 다른 사람으로 비쳐집니다. 마찬가지로 우리들의 인생여정도 자기 자신을 어떻게 가꾸느냐에 따라서 이런 사람이 될 수도 있고 저런 사람이 될 수도 있으며, 성공할 수도 있고 실패 할 수도 있습니다. 뿐만 아니라 행복한 삶을 살 수도 있고 불행한 삶을 살 수도 있습니다. 그런데 오늘 본문의 드루실라는 완전한 인생 실패자의 모습을 적나라하게 보여주고 있습니다.

1. 인적사항

첫째로 헤롯 대왕의 손녀였습니다.

유대의 사가 요세푸스에 의하면 드루실라는 주후 약 38년경에 헤롯 왕가의 창시자이자 약관 25세에 갈릴리 총독을 역임한 헤롯 대왕의 아들 헤롯 아그립바 1세의 셋째 딸로 태어났습니다. 헤롯 대왕은 '헤로디아의 일' (헤롯이 그의 동생 빌립의 아내 헤로디아를 불법으로 취했을 때에 요한이 "당신이 그 여자를 취한 것은 옳지 않다"고 탄핵한 사건)로 인하여 세례 요한을 잡아 결박하여 옥에 가두었다가 (마 14:3,4; 눅 3:18-20) 자기의 생일날에 헤로디아의

간계에 넘어가 세례 요한의 목을 쳐죽인 자입니다(마 14:6-11). 또한 그의 아버지 아그립바 1세는 요한의 형제 야고보를 칼로 죽였습니다(행 12:1,2). 그리고 베드로를 옥에 가두기도 했습니다(행 12:3-11). 한마디로 하나님과 원수된 사악한 왕들의 집안에서 태어났습니다. 참으로 안타까운 출생의 배경을 갖고 있습니다.

둘째로 결혼전력이 다양합니다.
드루실라는 처음에 콤마게네(Commagene)의 왕자 에피파네스(Epiphanes)와 약혼했으나 그가 할례와 유대교로 개종하는 것을 거부했기 때문에 파혼했습니다. 그러나 곧바로 오빠의 소개로 할례를 받고 유대교로 개종한다는 조건을 수락했던 에메사(Emesa)의 왕 아지주스(Azizus)와 결혼했습니다. 그 때 그녀의 나이는 15세였습니다. 또한 그녀는 후에 절세미인이었던 그녀에게 매혹된 벨릭스가 구브로 출신의 유대인 마술사 아토모스(Atomos)를 이용하여 유혹함으로 남편과 이혼하고 또다시 벨릭스와 결혼했습니다. 당시 그녀의 나이는 18세였습니다. 그녀는 불과 3, 4년 사이에 남편을 셋이나 바꾸는 아주 난잡한 여인이었습니다. 그래서 현명한 남자는 미녀를 선택하지 않는다고 하는 속담이 있는 것 같습니다.

셋째로 화산 폭발로 죽었습니다.
유대의 사가 요세푸스에 의하면 그녀는 헤롯 아그립바 3세를 낳았으나 주후 79년 8월 24일에 발생한 베스비우스(Vesvius) 화산 폭발 때에 화산재에 파묻혀 그녀의 아들과 함께 죽었다고 합니다. 그녀는 헤롯 대왕의 손녀요, 헤롯 아그립바 1세의 셋째 딸로 태어나 왕과 결혼했고 육체의 정욕을 따라 남편을 수시로 바꾸는 제멋대로의 삶을 살았습니다. 그러나 그녀의 종말은 비참했습니다. 그렇습니다. 악인의 말로는 이렇게 허무하고 비참합니다. 그러므로 우리 모두는 그 어떤 일이 있어도 하나님의 말씀만 믿고 순종하며 살아야 합니다. 또한 맡겨주신 사명을 생명을 걸고 감당해야 합니다. 그래야 하나님께 영광 돌리는 보다 가치 있는 삶을 살 수 있습니다.

사랑하는 여러분!
우리 모두는 이유 여하를 막론하고 후손들에게 모범이 되는 가문의 배경을 만들어 줍시다. 또한 하나님께서 이루어주신 가정을 보다 더 아름답게 가꾸어 갑시다. 그리고 맡겨주신 사명을 충성되이 감당하고 만세수를 살다가 찬송하면서 하늘나라로 올라가는 멋진 성도들이 되시기 바랍니다.

2. 삶의 모습

첫째로 육욕의 노예였습니다.
드루실라는 육욕의 노예가 된 자로서 정욕에 눈이 어두워졌기 때문에 한 남자로는 만족하지 못하고 수시로 남자를 바꾸었습니다. 아담 이후의 우리 인간은 머리부터 발끝까지 전적으로 부패하고 타락되었기 때문에 선한 것이라고는 하나도 없습니다. 때문에 우리의 육신이 원하는 정욕대로 산다고 하면 언제나 추하고 더러운 삶을 살 수밖에 없습니다. 그럼에도 불구하고 드루실라는 육신의 정욕을 따라 살았기 때문에 이 남자, 저 남자를 전전하는 안타까운 삶을 산 것입니다. 그러나 분명한 것은 그러한 생활에서는 결코 평안이나 행복한 삶을 누릴 수 없다는 것입니다. 그래서 성경은 "사랑하는 자들아 거류민과 나그네같은 너희를 권하노니 영혼을 거슬러 싸우는 육체의 정욕을 제어하라"(벧전 2:11)고 하셨습니다.

둘째로 세속에 취한 여인이었습니다.

이 세상은 사탄의 영향을 받아 우리 성도들로 하여금 하나님을 거역하고 세속의 연락에 취하여 범죄하도록 끊임없이 유혹하고 있습니다. 그런데 이 드루실라는 믿음이 없는 여인이기 때문에 세상 연락에 취하여 제멋대로 살았습니다. 왜냐하면 이 세상 사람들은 정확한 삶의 규범인 성경말씀이 없기 때문에 자기 자신을 어떻게 관리하고 인간관계는 어떻게 하며 시간과 물질은 어떻게 관리하고 상황과 환경을 어떻게 다스려야 할지에 대해 전혀 모릅니다. 그래서 자신의 정욕이 요구하는 대로 세상의 풍조를 따라 타락된 삶을 살아갈 수밖에 없습니다. 그런데 우리 주님께서는 우리 성도들을 이 세상의 소금과 빛이라고 말씀하셨습니다(마 5:13,14). 다시 말하면 성도들은 이 세상에 속하지 말고 이 세상을 적극적으로 변화시키라고 말씀하신 것입니다.

셋째로 두 마음을 품은 자들이었습니다.

벨릭스 총독은 바울을 초청하여 자기 아내인 드루실라와 함께 예수 그리스도를 믿는 도를 들었습니다. 바울은 그들에게 의와 절제와 장차 오는 심판에 대해 강론했습니다(행 24:24). 바울의 강론을 들은 벨릭스 총독은 두려워하면서 "...지금은 가라 내가 틈이 있으면 너를 부르리라"(행 24:25) 하고 돌려보냈습니다. 안타까운 것은 그들이 복음을 듣고 충격을 받았음에도 불구하고 믿음에 대해 결단하지 못했다는 것입니다. 왜냐하면 그들의 마음속에는 혹시나 바울이 뇌물을 주지나 않을까 하는 돈에 대한 관심이 더 컸기 때문입니다(행 24:26). 다시 말하면 그들에게는 복음과 뇌물에 대한 두 마음이 있었기 때문에 복음의 열매도 맺지 못했고 물질도 받지 못했습니다. 그렇습니다. 하나님과 세상 것에 대한 두 마음을 품고 신앙 생활을 하는 자들은 아무것도 받을 수 없습니다. 그러므로 그들은 영육 간에 곤고한 삶을 살 수 밖에 없었습니다.

사랑하는 여러분!

우리 모두는 그 어떤 일이 있어도 육욕의 노예가 되지 맙시다. 또한 이유 여하를 막론하고 이 세상을 다스리고 정복하는 삶을 삽시다. 그리고 우리의 생이 다하는 그 날까지 오직 주님만 믿고 의지하는 성도들이 되시기 바랍니다.

3. 주신 교훈

첫째로 자기를 부인해야 합니다.

우리들이 이 세상을 살아갈 때에 자타에게 원치 않는 문제가 야기되고 불상사가 일어나는 것은 모두가 다 자기 자신을 부인하지 못한 데서 비롯됩니다. 그러므로 신앙인이 자기를 부인하고 믿음으로 살아간다고 하는 것은 대단히 중요합니다. 자기를 부인한다는 것은 여러 가지가 있겠습니다만 몇 가지로 요약해 보면 먼저 하나님의 영광을 위해 철저하게 자기를 비우는 것입니다. 다시 말하면 자기 자신의 인간적인 본성이나 생각, 의지를 버리고 하나님의 말씀과 성령님의 인도하시는 대로 순종하는 것입니다. 또한 제 아무리 정당한 것이라고 할지라도 하나님의 영광을 위해 깨끗하게 포기하는 것입니다. 그리고 철저한 자기 포기를 통해 하나님께 영광을 돌리고 모든 사람과 사랑으로 평화를 이루는 것입니다. 때문에 주님께서는 "...누구든지 나를 따라 오려거든 자기를 부인하고 자기 십자가를 지고 나를 따를 것이니라"(마 16:24)고 하셨습니다.

둘째로 말씀대로 살아야 합니다.

하나님께서 우리들에게 말씀을 주신 것은 우리들이 그 말씀을 읽고 구원에 이르는 지혜를 얻게 하시기 위함이었습니다. 또한 우리들이 이 말씀을 읽고 온전하여져서 모든 선한 일을 행할 수 있도록 하시기 위함이셨습니다. 그렇습니다. 우리는 이 성경말씀에서 천지만물을 창조하신 하나님을 발견합니다. 하나님의 피조물인 나 자신과 나 자신이 어떻게 하나님을 섬기고 나 자신을 어떻게 관리하며 다른 사람과의 인간관계를 어떻게 해야 하는가를 배우게 됩니다. 뿐만 아니라 이 세상과 환경을 어떻게 다스리고 정복해야 하는지도 깨닫게 됩니다. 그러므로 우리들은 하나님의 말씀을 열심히 상고하고 그 말씀대로 살아야 합니다.

셋째로 맡은 바 사명을 잘 감당해야 합니다.

사도 바울은 불굴의 사명자였습니다. 그는 복음 전파 때문에 수많은 배신과 협박을 당했으며 수없이 갇히고 맞기도 했습니다. 죽을 고비도 여러 번 겪었습니다. 그러나 그리스도의 일꾼으로서 복음을 전파하여 영혼을 구원하고 주님의 몸된 교회를 세우는 일에 있어서는 조금도 물러서지 않고 생명을 걸었습니다. 사도 바울이야말로 진정한 사명자의 길표입니다. 또한 그는 전천후 사명자였습니다. 그는 자신이 처한 삶의 현장이 바로 일터였습니다(행 20:17-27). 그리고 그는 끝까지 유종의 미를 거두었습니다. 그러나 드루실라는 하나님께서 창조하신 목적대로 살지 않고 죄만 짓다가 불행하게 이 세상을 떠났습니다.

사랑하는 여러분!

우리들도 철저하게 나 자신을 부인합시다. 또한 이유 여하를 막론하고 말씀대로 삽시다. 그리고 단 한 번 잠깐동안 이 세상에 살다가 가는 인생, 사도 바울처럼 생명을 걸고 사명을 감당하는 아름다운 삶을 사시기 바랍니다.

디 도

[고후 8:16-23]

너희를 위하여 같은 간절함을 디도의 마음에도 주시는 하나님께 감사하노니 그가 권함을 받고 더욱 간절함으로 자원하여 너희에게 나아갔고 또 그와 함께 그 형제를 보내었으니 이 사람은 복음으로써 모든 교회에서 칭찬을 받는 자요 이뿐 아니라 그는 동일한 주의 영광과 우리의 원을 나타내기 위하여 여러 교회의 택함을 받아 우리가 맡은 은혜의 일로 우리와 동행하는 자라 이것을 조심함은 우리가 맡은 이 거액의 연보에 대하여 아무도 우리를 비방하지 못하게 하려 함이니 이는 우리가 주 앞에서뿐 아니라 사람 앞에서도 선한 일에 조심하려 함이라 또 그들과 함께 우리의 한 형제를 보내었노니 우리는 그가 여러 가지 일에 간절한 것을 여러 번 확인하였거니와 이제 그가 너희를 크게 믿으므로 더욱 간절하니라 디도로 말하면 나의 동료요 너희를 위한 나의 동역자요 우리 형제들로 말하면 여러 교회의 1)사자들이요 그리스도의 영광이니라

> 사람의 일생은 한마디로 만남이라고 할 수 있습니다. 부모를 만나고, 스승을 만나며, 친구와 이웃을 만나 함께 살아갑니다. 그러므로 내가 어떤 부모와 스승, 친구와 이웃을 만나느냐 하는 것은 대단히 중요합니다. 왜냐하면 그 만남이 바로 자기 인생의 성공과 실패, 행복과 불행에 지대한 영향을 끼치기 때문입니다. 그런데 오늘 본문의 디도는 원래 헬라인이었으나 히브리인인 사도 바울을 만나 기독교로 개종하고 바울의 동역자가 되어 하나님의 일에 귀하게 쓰임 받는 인물이 되었습니다.

1. 바울의 동역자였습니다.

첫째로 믿음으로 난 아들이었습니다.

디도는 원래 헬라인으로서 이방인이었습니다. 그런데 바울의 전도를 받고 개종하여 그리스도인이 되었습니다. 때문에 바울은 "같은 믿음을 따라 나의 참 아들된 디도…"(딛 1:4)라고 했습니다. 사실 사도 바울은 결혼하지 않았기 때문에 육신의 자녀는 없었지만 디도와 같이 믿음으로 난 영적 아들들이 있었습니다. "사랑하는 아들 디모데"(딤후 1:2)가 있었고 "갇힌 중에서 낳은 아들 오네시모…"(몬 1:10)가 있었습니다. 바로 디모데와 디도, 오네시모가 바울이 믿음으로 난 아들들이었습니다. 우리들도 믿음으로 낳은 영적 자녀들을 많이 두어야겠습니다.

둘째로 진실한 사람이었습니다.

예수 그리스도를 구주로 믿는 사람이라고 자타가 인정하는 사람들도 그 사람의 언행심사나 인간의 됨됨이는 물론 삶의 자세까지도 변화받지 못하고 문제가 있는 사람들이 많이 있습니다. 그런데 디도는 그의 성품이 아주 진실했기 때문에 사도 바울의 신뢰를 받을 수 있었습니다. 오늘 이 시대의 가장 큰 비극은 디도처럼 신뢰할 만한 진실한 사람이 드물다는 것입니다. 오늘의 정치, 경제, 사회, 교육, 종교 등 모든 분야에서 디도와 같은 진실한 일꾼이 요구되고 있습니다. 그러나 그런 사람을 너무나도 찾기가 힘듭니다. 때문에 각 분야마다 사람다운 사람, 진실한 믿음의 사람, 긍정적이고 적극적인 사람, 범사에서 감사할 줄 아는 사람, 변함없이 충성하는 사람을 찾느라 혈안이 되어 있습니다.

셋째로 참된 동역자였습니다.

사도 바울이 맡은 사명을 감당하기 위해 예루살렘으로 올라갈 때에 바나바와 디도를 데리고 갔습니다(갈 2:1-3). 디도는 바울이 믿음으로 난 아들이요, 제자였습니다. 그는 성숙한 신앙인으로 때로는 사도 바울의 친구로(고후 8:23), 때로는 위로자로(고후 7:6,7), 때로는 대행자로(고후 8:18,19), 때로는 협력자(고후 8:16,17)로 최선을 다해 바울의 선교사역을 도왔습니다. 그는 바울을 보필할 때에 어렵고 힘든 일은 언제나 자신이 직접 나서서 해결했습니다. 때문에 바울은 "내가 내 형제 디도를 만나지 못하므로 내 심령이 편하지 못하여 그들을 작별하고 마게도냐로 갔노라"(고후 2:13)고 항상 그리워했습니다. 바울이 디도를 얼마나 신뢰하고 그리워했으면 디도를 만나지 못해서 내 심령이 편하지 못하다고 했겠습니까? 마찬가지로 우리들도 사람들이 나를 만나지 못하면 심령이 편하지 못할 정도의 믿음직한 삶을 살아야겠습니다.

사랑하는 여러분!
우리들도 믿음으로 낳은 자녀들을 많이 둡시다. 또한 디도처럼 이 세상 사람들이 모두가 다 믿고 신뢰할 수 있는 진실한 신앙인들이 됩시다. 그리고 하나님과 교회, 이 사회가 필요로 하는 훌륭한 일꾼들이 되시기 바랍니다.

2. 충성된 사역자였습니다.

첫째로 그레데 섬 교회의 사역자였습니다.
그레데 섬은 포악한 블레셋 사람들이 많이 사는 곳이었습니다. 그들의 특성은 거짓말을 잘했으며 악하고 게을렀습니다(딛 1:12). 역사가들은 그레데인들은 돈만 쫓았으며 아주 탐욕스러웠고 도덕성이 전혀 없는 사람들이었다고 했습니다. 그런데 사도 바울은 이곳에 복음을 전하여 교회를 세웠습니다. 그러나 자신이 직접 맡아서 목회 할 수 없게 되자 디도를 파송하여 사역하게 했습니다. 디도는 그토록 열악한 목회환경이었음에도 불구하고 불평 한마디 없이 성실하게 목회사역을 잘 감당했습니다. 그렇습니다. 지구촌 어디든지 사람들이 사는 곳은 모두다 대동소이합니다. 때문에 모두가 다 자신이 할 따름입니다. 진실하게 열심히 사는 사람은 어디서든지 인정받고 존경받습니다. 우리들도 하나님의 교회에서 인정받는 일꾼들이 되어야겠습니다.

둘째로 화해의 사역자였습니다.

당시 고린도 교회에는 바울의 사도권을 인정하지 않으려는 불순분자들이 있었습니다. 그래서 사도 바울이 디모데를 고린도 교회에 보내어 문제를 해결하도록 했습니다. 그러나 디모데가 해결하지 못함으로 문제는 더욱 악화되고 교회는 더욱 혼란에 빠지게 되었습니다. 때문에 바울은 디모데보다 더 연륜이 많은 디도를 고린도 교회에 보내어 사태를 수습하게 했습니다. 이에 디도가 문제를 아주 깨끗하게 해결했습니다. 바울은 "낙심한 자들을 위로하시는 하나님이 디도가 옴으로 우리를 위로하셨으니 그가 온 것뿐 아니요 오직 그가 너희에게서 받은 그 위로로 위로하고 너희의 사모함과 애통함과 나를 위하여 열심 있는 것을 우리에게 보고함으로 나를 더욱 기쁘게 하였느니라"(고후 7:6,7)고 디도를 칭찬했습니다. 디도의 진실한 화해 사역을 통해 바울과 고린도 교회가 화해를 이루어 위로와 기쁨을 얻었고, 화해의 중재자였던 디도 자신도 안위함(고후 7:13)을 얻었습니다. 우리들도 디도와 같은 화해자가 되어 가정과 교회, 이 세상은 물론 언제, 어디서나 평화를 이루는 멋진 삶을 살아야겠습니다.

셋째로 충성스런 사역자였습니다.

옛날부터 그레데는 지중해 일대의 포악한 블레셋 사람들이 많이 사는 곳으로서 여기에서 목회한다는 것이 그렇게 쉬운 일이 아니었습니다. 그러나 디도는 그레데 사람들에게 열심히 복음을 전했습니다. 참으로 힘들고 어려웠지만 흔들림이 없이 맡은 바 사명을 잘 감당했습니다. 그는 열악한 환경에서 목회하는 자신의 처지를 비관하지도 않았습니다. 그토록 힘들고 어려운 지역에 자신을 파송한 바울을 원망하지도 않았습니다. 한마디로 조금도 흔들림이 없이 오직 믿음으로 복음을 전파하고 교회를 잘 섬겼습니다. 그는 언제나 자족하는 마음과 고난에 대처하는 담대한 용기가 있었습니다. 주님의 몸된 교회를 위한 희생 정신이 투철했습니다. 이것이 바로 진정한 사명자의 자세입니다. 우리들도 디도와 같은 사명자들이 되어야겠습니다.

사랑하는 여러분!
우리들도 디도처럼 환경을 탓하지 말고 맡은 바 사명에 최선을 다하는 사람들이 됩시다. 또한 예수님께서 하나님과 우리 사이를 화목하게 하신 것처럼 언제, 어디서나 화목을 이루는 삶을 삽시다. 그리고 이유 여하를 막론하고 맡은 바 사명에 충성하는 전천후 사명자들이 되시기 바랍니다.

3. 모범된 일꾼이었습니다.

첫째로 칭찬 받는 일꾼이었습니다.
디도는 복음으로서 모든 교회에서 칭찬받는(고후 8:18) 일꾼이었습니다. 또한 주님의 몸된 교회를 원만히 이끌어 가는 영적 권위가 있는(고후 8:19) 지도자였습니다. 우리들도 디도처럼 주님의 몸된 교회에서 칭찬 받는 일꾼들이 되어야겠습니다. 그 어떤 상황에서도 주님의 교회를 평안케 하고 부흥케 하는 능력 있는 사명자들이 되어야 합니다. 그것이 바로 나를 위해서 십자가를 지신 예수 그리스도께 영광 돌리는 것입니다.

둘째로 겸손한 동역자였습니다.
우리 주님께서는 언제나 자신을 낮추고 겸손히 섬기는 자를 기뻐하십니다. 디도는 언제나 자신을 낮추고 겸손히 바울을 도와 일하는 조력자였습니다. 그는 한번도 바울을 앞서려고 하지 않았습니다. 하나님께서는 언제나 겸손히 섬기는 자를 기뻐하십니다. 또한 그는 하나되는 일에 힘썼습니다. 그는 언제나 바울과 하나되기 위해 힘썼습니다. 바울과 고린도 교회가 하나되게 했습니다. 주님께서도 하나님과 우리들을 하나되게 하시기 위해 십자가를 지셨습니다. 그러므로 우리들도 언제나 나 자신을 포기하고 주님의 말씀에 순종함으로 겸손히 섬기는 삶을 살아야겠습니다. 그리하여 모든 사람들과 조화를 이루어 주님의 일을 효과적으로 수행해야 합니다.

셋째로 전천후 사명자였습니다.
디도는 사도 바울을 통해서 예수 그리스도를 구주로 믿고 구원받아 복음 전파의 사명자가 된 후로 한번도 변덕을 부려본 적이 없었습니다. 언제나 시종이 여일했습니다. 또한 불평을 모르는 자였습니다. 그는 복음전파의 일꾼으로서 어떤 사람이나 상황에 대해 불평한 적이 없습니다. 지도자인 바울에 대해서나 부도덕한 그레데 사람들과 말 많은 고린도 교회에 대해서도 한마디의 불평도 하지 않았습니다. 하나님께서는 불평하는 자들을 가장 미워하십니다. 때문에 광야에서 불평한 이스라엘 민족을 광야에서 모조리 죽게 하셨습니다(민 14:26-35). 그러므로 우리들도 디도처럼 그 어떤 경우에도 변함이 없는 전천후 사명자들이 되어야겠습니다. 언제나 감사하는 마음으로 맡은 바 사명에 최선을 다 해야겠습니다. 그리하여 우리 하나님께 영광 돌리는 멋진 성도들이 되시기 바랍니다.

사랑하는 여러분!
우리들도 디도처럼 주님의 몸된 교회에서 칭찬 받는 일꾼이 됩시다. 또한 나보다 남을 더 낫게 여기고 겸손히 동역할 줄 아는 성숙한 일꾼들이 됩시다. 그리고 언제나 변함없는 전천후 사명자들로서 복음 전파에 최선을 다함으로 주님께 영광 돌리는 성도들이 되시기 바랍니다.

 # 디모데

[딤전 4:6-16]

네가 이것으로 형제를 깨우치면 그리스도 예수의 좋은 일꾼이 되어 믿음의 말씀과 네가 따르는 좋은 교훈으로 양육을 받으리라 망령되고 허탄한 신화를 버리고 경건에 이르도록 네 자신을 연단하라 육체의 연단은 약간의 유익이 있으나 경건은 범사에 유익하니 금생과 내세에 약속이 있느니라 미쁘다 이 말이여 모든 사람들이 받을 만하도다 이를 위하여 우리가 수고하고 힘쓰는 것은 우리 소망을 살아 계신 하나님께 둠이니 곧 모든 사람 특히 믿는 자들의 구주시라 너는 이것들을 명하고 가르치라 누구든지 네 연소함을 업신여기지 못하게 하고 오직 말과 행실과 사랑과 믿음과 정절에 있어서 믿는 자에게 본이 되어 내가 이를 때까지 읽는 것과 권하는 것과 가르치는 것에 전념하라 네 속에 있는 은사 곧 장로의 회에서 안수 받을 때에 예언을 통하여 받은 것을 가볍게 여기지 말며 이 모든 일에 전심 전력하여 너의 성숙함을 모든 사람에게 나타나게 하라 네가 네 자신과 가르침을 살펴 이 일을 계속하라 이것을 행함으로 네 자신과 네게 듣는 자를 구원하리라

> 디모데는 성경의 많은 인물들 중에서도 아주 인간적이고 약한 부분이 많은 사람으로서 부족한 우리들과 가장 흡사한 사람이었습니다. 때문에 사도 바울은 그에 대해 아주 세심한 데까지 신경을 써가면서 항상 교육하고 당부했습니다. 바울은 그리하여 그의 언행심사와 대인관계는 물론 목회자로서의 자기 관리와 사역자세에 대해서까지도 관심을 갖고 아주 자세하게 지도했습니다. 그래서 디모데는 바울의 신임 받는 믿음의 아들이 되었고 가장 귀한 동역자로 한평생을 같이 했습니다. 성경역사에 위대한 인물로 기록되었습니다.

1. 성장배경

첫째로 열악한 가정환경에서 자랐습니다.

디모데는 헬라인 아버지와 유대 여인 유니게 사이에서 태어났습니다(딤후 1:5). 그의 아버지는 바울이 처음 그의 집을 방문하였을 때에는 이미 죽고 없었던 것으로 추정됩니다(행 16:1). 그렇다고 하면 그가 태어나 자란 가정 환경이 그렇게 좋다고 할 수는 없습니다. 왜냐하면 우선 이방인인 헬라인 아버지와 선민인 유대인 어머니의 사이에서 태어났기 때문입니다. 또한 그가 몇 살 때인지는 모르지만 아버지가 일찍 이 세상을 떠났습니다. 그러므로 어떤 면으로 보든지 간에 그가 어려운 가정환경에서 자랐다는 것을 알 수 있습니다.

둘째로 믿음으로 양육 받았습니다.

그의 어머니는 당시 독실한 신앙인으로 소문나 있는 유대 여인 로이스의 딸인 유니게였습니다(딤후 1:5). 때문에 그는 어려서부터 외조모인 로이스로부터 성경말씀을 배웠습니다(딤후 3:14-17). 그가 이렇게 신앙적인 외조모와 어머니를 두었다는 것은 참으로 다행스러운 일이었습니다. 여기에서 우리는 자녀 양육에 있어서 어머니의 역할이 얼마나 중요한 것인가를 새삼 깨닫게 됩니다. 그러므로 믿음의 어머니들은 그 무엇보다도 자녀들에게 거짓이 없는 진실한 믿음을 심어주기 위해서 최선을 다해야 겠습니다. 그러므로 믿음이 없는 이 세상의 어머니들이 추구하는 자녀교육과는 전혀 달라야 합니다. 지금 이 세계는 오직 믿음으로 양육받은 이스라엘 사람들이 지배하고 있습니다.

셋째로 바울이 믿음으로 낳은 아들이었습니다.

디모데는 사도 바울의 가르침을 받았습니다. 때문에 바울은 디모데에 대해 "...내가 주 안에서 내 사랑하고 신실한 아들 디모데를 너희에게 보내었으니 그가 너희로 하여금 그리스도 예수 안에서 나의 행사 곧 내가 각처 각 교회에서 가르치는 것을 생각나게 하리라"(고전 4:17)고 했습니다. 사람이 이 세상에 태어나서 누구를 만나느냐는 것은 대단히 중요합니다. 디모데가 사도 바울을 만났기 때문에 위대한 사명자가 될 수 있었습니다. 그렇습니다. 사람이 훌륭한 사람을 만나면 훌륭한 사람이 될 가능성이 많습니다. 우리가 창조주 하나님을 만나고 구세주이신 주님을 만났기 때문에 이렇게 구원받아 하나님의 자녀가 된 것입니다.

사랑하는 여러분!
어려운 가정 환경을 탓하지 맙시다. 다른 사람보다 더 열악한 환경에서 태어났으면 그것을 극복하기 위해서라도 보다 더 노력합시다. 또한 우리들의 자녀들을 철저하게 믿음으로 양육합시다. 그리고 우리들도 믿음의 자녀들을 많이 낳을 수 있도록 최선을 다해 노력해야겠습니다.

2. 신앙 생활

첫째로 하나님을 경외하는 자였습니다.
디모데라는 말은 '하나님을 공경하는 자' 라는 의미를 가지고 있습니다. 그는 자신의 이름이 의미하는 것처럼 하나님을 잘 경외하는 사람이었습니다. 그는 어려서부터 외조모와 어머니를 통해 믿음으로 양육 받았습니다(딤후 1:5). 또한 성경대로 할례를 받았습니다(행 16:3). 그리고 바울로부터 교훈을 받았습니다(딤전 4:12-16). 때문에 그는 하나님을 믿고 구원받은 다음에는 한 번도 변함없이 하나님을 잘 경외했습니다. 그는 말할 수 없는 심한 연단 속에서도 변함 없이 끝까지 사명을 잘 감당했습니다(빌 2:22; 히 13:23). 그렇습니다. 하나님을 잘 경외하는 사람은 언제, 어디서나, 어떠한 상황 속에서도 변함 없이 믿고 따르며 맡은 바 사명을 철저하게 감당합니다. 그러므로 우리들도 디모데와 같은 신실한 신앙인이 되어 맡은 바 사명을 잘 감당해야겠습니다.

둘째로 눈물의 신앙인이었습니다.

사도 바울은 "네 눈물을 생각하여 너 보기를 원함은 내 기쁨이 가득하게 하려 함이니"(딤후 1:4)라고 했습니다. 다시 말하면 바울은 디모데의 애정 어린 눈물을 생각할 때에 마음이 더욱 끌려서 그를 보고 싶었다고 한 것입니다. 디모데는 기도할 때에도 눈물을 흘렸습니다. 밀레도에서 바울을 송별할 때에도 눈물을 흘렸습니다(행 20:36-38). 갇힌 바울을 생각할 때에도, 사명을 감당할 때에도 눈물을 흘렸습니다. 그렇습니다. 참된 회개로 인한 눈물의 기도는 하나님을 감동시킵니다. 또한 진정한 사랑의 눈물은 사람을 감동시킵니다. 그리고 맡은 바 사명을 잘 감당하기 위한 눈물의 기도는 하나님의 능력을 받게 됩니다. 그러므로 우리 모두는 불꽃같은 눈으로 감찰하시는 하나님 앞에서 눈물로 참회하는 진정한 신앙인들이 되어야겠습니다. 뿐만 아니라 불신의 가족과 이웃을 위해 눈물로 기도하여 그들을 구원하는 진실한 신앙인들이 되어야겠습니다. 그 어떤 이유로든지 눈물이 메말라 버린 완악한 심령이 되어서는 안 되겠습니다.

셋째로 칭찬 듣는 신앙인이었습니다.

바울은 디모데에게 "네 속에 거짓이 없는 믿음이 있음을 생각함이라 이 믿음은 먼저 네 외조모 로이스와 네 어머니 유니게 속에 있더니 네 속에도 있는 줄을 확신하노라"(딤후 1:5)고 디모데의 신앙을 칭찬했습니다. 디모데는 진실한 외조모와 어머니의 신앙을 상속받은 자였습니다. 사도 바울은 디모데의 거짓이 없는 진실한 믿음을 신뢰하고 있었습니다. 또한 그는 디모데를 하나님의 사람이라(딤전 6:11)고 극찬했습니다. 때문에 바울은 디모데를 더욱 그리워하고 만나보기를 열망했는지 모릅니다. 그렇습니다. 거짓이 없는 진실한 믿음을 가진 사람이 신뢰를 받습니다. 그러한 사람은 이 세상의 모든 사람이 같이 하기를 원합니다. 그리고 보고 싶어하고 사랑합니다. 그러므로 우리들도 디모데와 같이 거짓이 없는 진실한 신앙인들이 되어야겠습니다.

사랑하는 여러분!
하나님을 잘 경외하는 신앙인이 됩시다. 또한 회개의 눈물이 있고, 감사의 눈물이 있으며, 긍휼의 눈물이 있는 신앙 생활을 합시다. 그리고 언제나 하나님께 인정받고 뭇사람들로부터 칭찬 받는 은혜로운 성도들이 되시기 바랍니다.

3. 목회사역

첫째로 목회자로 임명되었습니다.
사도 바울을 통해 가르침을 받고 인정받은 디모데는 복음 전도자로 임명 받았습니다(딤전 4:14; 딤후 1:6,7). 디모데가 목회자로 안수 받은 것이 언제, 어디서, 어떻게 행해졌는지는 정확히 기록되어 있지 않습니다. 그러나 사도 바울이 그에게 목회자의 자세에 대해 구체적으로 가르친 것과(딤전 4:6-13) "네 속에 있는 은사 곧 장로의회에서 안수 받을 때에 예언을 통하여 받은 것을 가볍게 여기지 말며 이 모든 일에 전심 전력하여 너의 성숙함을 모든 사람에게 나타나게 하라"(딤전 4:14,15)고 분명하게 당부한 것을 보면 그가 목회자로 세움 받았다는 사실을 알 수 있습니다. 그는 이 세상에서의 그 어떤 일보다도 가장 값진 임무를 맡게 된 것입니다.

둘째로 바울의 동역자였습니다.
목회자로 세움 받은 디모데는 이방 선교사역을 위해 생명을 내놓은 사도 바울의 동역자가 되어 열심히 헌신했습니다. 그는 사역의 현장에서 당하는 그 어떠한 고난과 핍박도 겁내지 않고 기쁨으로 달게 받았습니다(히 13:23).

사도 바울과 같이 끝까지 동행하면서 바울의 지시를 받아 맡은 바 사명을 변함 없이 잘 감당했습니다. 그는 한번도 변덕을 부리지 않고 그 어디나 함께 했습니다. 모든 일에서 사도 바울의 오른팔 역할을 했습니다. 또한 비록 자기는 감옥에 갇히지만 자기 대신 일 할 수 있는 디모데가 있기에 하나님께 감사한다고 했습니다. 그리고 순교를 앞두고는 디모데에게 모든 사역을 일임한다고 부탁했습니다. 그는 자신이 처음 부름 받은 때로부터 죽을 때까지 바울의 동역자로서 최선을 다했습니다.

셋째로 두 개의 목회서신을 받았습니다.

디모데가 받은 디모데전, 후서는 모두가 다 목회에 관한 것이었습니다. 디모데전서는 바울이 로마 옥중에 처음 투옥되었을 때에 디모데에게 보낸 편지로서 교회생활의 제반문제들이었습니다. 다시 말하면 목회사역의 원리들과 지도자의 자질과 사명에 대해서 구체적으로 언급한 것이었습니다. 또한 디모데후서는 바울이 로마 감옥에 두 번째로 투옥되어 있으면서 자신의 순교시간이 가까워 옴을 깨닫고 에베소에서 어렵게 사역하고 있는 디모데를 위로하고 그에게 새로운 힘과 용기를 주기 위해 쓴 것입니다. 내용인즉 디모데의 소심한 성격과 연약한 육체에 대해 신경을 쓰면서 그 어떠한 상황에서도 견고한 믿음을 가지고 흔들림이 없이 복음 전파의 사명을 잘 감당하라는 것이었습니다.

사랑하는 여러분!

심히 부족하고 연약한 자들임에도 불구하고 하나님께서 충성 되이 여기시사 사명을 맡기셨으니 충성 되이 감당합시다. 또한 하나님의 일을 하는 주님의 몸된 교회사역에 최선을 다해 헌신합시다. 그리고 언제나 모든 사람들에게 위로와 격려, 축복을 주는 성도들이 되시기 바랍니다.

 # 로 데

[행 12:1-9]

그 때에 헤롯 왕이 손을 들어 교회 중에서 몇 사람을 해하려 하여 요한의 형제 야고보를 칼로 죽이니 유대인들이 이 일을 기뻐하는 것을 보고 베드로도 잡으려 할새 때는 무교절 기간이라 잡으매 옥에 가두어 군인 넷씩인 네 패에게 맡겨 지키고 유월절 후에 백성 앞에 끌어 내고자 하더라 이에 베드로는 옥에 갇혔고 교회는 그를 위하여 간절히 하나님께 기도하더라 헤롯이 잡아 내려고 하는 그 전날 밤에 베드로가 두 군인 틈에서 두 쇠사슬에 매여 누워 자는데 파수꾼들이 문 밖에서 옥을 지키더니 홀연히 주의 사자가 나타나매 옥중에 광채가 빛나며 또 베드로의 옆구리를 쳐 깨워 이르되 급히 일어나라 하니 쇠사슬이 그 손에서 벗어지더라 천사가 이르되 띠를 띠고 신을 신으라 하거늘 베드로가 그대로 하니 천사가 또 이르되 겉옷을 입고 따라오라 한대 베드로가 나와서 따라갈새 천사가 하는 것이 생시인 줄 알지 못하고 환상을 보는가 하니라

> 로데는 이방인으로서 마가 요한의 어머니 마리아의 하녀였습니다. 그녀의 이름은 '장미'라는 아름다운 의미를 가지고 있습니다. 그러나 그녀에게는 다른 사람들에게 내놓을 만한 장점이나 매력이 없었습니다. 때문에 다른 사람들로부터 호감을 사거나 신뢰를 얻지 못했습니다. 그래서 천사의 도움으로 탈옥한 베드로가 마가 요한의 집에 와서 대문을 두드렸을 때에 로데가 집안 사람들에게 베드로가 왔다고 말하자 사람들은 그녀를 미쳤다고 비웃기까지 했습니다. 그러나 분명한 것은 로데는 하나님의 은혜를 믿은 사람이었다는 것입니다.

1. 헤롯의 교회박해

첫째로 기독교를 박해했습니다.

여기 본문의 헤롯은 예수님께서 태어날 당시 유대의 통치자였던 헤롯 대왕의 손자 아그립바 1세였습니다. 그는 갈릴리 근방의 분봉왕이었으나 정치적인 수완이 좋아서 안티파스를 몰아내고 유대와 사마리아까지 통치하는 권한을 로마로부터 받아낸 사람입니다. 그는 열심 있는 헬라주의자로서 공동 목욕탕과 극장, 야외 공연장을 세우고 예루살렘 북쪽에 외성을 쌓기도 했습니다. 그는 무엇보다도 유대 율법에 대단히 열심이었습니다. 그러나 그는 온갖 공권력을 다 동원하여 정치적으로 기독교를 극열하게 박해했습니다(행 12:1). 바로 교회전체를 말살하려는 정책을 편 것입니다. 그러나 하나님의 진노의 채찍으로 인해 악한 뜻을 이루지 못하고 벌레에게 먹혀 왕위에 오른지 7년 만에 54세의 일기로 비참하게 죽었습니다(행 12:20-23).

둘째로 야고보를 죽였습니다.

야고보는 베드로, 요한과 함께 예수님의 특별한 사랑을 받은 수제자였습니다. 때문에 예수님께서는 변화산에 올라가실 때에도 베드로와 요한, 야고보를 데리고 가셨습니다. 그런데 그렇게 귀한 야고보를 그가 죽였습니다. 그가 이렇게 기독교를 박해하고 야고보를 죽인 것은 자신의 정치적인 생명을 위해서 로마인들에게 잘 보이고 유대인들의 지지를 받아 자신의 왕권을 튼튼하게 하기 위한 것이었습니다. 그런데 유대인들이 방해가 되어지고 시끄러웠습니다. 그래서 예수님을 십자가에 못 박아 죽였고 이제 예수님의 수제자인 야고보까지 칼로 죽였습니다. 그랬더니 온 유대인들이 다 좋아했습니다(행 12:2,3). 왜냐하면 기독교가 크게 성장하여 유대교에 대한 비판세력이 되었기 때문이었습니다. 다시 말하면 유대교 입장에서 보면 기독교가 아주 골치 아픈 존재였습니다.

셋째로 베드로를 옥에 가두었습니다.

헤롯이 왜 베드로를 체포한 즉시 죽이지 않고 옥에 가두었습니까? 그것은 그 때가 바로 무교절(유월절)기간이었기 때문이었습니다. 이 유월절은 이스라엘 백성들이 애굽의 종이 되었다가 출애굽 하여 해방을 맞게 된 것을 기념하는 절기입니다. 때문에 유대 나라에서는 언제든지 유월절이 되면 많은 죄인들을 사면하여 석방했습니다. 그런데 이러한 해방의 절기에 베드로를 죽인다고 하면 유월절 정신이 크게 훼손되기 때문에 유월절 기간이 지나면 그를 공개적으로 처형하여 유대인들을 기쁘게 하기 위해 잠깐 대기 상태로 감옥에 가둔 것이었습니다(행 12:3-5). 다시 말하면 정치적인 계산에 의해 베드로를 옥에 가둔 것이었습니다.

사랑하는 여러분!
기독교는 예수님 때부터 지금까지 박해를 받고 있습니다. 야고보처럼 많은 주의 종들이 순교했습니다. 베드로처럼 수없이 많은 사람들이 갇혔습니다. 그러므로 우리 성도들이 핍박과 고난을 피하지 말고 달게 받는 담대한 신앙인들이 되어야겠습니다.

2. 교회의 간절한 기도

첫째로 인간적으로 불가능한 상황이었습니다.

헤롯 아그립바 1세는 원래 갈릴리 근방의 분봉왕이었는데 정치 수단이 좋아서 안티파스를 몰아내고 유대와 사마리아까지 전 지역을 통치하는 권한을 로마로부터 받아낸 사람이었습니다. 다시 말하면 로마 정부와 백성들로부터 강력한 지지를 받는 왕이었습니다. 베드로는 이 헤롯 아그립바 1세에 의해 구속되었습니다. 다시 말하면 당시의 정황으로 보았을 때에 베드로가 구출된다는 것은 일반적인 생각으로는 감히 상상도 할 수 없었습니다. 더구나 헤롯 아그립바 1세는 베드로를 유월절이 지나면 죽이려고 감옥에 가두고 군사 4명씩 4조를 붙여서 빈틈없이 굳게 지키도록 했습니다(행 12:4). 그러므로 그가 탈옥한다는 것은 인간적인 방법으로는 도저히 불가능한 일이었습니다.

둘째로 교회가 간절히 기도했습니다.
야고보가 처형당하고 베드로까지 옥에 갇히자 기둥 같은 두 지도자를 잃은 예루살렘 교회는 모두가 다 함께 모여서 간절히 기도했습니다. 그들은 감옥을 부수고 베드로를 구출할 수도 없었습니다. 그렇다고 해서 세상적인 방법으로 뇌물을 쓰거나 인간적인 로비를 통해서 구출할 수도 없었습니다. 다시 말하면 인간적인 방법으로는 베드로를 구해낼 길이 전혀 없었습니다. 그러나 그들은 포기하지 않고 마가 요한의 어머니 마리아의 집에 모여서 간절히 기도했습니다(행 12:5,12). 그들은 정치적인 억압과 고통 속에서도 두려워하거나 실망하지 않고 더욱 굳게 뭉쳐서 전능하신 하나님께 간절히 기도했습니다. 다시 말하면 전능하신 하나님을 믿는 기도로 헤롯과 싸운 것이었습니다.

셋째로 기도만이 문제 해결의 열쇠입니다.
우리는 지금 사탄이 활개치는 험악한 이 세상에서 살아가고 있습니다. 그러므로 기도해야 합니다. 기도는 하나님의 능력을 입는 방편입니다. 문제를 해결하는 열쇠입니다. 기도로 귀신을 쫓아 낼 수 있습니다(막 9:28,29). 무자했던 한나는 기도로 아들을 얻었습니다(삼상 1:1-28). 죽을병에 걸려 사형선고를 받은 히스기야는 기도로 병 고침을 받았습니다(왕하 20:2-7). 엘리야는 기도로 자연환경을 다스렸습니다(약 5:17,18). 오늘 본문의 초대교회도 인간적으로는 도저히 상상할 수 없는 안타까운 처지에서 간절히 기도하여 헤롯왕의 악한 계획을 물리치고 베드로를 구출했습니다. 그러므로 우리 모두는 의식이 있는 한 항상 기도해야 합니다(시 86:3). 어디서든지 간절히 기도해야 합니다(마 7:7-11). 바로 거기에 문제해결이 있습니다.

사랑하는 여러분!

그 어떠한 상황에서도 두려워하거나 낙심하지 맙시다. 인간적인 수단과 방법을 버리고 살아계신 하나님 앞에 나와 간절히 기도합시다. 전능하신 하나님께서 반드시 응답해 주실 것입니다.

3. 베드로의 탈옥

첫째로 천사가 깨웠습니다.

베드로는 당시 유대와 사마리아의 막강한 통치자인 헤롯 아그립바 1세에 의해 투옥되어 쇠사슬에 묶인 채 16명의 군사들이 굳게 지키고 있었습니다(행 12:4). 다시 말하면 그의 인생은 아주 절망적인 상황이었습니다. 그럼에도 불구하고 그는 아주 평안하게 잠들어 있었습니다(행 12:6). 하나님께서는 당신의 일로 인해 투옥된 베드로를 구원하시기 위해 하나님의 사자를 그에게로 보내셨습니다(행 12:7). 천사는 잠들어 있는 베드로의 옆구리를 쳐서 급히 일어나라고 깨웠습니다. 그와 동시에 베드로에게 채웠던 쇠사슬도 풀렸습니다(행 12:7). 그러자 천사는 베드로에게 띠를 띠고 신을 신고 겉옷을 입고 따르라고 했습니다(행 12:8). 그리고 천사는 베드로가 자신을 따라 옥문을 무사히 빠져나오자 바로 그를 떠났습니다. 그렇습니다. 전능하신 하나님께서 우리와 함께 하시면 불가능이 없습니다.

둘째로 마리아 집 대문을 두들겼습니다.

천사의 도움으로 탈옥하게 된 베드로는 곧바로 성도들이 모여서 자기를 위해 기도하고 있는 마가 요한의 어머니 마리아의 집에 가서 굳게 닫힌 대문을 두들겼습니다(행 12:13). 하나님께서 부리신 천사의 도움을 받아 삼엄한 경비망을 뚫고 탈옥할 수 있었지만 천사가 떠난 후에는 안에서 사람이 열어주어야 했습니다. 때문에 그는 굳게 닫힌 대문을 두들긴 것입니다. 그는 열릴 때까지 두드렸습니다. 이제는 천사가 아닌 인간의 손이 굳게 닫힌 문을 열어주어야 했습니다. 때문에 열릴 때까지 두드려야 했습니다. 만일 파수꾼이 감옥을 탈출한 베드로가 그를 추격하여 마리아의 집문 앞에까지 왔다고 하면 그는 아주 위험했을 것입니다. 그러나 하나님께서는 베드로를 끝까지 지키셨습니다.

셋째로 로데가 당황했습니다.

탈옥한 베드로가 마리아의 집을 찾아 대문을 두드리면서 문을 열라고 말했을 때에 로데는 베드로의 목소리임을 알았습니다(행 12:13,14). 그러나 헤롯의 병사들에게 붙잡혀가 감옥에 갇힌 베드로가 한밤중에 나타나 문을 열라고 했을 때에 로데는 너무나도 당황한 나머지 미처 문을 열지 못하고 집안으로 달려들어가서 사람들에게 "베드로가 대문 밖에 섰더라"(행 12:14)고 말했습니다. 로데의 말을 들은 사람들은 로데에게 "...네가 미쳤다..."(행 12:15)고 했습니다. 그러나 로데가 참말이라고 힘주어 말하자 "...그러면 그의 천사"(행 12:15)라고 비웃었습니다. 베드로의 석방을 위해 기도했으면서도 기도가 응답되었다는 것을 믿지 못하는 안타까운 사람들이었습니다. 그러나 베드로가 계속 문을 두드림으로 그들이 문을 열어 베드로를 보고 놀랐습니다.

사랑하는 여러분!
부족하지만 우리는 하나님의 자녀입니다. 그러므로 천군 천사가 항상 우리를 지킬 것입니다. 또한 우리들도 베드로처럼 열릴 때까지 두드립시다. 그리고 마리아 집의 사람들처럼 믿음 없는 사람들이 되지 말고 믿음 있는 성도들이 되시기 바랍니다.

 # 루디아

[행 16:11-15]

우리가 드로아에서 배로 떠나 사모드라게로 직행하여 이튿날 네압볼리로 가고 거기서 빌립보에 이르니 이는 마게도냐 지방의 1)첫 성이요 또 로마의 식민지라 이 성에서 수일을 유하다가 안식일에 우리가 기도할 곳이 있을까 하여 문 밖 강가에 나가 거기 앉아서 모인 여자들에게 말하는데 두아디라 시에 있는 자색 옷감 장사로서 하나님을 섬기는 루디아라 하는 한 여자가 말을 듣고 있을 때 주께서 그 마음을 열어 바울의 말을 따르게 하신지라 그와 그 집이 다 2)세례를 받고 우리에게 청하여 이르되 만일 나를 주 믿는 자로 알거든 내 집에 들어와 유하라 하고 강권하여 머물게 하니라

> 루디아는 소아시아에 있는 두아디라 성의 여인으로서 유럽의 마게도냐에 있는 빌립보를 오가면서 사업하던 사람이었습니다. 그녀는 열심히 사업하여 크게 성공하여 로마의 상류층과 교류하면서 남부러울 것 없이 살아가는 부요한 자였습니다. 그런데 그녀가 바울의 설교를 듣고 개종하여 그리스도인이 된 다음에 구라파의 모교회인 빌립보 교회를 세우게 되었고 바울의 후원자로서 복음전파에 크게 쓰임 받았습니다. 우리들도 루디아와 같이 하나님의 일에 충성 되이 쓰임 받는 복된 삶을 살아야겠습니다.

1. 그녀의 신상

첫째로 두아디라의 자색 옷감 장사였습니다.

당시 두아디라는 자색 염료와 옷감으로 세계적인 명성을 얻고 있었습니다. 이 자색 염료는 두아디라 호수의 조개에서 나오는 분비물로서 햇빛을 받으면 진한 자주빛에서 진홍색으로 변하는 염료이기 때문에 아주 귀하고 대단

히 비쌌습니다. 또한 두아디라의 물 자체도 염색하기에 아주 적합했습니다. 이 자주색 옷감은 로마 왕궁의 색깔로서 로마의 지도자층이나 귀족, 부유층들이 즐겨 입는 고급옷감이었습니다. 루디아는 아시아에 있는 두아디라 성에 사는 여인으로서 그 곳의 유명한 자색 옷감을 유럽의 관문인 빌립보에까지 갖다 파는 큰 무역상이었습니다. 다시 말하면 그녀는 사업에 크게 성공한 사람이었습니다.

둘째로 물질을 선용했습니다.

제 아무리 돈이 많아도 전혀 쓰지 않는 구두쇠가 있고 그 돈을 허랑 방탕하게 탕진하는 잘못 쓰는 사람도 있습니다. 그런데 루디아는 자신이 자색 옷감 장사를 해서 열심히 모은 물질을 아주 아름답게 선용했습니다(행 16:15; 빌 4:10-20). 이 물질은 육을 입고 이 세상을 살아가는 우리들에게 있어서 꼭 필요한 것입니다. 그러므로 이 물질이 없으면 우리 인간은 이 세상을 살아갈 수 없습니다. 때문에 이 물질은 선도 아니고 악도 아닙니다. 이 물질이 좋은 사람의 수중에 들어가 아름답게 잘 쓰이면 선이 되고, 나쁜 사람의 수중에 들어가 나쁘게 쓰이면 악이 됩니다. 그런데 그녀는 자신이 가진 물질로 사치와 연락에 빠져 사람들에게 혐오감을 준 일이 없었습니다. 자신의 물질을 오직 복음 전파를 위한 일에 아주 값지고 아름답게 선용했습니다. 우리들도 우리들의 몸과 마음, 시간과 물질 등이 하나님의 영광을 위한 일에 아름답게 선용되어야겠습니다.

셋째로 유럽선교의 첫 열매였습니다.

바울의 일행이 어디를 가든지 제일 먼저 찾아간 곳은 바로 회당이었습니다. 그들은 언제든지 새로 방문한 곳에서 안식일을 맞을 경우 회당에 참석해 그곳에서 복음을 전했습니다(행 13:5, 14:1). 그러나 당시의 빌립보 성에는 회당이 없었기 때문에 바울의 일행도 기도처가 있는가 하여 문 밖의 강가로 나간 것이었습니다(행 16:13). 바울의 일행은 바로 거기에서 소아시아의 도시 두아디라 성에서 온 자색 옷감 장사로서 하나님을 공경하는 루디아를 만났습니다. 당시 그녀는 유대교 신자였습니다. 그런데 주께서 그녀의 마음을 열어 바울의 말을 청종하게 하셨습니다(행 16:14). 그리하여 그녀는 개종하여 예수 그리스도를 구주로 믿고 세례를 받았습니다(행16:15). 그녀는 바울이 성령님의 인도하심을 받아 유럽으로 가서 복음을 전하여 처음으로 열매를 맺은 성도였습니다.

사랑하는 여러분!
우리들도 루디아처럼 믿음을 가지고 열심히 삽시다. 그리하여 삶의 현장에서 반드시 승리하시기 바랍니다. 또한 하나님께서 우리들에게 허락하신 몸과 마음, 시간과 물질을 선용합시다. 그리고 우리들도 복음으로 생명을 살리는 일에 최선을 다 해야겠습니다.

2. 그녀의 신앙

첫째로 안식일을 성수했습니다.
루디아는 아시아의 두아디라에서 유럽의 관문인 빌립보 성까지 먼 거리를 오가면서 사업을 했기 때문에 대단히 바빴습니다. 더욱이 그녀의 제품자체가 상류층을 대상으로 한 것이기에 그 지역의 지도층과 관계를 맺고 폭넓은 교제를 가졌을 것입니다. 그러므로 참으로 바빴을 것입니다. 그러나 그녀는 철저하게 안식일을 성수 했습니다. 때문에 안식일 날 하나님께 기도하기 위해 이 세상의 만사를 제쳐놓고 강가를 찾은 것입니다. 바쁘다고 핑계하지 않았습니다. 돈 있다고 교만하지도 않았습니다. 대사업가였지만 자신의 부족함을 의식하고 하나님의 은혜를 입고자 늘 기도했습니다. 그렇습니다. 진실한 성도는 철저하게 주일을 성수 합니다. 천마화학 정봉석 장로님은 자신의 화학공장이 불타고 있을 때에도 그 시간이 바로 수요 밤 예배시간이었기 때문에 교회에 가서 예배드렸다고 합니다. 당시 유대에서는 예배드릴 수 있는 회당이 없을 경우에는 일반적으로 야외나 강가 또는 바다가 근처에 기도처를 만들어 놓고 예배했습니다. 우리 모두는 철저하게 주일을 성수 합시다.

둘째로 말씀을 청종했습니다.
루디아는 바울이 설교할 때에 주님의 은혜로 사모하는 마음을 가지고 열심히 청종했습니다. 여기에서 청종했다는 것은 바울의 설교 말씀을 듣고 그대로 믿고 따랐다는 뜻입니다. 때문에 그녀가 바울의 설교를 듣고 은혜를 받아 많은 사람들 앞에서 예수 그리스도가 자신의 구주라는 사실을 공개적으로 고백하고 자신과 가족이 다 함께 세례를 받았습니다. 당시 사회적인 분위기를 보았을 때에 그렇게 쉬운 일이 아니었습니다. 그러나 그녀는 아주 적극적인 신앙인이었습니다. 우리들도 열린 마음을 가지고 하나님의 말씀을 들어야 합니다. 그리고 즉시로 그 말씀대로 실행하는 적극적인 신앙생활을 해야 합니다. 바로 거기에서 하나님의 놀라운 기사와 이적을 체험하게 됩니다.

셋째로 가족을 다 구원시켰습니다.
바울의 설교를 듣고 예수 그리스도를 자신의 구주로 고백한 루디아는 곧바로 자신의 가족에게 복음을 전하여 그들도 예수 그리스도를 구주로 믿게 했습니다. 성경은 분명히 말씀하시기를 누구든지 예수 그리스도를 구주로 믿으면 구원받아 천국 가고, 믿지 않으면 멸망 받아 지옥에 간다고 말씀하고 있습니다. 그러므로 정말 믿음이 있는 사람이라고 하면 불신가족을 주님께로 인도하여 구원받게 하는 것을 최우선 과제로 삼을 것입니다. 왜냐하면 사랑하는 가족이 멸망 받아 지옥 가는 것을 그냥 보고만 있을 수 없기 때문입니다. 정상적인 신앙인이라고 하면 아마도 밥을 제대로 먹지 못하고 편안하게 잠을 자지 못할 것입니다. 그렇습니다. 우리들의 가족을 구원하는 일은 육체의 건강보다, 공부보다, 직장보다, 지위나 권세, 명예와 부보다도 훨씬 더 급하고 중요한 문제입니다.

사랑하는 여러분!
우리 모두 철저하게 주일을 성수합시다. 또한 열린 마음을 가지고 간절히 사모하여 은혜 받은 대로 믿고 따릅시다. 그리고 온 가족을 다 구원시키는 능력 있는 성도들이 되시기 바랍니다.

3. 그녀의 섬김

첫째로 전도자들을 선대했습니다.
루디아는 주님을 영접하고 난 다음 바울의 일행을 강권하여 자기 집에 머물게 하고 극진히 섬겼습니다(행 16:15). 그녀의 섬김은 그 동안의 전도 여행으로 지치고 피곤한 바울의 일행에게 큰 힘이 되었습니다. 뿐만 아니라 이제 바울의 일행과 함께 예수 그리스도의 복음을 이 세상에 전하는 일에 함께 하는 아주 귀한 동역자가 되었습니다. 이러한 미덕이 후에 빌립보 교회의 전통이 되었습니다(고후 8:1-5). 섬김의 삶에는 불평이나 다툼이 있을 수 없습니다. 평화와 축복만 있습니다. 예수님께서도 섬기기 위해 하늘 보좌를 버리시고 이 세상에 오셔서 십자가를 지시기까지 죄인들을 섬기셨습니다. 그러므로 우리가 하나님과 평화를 누리고 구원의 축복을 받은 것입니다(막 10:43-45). 우리들도 섬김의 삶을 삽시다.

둘째로 빌립보 교회의 개척자가 되었습니다.

루디아는 마게도냐의 첫 성인 빌립보에서 대성공하여 큰집을 지니고 있었습니다. 그녀는 자기 집을 기도처로 제공했습니다. 이제 그녀의 삶의 자세와 목적이 완전히 변한 것이었습니다. 이전에는 수단과 방법을 가리지 않고 장사를 잘해서 돈을 버는 것이 목적이었습니다. 그러나 이제는 자신과 자신의 모든 것을 다 드려서 주님의 사역을 위해 사용했습니다. 참으로 위대한 삶의 변화요, 전환이었습니다. 그는 하나님의 성도들을 위해 자기 집을 하나님께 드려 빌립보 교인들의 예배와 교제의 중심지가 되게 했습니다. 그리하여 빌립보 교회를 탄생시켰고 그 지역 교회들의 모교회가 되게 했습니다.

셋째로 바울의 후원자가 되었습니다.

루디아와 빌립보 교회는 바울의 일행이 그 곳을 떠난 후에도 그들의 전도사역을 계속적으로 후원했습니다(빌 4:14,15). 사도 바울이 주님의 사역을 감당하면서 당하는 어려움으로 인해 마음 고생도 많았고 물질적인 어려움도 많았습니다. 그 때에도 루디아와 빌립보 교회는 바울을 기도와 물질로 계속 후원했습니다(빌 4:16-19). 이에 대해 바울은 하나님께 감사하고 진심으로 축복했습니다. 그렇습니다. 사랑하면 기도하고 헌신하며 물질을 드리게 됩니다. 우리들도 하나님의 영광을 위해 아름답게 쓰임 받는 삶을 살아야겠습니다.

사랑하는 여러분!

우리들도 주의 복음을 전하는 하나님의 사역자들을 선대하면서 겸손히 섬기는 삶을 삽시다. 또한 우리들의 몸과 마음, 시간과 물질로 하나님의 교회가 든든히 서가도록 함께 합시다. 그리고 복음 전파를 위해 변함 없이 쓰임 받는 복된 종들이 되시기 바랍니다.

 # 마가 (요한)

[딤후 4:9-11]

너는 어서 속히 내게로 오라 데마는 이 세상을 사랑하여 나를 버리고 데살로니가로 갔고 그레스게는 갈라디아로, 디도는 달마디아로 갔고 누가만 나와 함께 있느니라 네가 올 때에 마가를 데리고 오라 그가 나의 일에 유익하니라

> 가정이나 교회, 사회 어디에서든지 간에 일하는 사람들을 보면 천차만별이지만 크게 두 부류로 나눌 수 있습니다. 먼저 그 일에 대해서 잘 아는 척하고 소리는 요란한데 실제로는 전혀 아는 것도 없고 할 줄도 모르는 안타까운 사람이 있습니다. 또한 그 일에 대해 아는 척하지도 않고 겸손하며 소리도 없으나 그저 묵묵히 일을 잘 처리하여 큰 역사를 이루어 가는 능력자가 있습니다. 능력 있는 사람은 그 어떠한 경우에도 자신의 어려운 입장이나 처지를 탓하고 부정적 생각을 가지고 불평하는 일이 없습니다. 오직 그 일에 대한 사명감을 가지고 열심히 일합니다. 오늘 본문의 마가(마가는 로마식 이름이요, 요한은 히브리식 이름)도 자신이 초기 기독교의 사역자이면서도 자기를 드러내지 않고 베드로와 바나바, 바울을 돕는 수종자로서 최선을 다 했습니다.

1. 신앙적인 환경에서 성장

첫째로 믿음의 어머니를 두었습니다.

신약 성경에는 6명의 마리아가 있습니다. 요셉의 아내로서 예수님의 어머니인 마리아, 글로바의 아내로서 야고보와 요셉의 어머니인 마리아, 막달라 마리아, 마르다의 자매이며 나사로의 누이인 마리아, 마가(요한)의 어머니인 마리아, 로마에서 그리스도인들을 위해 수고한 마리아가 있습니다. 그 중에

서도 마가의 어머니 마리아는 아주 신앙이 좋았습니다. 마가는 유대인으로서 믿음 좋은 어머니의 지도 아래서 성장했습니다. 그렇습니다. 경건한 어머니의 신앙과 기도는 자녀들이 하나님의 은혜를 받아 바르게 성장하게 합니다. 미국 역사상 가장 위대한 대통령이었던 링컨은 "내가 대통령이 된 것은 나의 어머니가 주신 성경과 기도 때문이었다"고 했습니다. 지금도 뉴욕 시민 전체에게 수돗물을 무료로 제공하고 있는 록펠러도 어머니의 철저한 신앙지도로 세계 최고의 경영자가 될 수 있었습니다.

둘째로 그의 집은 예배장소였습니다.

예루살렘에 소재한 마가의 집은 아주 크고 넓은 집이었습니다. 마리아는 자기 집을 성도들이 모여 예배하는 장소로 제공했습니다. 예수님께서는 이 집에서 제자들과 함께 최후의 만찬을 드셨습니다(눅 22:12,13). 예수님께서 승천하신 후에도 120명의 성도들이 이 집에 모여 기도하다가 성령의 충만함을 받았습니다. 바로 이 집에서 초대교회가 탄생되었습니다(행 1:15-2:4). 베드로가 옥에 갇혔을 때에도 성도들이 이 집에 모여서 기도했고 감옥에서 나온 베드로가 이 집으로 돌아왔습니다(행 12:1-12). 그의 집은 언제나 성도들의 교제의 장소로 쓰였습니다(골 4:10). 때문에 그는 늘 예배드리는 분위기에서 자랐습니다.

셋째로 훌륭한 신앙의 스승을 만났습니다.

어머니 마리아의 사촌 오빠인 바나바 역시 "착한 사람이요 성령과 믿음이 충만한 자"(행 11:24)로서 초대교회 성도들에게 모범이 되는 신앙인이었습니다. 때문에 이 바나바로 인해 당시의 많은 사람들이 예수를 믿게 되었습니다(행 11:24). 마가도 외삼촌인 이 바나바의 영향을 받았습니다. 또한 마가는 당시 유대인을 위한 사도였던 베드로의 지도를 받았으며 베드로를 잘 섬겼습니다(벧전 5:13). 그리고 이방인을 위한 대 사도였던 바울에 의해 사명에 대한 의지를 굳혔습니다(행 13:5; 딤후 4:11). 때문에 안디옥 교회가 바나바와 바울을 이방인 선교사로 파송 하는 제1차 전도여행 때에 그들을 수종들기 위해 나선 것이었습니다(행 13:5). 다시 말하면 그는 당시 최고의 스승들로부터 신앙교육을 받았습니다.

사랑하는 여러분!
우리들도 자녀들에게 좋은 신앙의 모범을 보여줍시다. 또한 우리들의 가정이 하나님께 기도하고 찬송하며 말씀을 읽는 은혜의 장소가 되게 합시다. 그리고 우리의 자녀들에게 훌륭한 신앙의 스승으로 서갑시다. 그리하여 우리의 자녀들이 훌륭한 주의 제자들이 되게 하시기 바랍니다.

2. 초기 사역에서의 실패

첫째로 제1차 전도여행에서 이탈했습니다.
주후 45년 경 유대 나라에는 큰 흉년이 들었습니다. 때문에 예루살렘 교회가 기근으로 말미암아 큰 고난을 당하게 되었습니다. 이 때에 당시 세계 선교의 요람이었던 안디옥 교회가 예루살렘 교회를 구제할 목적으로 바울과 바나바를 예루살렘으로 보냈습니다(행 11:27-30). 그 때에 바울은 마가를 알게 되었고 바울과 바나바는 예루살렘에서 돌아올 때에 그를 데리고 와서 제 1차 전도여행을 떠나게 되었습니다(행 13:2-5). 그가 초대교회의 훌륭한 두 지도자들과 함께 전도여행을 떠난 것은 최고의 영예였습니다. 그러나 그는 버가에서 바울과 바나바를 떠나 예루살렘으로 돌아갔습니다(행 13:13). 우리는 그 이유에 대해서는 정확히 알 수 없습니다. 그런데 몇 가지로 추측해 본다고 하면 먼저 이방인 전도의 한계를 느꼈을 것입니다. 부유한 가정에서 넉넉하게 살아왔던 그에게 산악지대의 열악한 환경에서의 삶이나 전도가 너무나도 힘들고 어려웠을 것입니다. 그러나 바울과 바나바는 나면서 못 걷게 된 자를 일으키는 등 놀라운 역사를 이루어 신 취급을 받기까지 했습니다. 때문에 안디옥 교회에서의 제1차 전도여행의 귀국보고는 아주 성공적인 것이었습니다(행 14:23-28).

둘째로 바울과 바나바가 갈라서게 되었습니다.

바울은 바나바에게 제1차 전도여행 시에 복음을 전했던 각 성을 방문하여 그들을 돌아보자고 제안했습니다(행 15:36). 바나바는 바울의 제안에 동의하고 자기의 조카인 마가를 데리고 가자고 했습니다. 그러나 바울은 마가가 밤빌리아의 버가에서 혼자 돌아간 것 때문에 반대했습니다(행 15:37-39上). 이때에 바울과 바나바는 마가로 인해 결국 서로 갈라서게 되었습니다. 때문에 제2차 전도여행에서 바나바는 마가와 함께 구브로로 떠났고 바울은 새로운 동역자인 실라를 선택하여 수리아와 길리기아로 다니면서 각 교회를 돌아보고 격려했습니다(행 15:39下-41). 그렇습니다. 이유 여하를 막론하고 복음은 전파되어야 합니다.

셋째로 그 어떤 이유로도 사명을 저버릴 수 없습니다.

사명의 현장에서 무책임하게 중도에서 포기해 버린 마가로 인한 의견차이로 바울과 바나바는 서로 갈라설 수밖에 없었습니다. 그러나 그들은 각자의 사명에 대해서는 조금도 소홀하지 않았습니다. 다툼을 계속하거나 서로 간에 나쁜 감정을 가지고 있지도 않았습니다. 전도의 계획을 수정하거나 시간을 지체하지도 않았습니다. 곧바로 사명의 현장으로 떠났습니다(행 15:36-41). 그렇습니다. 사명은 생명보다 귀합니다. 때문에 주님께서도 사명 때문에 죽으셨습니다. 우리들도 이 사명을 위해 생명을 바쳐야 합니다.

사랑하는 여러분!

그 어떤 이유로도 사명의 현장에서 이탈하지 맙시다. 또한 제 아무리 좋은 일을 한다고 할지라도 다투지 맙시다. 그리고 하나님께서 우리들에게 맡기신 사명을 생명을 걸고 감당하는 멋진 일꾼들이 되시기 바랍니다.

3. 철저한 수종자의 삶

첫째로 새롭게 재기했습니다.

초기사역에서 실패한 마가는 예루살렘으로 돌아온 후 사명의 현장에서 중도에서 포기하고 예루살렘으로 돌아온 자신의 잘못에 대해 깊이 반성하고 후회한 다음 새로운 각오를 가지고 바나바와 함께 제2차 선교를 위해 구브로로 떠났을 것입니다(행 15:39). 그렇습니다. 한 번의 실패는 병가지 상사입니다. 의인은 일곱 번 넘어질지라도 다시 일어나려니와 악인은 그렇지 못합니다(잠 24:16). 그러므로 우리들도 한 번 실패했다고 할지라도 반드시 일어나 사명의 현장으로 달려가야 합니다.

둘째로 신임 받는 전도자가 되었습니다.

그는 베드로와 함께 바벨론에서 전도하여 교회를 세우기도 했습니다. 때문에 베드로는 그를 얼마나 사랑했는지 "내 아들 마가"(벧전 5:13)라고 불렀습니다. 여기에서 우리는 마가가 얼마나 충실히 수종들었는지를 짐작할 수 있습니다. 또한 후에는 바울의 동역자가 되어 복음을 전하다 바울과 함께 감옥에 수감되기도 했습니다(골 4:10). 때문에 마가를 그렇게 싫어했던 바울도 빌레몬에게 편지할 때에 "나의 동역자 마가"(몬 1:24)라고 했고 골로새 교인들에게는 마가가 올 때에 그를 잘 영접하라고 부탁까지 했습니다(골 4:10). 그리고 자기의 죽음이 가까웠을 때에 디모데에게 "네가 올 때에 마가를 데리고 오라 그가 나의 일에 유익하니라"(딤후 4:11)고 했습니다.

셋째로 철저한 숨은 봉사자였습니다.

그는 유대인이었음에도 불구하고 그의 선교활동이 바울과 함께 주로 이방인 선교를 했기 때문에 히브리식 이름인 요한보다는 로마식 이름인 마가로 더 알려져 있습니다. 또한 그는 초대교회의 사도였음에도 불구하고 열두 제자의 수에 들어가지 않았습니다. 그는 성경 어디에도 그가 설교를 했다거나 기사와 이적을 일으켰다는 기록이 없습니다. 오직 바나바와 바울, 베드로와 동행하면서 그들의 복음사역을 조용히 도왔을 뿐입니다. 그리고 마가복음을 통해 종과 같이 섬기러 오신 예수 그리스도의 희생과 봉사로 인해 죄인인 우리 인간들이 구원받고 승리하게 된다는 사실을 증언 했습니다. 그럼에도 불구하고 마가복음 그 어디에도 자신에 대한 기록을 남기지 않았습니다. 오직 다른 성경기자들에 대해 약간씩 언급되었을 뿐입니다.

사랑하는 여러분!

우리들도 낙심과 좌절, 실패의 현장에서 다시 일어납시다. 또한 이유 여하를 막론하고 신임 받는 사명자들이 됩시다. 그리고 종의 모습으로 오신 주님과 같이 철저하게 헌신적인 삶을 사시기 바랍니다.

마르다

[눅 10:38-42]

그들이 길 갈 때에 예수께서 한 마을에 들어가시매 마르다라 이름하는 한 여자가 자기 집으로 영접하더라 그에게 마리아라 하는 동생이 있어 주의 발치에 앉아 그의 말씀을 듣더니 마르다는 3)준비하는 일이 많아 마음이 분주한지라 예수께 나아가 이르되 주여 내 동생이 나 혼자 일하게 두는 것을 생각하지 아니하시나이까 그를 명하사 나를 도와 주라 하소서 주께서 대답하여 이르시되 마르다야 마르다야 네가 많은 일로 염려하고 근심하나 4)몇 가지만 하든지 혹은 한 가지만이라도 족하니라 마리아는 이 좋은 편을 택하였으니 빼앗기지 아니하리라 하시니라

> 우리가 예수님의 제자가 된다고 하는 것은 예수님을 닮아 예수님이 원하시는 삶을 살면서 예수님께서 분부하신 사명을 감당하는 것입니다. 그런데 하나님께서 우리들에게 주신 능력이나 달란트, 은사는 제 각기 다릅니다. 때문에 사명을 감당하는데 있어서 헌신의 자세나 방법에 있어서 각자가 다를 수 있습니다. 그러므로 다른 사람이 자신의 방법과 다르다고 해서 그것에 대해 이의를 제기하거나 비방해서는 안 됩니다. 마르다는 집주인으로서 자기 집에 오신 예수님을 지극한 정성으로 대접하기 위해 열심히 음식을 준비했습니다. 그런데 문제는 바쁘게 일하는 자기를 마리아가 돕지 않는다고 투정을 했습니다. 그러나 예수님의 평가는 전혀 달랐습니다.

1. 마르다의 환대

첫째로 예수님을 자기 집으로 영접했습니다.
당시에는 권세자들이 예수님을 죽이려고 온갖 방법을 다 강구하고 있었기 때문에 예루살렘 부근에서 내놓고 예수님과 가까이 하는 것은 대단히 위험했습니다(요 7:25-32). 때문에 제자들 중에 많은 사람들이 다 예수님을 떠났으며(요 6:66), 오히려 예수님을 거절하고 대적하기까지 하는 상황이었습니다(요 7:3-5,20, 43-44). 그러나 마르다(여주인이라는 뜻)는 예수님께서 자기 동네에 들어오실 때에 친히 나아가 자기 집으로 영접하기까지 했습니다. 그것은 바로 그녀가 예수님을 지극히 사랑했기 때문입니다. 그녀가 주님을 사랑하지 않았다고 하면 남의 이목이 두려운 상황에서 그렇게 나아가서 영접하지 않았을 것입니다. 물론 예수님께서도 그녀를 사랑하셨습니다(요 11:5). 그렇습니다. 사랑하면 아무것도 두렵지 않습니다. 우리들도 말로만 주님을 사랑하지 말고 예수님을 우리들의 삶 속에 모시고 그분이 원하시는 삶을 살아야겠습니다.

둘째로 대접하기 위해 분주했습니다.
마르다는 사랑하는 주님을 자기 집으로 모시고 지극한 정성으로 대접하기 위해 무척 바빴습니다. 그녀도 예수님의 말씀을 듣고 싶었습니다. 그러나 여행 중에 오신 예수님께서 시장하실 것을 생각하여 우선 식사를 먼저 빨리 대접하고 난 다음 말씀을 들으려고 한 것입니다. 때문에 더 바빠진 것이었습니다. 그래서 정신 없이 서둘러 일한 것이었습니다. 인간적으로나 논리적으로 생각할 때에 그것은 너무나도 당연한 것이었습니다. 그녀는 손님을 맞을 줄 알고 대접할 줄 아는 참으로 아름다운 여인이었습니다.

셋째로 마리아에 대해 불평했습니다.
자기는 예수님을 대접하기 위해 정신없이 뛰고 있는데 당연히 도와주어야 할 동생이 예수님의 발 앞에 앉아 말씀만 듣고 있었습니다. 대접한 다음 주의 말씀을 들으면 얼마나 좋겠습니까? 그래서 마르다는 마리아에게 계속 눈치를 보냈을 것입니다. 그러나 예수님의 말씀에 열중인 마리아는 거들떠보지도 않았습니다. 마르다는 빨리 식사도 준비해야 되고 예수님의 말씀도 들어야 되기 때문에 더욱 더 분주해지고 정신도 없었습니다. 때문에 이것도 잘 안되고 저것도 안 되었습니다. 그래서 마르다는 예수님에게 "...주여 내 동생이 나 혼자 일하게 두는 것을 생각하지 아니하시나이까 그를 명하사 나를 도와 주라 하소서"(눅 10:40)라고 불평했습니다. 여기에서의 마르다의 불평은 한 가족 안에서 흔히 있을 수 있는 일이었습니다.

사랑하는 여러분!
우리들도 마르다처럼 우리 주님을 모시고 언제나 그분과 함께 하는 삶을 삽시다. 또한 최선으로 그분을 섬기고 영광을 돌립시다. 그리고 그 어떤 이유로도 내가 남을 주관하거나 간섭하려고 하지 맙시다.

2. 예수님의 평가

첫째로 그녀가 많은 일로 염려한다고 하셨습니다.
마르다가 자신이 예수님을 대접하기 위해 열심히 일하고 있는데 마리아가 자기를 도와주지 않는다고 불평했을 때에 예수님께서는 "...마르다야 마르다야 네가 많은 일로 염려하고 근심하나"(눅 10:41)라고 하셨습니다. 주님께서 마르다의 이름을 두 번씩이나 부르신 것은 마르다의 정성스러운 행위 자체에 대해서 동정하셨음을 알 수 있습니다. 그러나 많은 일로 인해 그녀의 마음이 분주해졌고 염려하며 근심한다고 하셨습니다. 그렇습니다. 우리 인간은 유한한 존재입니다. 육신의 생명이 유한합니다. 시간이 유한합니다. 능력이 유한합니다. 그러므로 모든 일을 다 잘 할 수는 없습니다. 때문에 많은 일을 하다보면 자연히 한계에 부딪쳐서 염려와 근심이 많게 되어있습니다.

둘째로 한 가지만이라도 족하다고 하셨습니다.

당시 예수님께서는 십자가를 지시기 위해 예루살렘으로 올라가시는 중이었습니다. 때문에 예수님께서 이 세상에 계실 시간이 없었습니다. 그러므로 그 시점에서의 마르다와 마리아에게 있어서는 그 무엇보다도 주님의 말씀을 듣는 것이 중요했습니다. 그래서 예수님께서는 마르다에게 "몇 가지만 하든지 혹은 한가지만이라도 족하니라..."(눅 10:42)고 하신 것입니다. 당시 마르다의 음식준비도 대단히 중요하고 가치 있는 일이었습니다. 왜냐하면 내 집에 오신 귀한 손님을 우선 먼저 대접하는 것이 중요하기 때문입니다. 예수님께서 말씀하신 것은 더욱 중요한 일은 우리들의 인간적이고 육신적인 일이 아니라 영적인 일이라는 것입니다. 대부분의 사람들은 자신이 여러 가지 일들을 많이 하면 성공하고 행복할 것이라고 착각하는 경우들이 많이 있습니다. 그러나 그러한 사람은 한가지 일도 제대로 할 수도 없습니다. 성공한다는 보장도 있을 수 없습니다. 한가지 우리들은 언제나 먼저 그의 나라와 의를 구하면서 가장 중요하다고 생각되는 일을 하나라도 최선을 다해 제대로 해야 합니다. 그래야 남보다 앞설 수 있고 성공할 수 있습니다.

셋째로 빼앗기지 않는다고 하셨습니다.

예수님께서는 마리아가 선택한 것이 마르다의 항의나 불평이 담긴 요청에 의해 그것은 결코 빼앗기지 않을 것이라고 하셨습니다. 즉 예수님께서는 자기의 영적 유익을 위해 좋은 편을 택해 주님의 말씀을 듣는 일에 집중하고 있는 마리아의 유익을 외부의 어떤 것에 의해 박탈당하도록 허락하시지 않는다는 것입니다. 다시 말하면 마리아가 예수님 앞에 앉아 말씀을 경청한 것은 마르다가 분주하게 음식을 장만한 것보다 훨씬 가치 있고 더 차원 높은 일로서 그 어떤 이유로도 방해받을 수 없다는 것입니다.

사랑하는 여러분!

우리는 유한한 인간입니다. 여러 가지 일들로 인해 번잡하게 되는 삶을 살지 맙시다. 또한 일의 우선순위를 가장 중요한 일을 먼저 하는 실속 있는 삶을 삽니다. 그리고 그 어떤 이유로도 방해받거나 **빼앗길** 수 없는 가치 있는 일을 하면서 살아가는 멋진 삶을 이루시기 바랍니다.

3. 마르다의 신앙

첫째로 예수님을 위해 잔치를 배설했습니다.

유월절 엿새 전에 예수님께서는 다시 베다니에 오셨습니다. 그 때에도 마르다는 또 예수님을 위해 잔치를 배설했습니다(요 12:1,2). 여기에는 마르다와 마리아, 나사로는 물론 예수님의 제자들도 있었습니다. 마르다는 참으로 부지런하고 근면한 여인이었습니다. 예수님께서 앞서 자신의 집에 모시고 대접하고자 열심히 준비하다가 책망을 받았음에도 불구하고 이번에도 주님을 위해 잔치를 배설했습니다. 참으로 훌륭한 일꾼이었습니다. 보통 사람 같으면 벌써 삐쳐서 예수님을 못 본 체 했을는지도 모릅니다. 그러나 마르다는 그렇지 않았습니다. 그렇습니다. 진정한 헌신은 시종이 여일한 헌신입니다.

둘째로 확신 있는 신앙을 가지고 있습니다.

병든 나사로가 죽어 나흘이 되었습니다(요 11:17). 이 때에 마르다는 예수님께서 오신다는 말을 듣고 곧 나아가 맞았습니다(요 11:20). 그리고 그는 예수님에게 "...주께서 여기 계셨더라면 내 오라버니가 죽지 아니하였겠나이다 그러나 나는 이제라도 주께서 무엇이든지 하나님께 구하시는 것을 하나님이 주실 줄을 아나이다"(요 11:21,22)라고 예수님의 능력에 대한 확신 있는 믿음의 말을 했습니다. 마르다가 예수님에 대해 이렇게 확신 있는 믿음의 고백을 한 것은 주님께서는 전지 전능하시다는 사실을 믿고 있었기 때문입니다. 그렇습니다. 우리들도 마르다와 같이 전지 전능하신 예수님을 확실하게 믿는 분명한 믿음을 가지고 자신 있게 살아야 합니다.

셋째로 분명하게 신앙을 고백했습니다.

그녀는 "네 오라비가 다시 살아나리라"(요 11:23)는 주님의 말씀에 "마지막 날 부활 때에는 다시 살아날 줄을 내가 아나이다"(요 11:24)라고 분명한 부활 신앙을 가지고 있었습니다. 그러나 그의 신앙은 인간적인 한계를 보였습니다. 왜냐하면 예수님께서는 부활의 때가 아닌 당시에 나사로를 살리실 수 있다는 사실을 몰랐습니다. 그러나 그녀는 "주는 그리스도시요 세상에 오시는 하나님의 아들이신 줄 내가 믿나이다"(요 11:27)라고 확실하게 신앙을 고백했습니다.

사랑하는 여러분!

우리들도 마르다와 같이 이유 여하를 막론하고 변함없이 충성하는 견고한 삶을 삽시다. 또한 전능하신 하나님의 능력을 확실하게 믿는 신앙인들이 됩시다. 그리고 마음으로 믿고 입으로 시인하며 순종하는 멋진 성도들이 되시기 바랍니다.

 # 막달라 마리아

[요 20:11-18]

마리아는 무덤 밖에 서서 울고 있더니 울면서 구부려 무덤 안을 들여다보니 흰 옷 입은 두 천사가 예수의 시체 뉘었던 곳에 하나는 머리 편에, 하나는 발 편에 앉았더라 천사들이 이르되 여자여 어찌하여 우느냐 이르되 사람들이 내 주님을 옮겨다가 어디 두었는지 내가 알지 못함이니이다 이 말을 하고 뒤로 돌이켜 예수께서 서 계신 것을 보았으나 예수이신 줄은 알지 못하더라 예수께서 이르시되 여자여 어찌하여 울며 누구를 찾느냐 하시니 마리아는 그가 동산지기인 줄 알고 이르되 주여 당신이 옮겼거든 어디 두었는지 내게 이르소서 그리하면 내가 가져가리이다 예수께서 마리아야 하시거늘 마리아가 돌이켜 히브리 말로 랍오니 하니 (이는 선생님이라는 말이라) 예수께서 이르시되 나를 붙들지 말라 내가 아직 아버지께로 올라가지 아니하였노라 너는 내 형제들에게 가서 이르되 내가 내 아버지 곧 너희 아버지, 내 하나님 곧 너희 하나님께로 올라간다 하라 하시니 막달라 마리아가 가서 제자들에게 내가 주를 보았다 하고 또 주께서 자기에게 이렇게 말씀하셨다 이르니라

> 하나님께서는 이 세상 사람들과는 전혀 다르게 윤리와 도덕적으로 타락된 막달라 출신으로서 귀신까지 들려 짐승처럼 살고 있던 한 여인을 택하셔서 그녀를 구원하시고 온전케 하셨습니다. 주님의 은혜로 구원받은 그녀는 즉시로 막달라를 떠나 주님을 따라 나섰습니다. 그녀는 그 때부터 주님께서 잡히시고 십자가를 지시며 묻히실 때까지 촌각도 빈틈없이 주님과 함께 했습니다. 그러므로 주님의 은혜로 구원받은 우리들도 크게 쓰임 받을 수 있다는 자부심을 가지고 평생토록 주님께 충성해야겠습니다.

1. 자연인 마리아

첫째로 막달라 출신의 여인이었습니다.

예수님 당시의 막달라(마가단이라고도 함)는 가버나움에서 약 3마일 떨어진 갈릴리 서해안에 위치한 도시로서 주로 전통적 방식의 직물산업과 염색업 그리고 물고기 박제업이 크게 번창했던 도시였습니다. 때문에 이곳에는 부자들이 많이 살고 있었습니다. 그러나 물질적인 풍요로 인한 성적인 타락이 극심한 도시였습니다. 그래서 많은 사람들이 그녀 역시 물질의 풍요 속에서 당시 사회의 분위기에 따라 성적으로 타락된 삶을 살았을 것이라고 추측했는지도 모릅니다. 그러므로 우리들은 그 어떤 경우에도 그 사람의 성씨나 직업은 물론 출신지역을 가지고 그 사람이 어떤 사람일 것이고 가정하는 우를 범해서는 안 됩니다.

둘째로 일곱 귀신들린 자였습니다.

사탄은 원래 하나님을 수종드는 천사 바알세불이었는데 하나님의 뜻에 불순종하고 타락한 후에 하나님을 대적하는 원수가 되었습니다. 이 사탄이 자기를 추종하는 종들을 두었는데 그들을 귀신이라고도 하고 마귀라고도 합니다. 이 귀신들은 대개 사람을 지배하고 노예로 삼아 괴롭힙니다. 때문에 귀신들린 자들은 제 정신이 아닌 자들로서 대부분이 동물처럼 무덤과 무덤 사이나 동굴 속을 돌아다녔습니다(막 5:2). 그들은 흐트러진 머리와 때묻고 더러운 얼굴에 걸레같이 찢어진 옷을 걸치고 다닙니다. 이상한 눈으로 사물을 봅니다. 또한 모든 것에 대해 못마땅해 하고 시비를 걸며 불평합니다. 위로하고 격려하며 감사하는 경우는 절대로 없습니다. 뿐만 아니라 수시로 발작하며 괴성을 지릅니다. 때로는 자해하거나 폭력을 행하기도 합니다. 그러나 감히 누가 그들을 제어할 수 없을 정도로 괴력을 가지고 있습니다(막 5:3-5). 그러므로 막달라 마리아는 참으로 불쌍한 여인이었습니다.

신약인물 설교 | 121

셋째로 매춘부였다는 설도 있습니다.

탈무드에서는 막달라 마리아를 창녀였다고 말하고 있습니다. 그러나 성경 어디에도 그녀가 창녀였다는 사실을 분명하게 기록한 곳은 없습니다. 그럼에도 불구하고 그녀가 성적으로 아주 문란했던 도시인 '막달라'의 여인이기 때문에 성적으로 문란한 창녀였을 것이라고 단정하고 있는지도 모릅니다. 그래서 영어로 매춘부란 말을 magdalen이라고 합니다. 한가지 분명한 것은 그녀 역시 원죄를 가지고 더럽고 추한 이 세상에 태어나서 귀신들에게 시달리면서 힘들고 어려운 삶을 살았다는 것입니다. 어떻게 보면 역사적으로 가장 억울한 누명을 쓰고 힘들게 살아온 불쌍한 여인인지도 모릅니다.

사랑하는 여러분!

오늘의 우리들이 살고 있는 이 세상도 예외는 아닙니다. 그러므로 언제나 깨어있어야 합니다. 또한 사탄에게 잡히는 일이 없도록 정신차려 신앙 생활해야 합니다. 그리고 그 어떤 일이 있어도 오해받는 일이 없도록 언행심사를 늘 주의해야겠습니다.

2. 구원받은 마리아

첫째로 예수님을 만났습니다.

예수님께서는 제자들과 함께 각 성과 촌에 두루 다니시면서 하나님 나라를 반포하시고 복음을 전하시면서 귀신을 쫓아내시고 각종 병자들을 고치셨습니다(눅 8:1,2). 그 때에 막달라 마리아는 예수님을 만났습니다. 우리 인간들의 삶에 있어서 이 만남이라는 것은 대단히 중요합니다. 좋은 부모를 만나고 좋은 배우자를 만나며 좋은 자식을 만나는 것은 참으로 큰 축복입니다. 또한 이 세상에서 좋은 스승과 상사를 만나고 좋은 동역자와 친구를 만나는 것도 축복입니다. 그러나 문제는 그들 모두가 다 내 인생을 책임져 주지 못한다는 것입니다. 오직 우리 인생들의 생사화복을 주관하시는 주님만이 내 인생을 책임져 주십니다. 그러므로 우리가 이 세상에서 예수님을 만났다는 것은 최고의 축복입니다.

둘째로 영육이 구원받았습니다.

타락된 도시출신으로서 일곱 귀신까지 들려 말할 수 없는 고통에 시달리던 막달라 마리아는 예수님을 만나 영육이 구원받았습니다. 예수님께서는 막달라 마리아를 괴롭히는 귀신을 쫓아내셨습니다. 바로 영혼이 구원받고 육체가 강건해졌습니다. 그녀는 이제 사탄이 부리는 귀신들에 의해 시달릴 필요가 없어졌습니다. 제 정신이 들어 온전한 사람이 되었기 때문에 몸가짐이 달라졌습니다. 삶의 자세가 새로워졌습니다. 이제 죄와 저주, 질병에서 완전한 자유자가 되었습니다.

셋째로 하나님의 자녀가 되었습니다.

예수님을 만나 영육이 구원받은 막달라 마리아는 완전한 새 사람이 되었습니다. 사탄의 자녀에서 하나님의 자녀가 되었습니다. 귀신의 지배를 받던 자가 성령님의 도우심을 받습니다. 버림받은 자가 귀하게 쓰임 받게 되었습니다. 저주 아래 있던 자가 축복 받는 자로 변했습니다. 지옥백성에서 천국백성이 되었습니다. 그러므로 우리 모두는 이제 하나님의 말씀에 무조건 순종해야 합니다. 길이요, 진리요, 생명이신 주님만 따라야 합니다. 내 기분과 감정을 버리고 성령님의 도우심을 받아야 합니다. 나 자신이 이 세상을 떠나는 그 날까지 막달라 마리아처럼 맡은 바 사명에 최선을 다해야 합니다. 복음을 전파하여 영혼을 구원하고 귀신을 쫓아내며 병든 자를 고쳐서 주님의 제자로 삼아야 합니다.

사랑하는 여러분!

나 같은 죄인이 예수님을 만났다는 것은 최고의 축복입니다. 또한 우리들이 영육이 구원받았음으로 변화된 언행심사로 풍성한 삶을 살아야 합니다. 그리고 하나님의 자녀의 권세로 사탄과 병마를 물리치고 사람을 살리는 능력자들이 되시기 바랍니다.

3. 제자된 마리아

첫째로 막달라를 떠나 주님을 따랐습니다.

예수님에 의해 구원받고 고침을 받은 마리아는 한 순간도 주님을 떠날 수 없었습니다. 때문에 그녀는 산업이 번창한 부요한 도시인 막달라를 떠나 예수님을 따랐습니다. 그동안에 귀신에 사로잡혀 혹독한 고생을 겪었던 그녀로서는 당연한 결단이요, 선택이었을 것입니다. 그녀는 이제 주님의 제자로서 충성을 다하기 위해 자신을 내놓았습니다. 왜냐하면 구원받고 고침 받은 후 믿음생활을 게을리하거나 충성하지 않으면 이전보다 더 나빠지고 더러워질 수 있기 때문입니다(눅 11:24-26). 그러므로 죄 씻음을 받고 구원받은 사람은 막달라 마리아처럼 생명의 주인이신 주님을 굳게 믿고 열심히 섬기면서 맡은 바 사명에 충성해야 합니다.

둘째로 주님의 무덤까지 함께 했습니다.

막달라 마리아는 막달라를 떠난 후 주님의 사역의 현장은 물론 붙잡히셔서 고난 당하시는 현장에도 함께 했습니다. 뿐만 아니라 무거운 십자가를 지시고 골고다를 향해 힘겹게 올라가시는 주님을 따라 가며 울기도 했습니다(눅 23:27,28). 그동안 주님을 따르던 제자들까지도 주님을 떠났지만 그녀는 결코 떠나지 않았습니다(마 27:56). 그녀는 예수님께서 십자가를 지시고 "다 이루었다"(요 19:30)고 말씀하시고 운명하실 때까지 기다렸다가 예수님의 시체가 무덤에 묻힌 곳까지 따라가서 확인한 다음 집으로 돌아갔습니다. 참으로 시종이 여일하게 끝까지 충성한 멋진 여인이었습니다.

셋째로 주님의 부활을 최초로 목격했습니다.

막달라 마리아는 다른 마리아와 함께 예수님의 시체에 향유를 바르기 위해 안식 후 첫날이 되려는 미명에 예수님의 무덤을 찾아갔습니다(마 28:1). 그런데 갑자기 큰 지진이 나며 주의 천사가 하늘에서 내려와 예수님의 무덤을 막았던 돌을 굴려내고 그 위에 앉았는데 그 형상은 번개같고 그 옷은 눈과 같이 희었습니다(마 28:2,3). 때문에 지키던 자들이 겁에 질려 죽은 사람과 같이 되어있었습니다(마 28:4). 바로 그 때에 천사가 막달라 마리아와 다른 마리아에게 "... 너희는 무서워하지 말라 십자가에 못 박히신 예수를 너희가 찾는 줄을 내가 아노라 그가 여기 계시지 않고 그가 말씀하시던 대로 다시 살아나셨느니라 와서 그의 누우셨던 곳을 보라"(마 28:5,6)고 했습니다. 천사의 말을 들은 막달라 마리아와 다른 마리아는 이러한 사실을 제자들에게 알리기 위해 달려갔습니다. 그런데 주님께서 도중에서 저들을 만나시고 "...평안하냐"(마 28:9)라고 말씀하셨습니다. 하나님의 뜻에 순종하시기 위해 이 세상에 오셔서 인류의 죄를 대속하시기 위해 십자가를 지신 주님께서는 사망권세를 깨뜨리시고 삼일만에 부활하신 다음 막달라 마리아에게 처음으로 나타나신 것입니다. 그 곳에는 베드로와 다른 제자들도 있었고(막 16:9-11; 요 20:1-10), 예수님의 어머니 마리아도 있었습니다(눅 24:10). 그러나 예수님께서는 막달라 마리아에게 최초로 나타났습니다.

사랑하는 여러분!

우리들도 막달라 마리아처럼 이 세상의 모든 것들을 포기하고 주님만 따르는 성도들이 되어야겠습니다. 또한 주님의 제자로 시종이 여일하게 죽을 때까지 변함없이 충성해야겠습니다. 그리고 부활의 주님과 함께 때마다 일마다 이기는 승리자들이 되어야겠습니다.

 # 베다니의 마리아

[요 12:1-8]

유월절 엿새 전에 예수께서 베다니에 이르시니 이 곳은 예수께서 죽은 자 가운데서 살리신 나사로가 있는 곳이라 거기서 예수를 위하여 잔치할새 마르다는 일을 하고 나사로는 예수와 함께 1)앉은 자 중에 있더라 마리아는 지극히 비싼 향유 곧 순전한 나드 한 근을 가져다가 예수의 발에 붓고 자기 머리털로 그의 발을 닦으니 향유 냄새가 집에 가득하더라 제자 중 하나로서 예수를 잡아 줄 가룟 유다가 말하되 이 향유를 어찌하여 삼백 2)데나리온에 팔아 가난한 자들에게 주지 아니하였느냐 하니 이렇게 말함은 가난한 자들을 생각함이 아니요 그는 도둑이라 돈궤를 맡고 거기 넣는 것을 훔쳐 감이러라 예수께서 이르시되 그를 가만 두어 나의 장례할 날을 위하여 그것을 간직하게 하라 가난한 자들은 항상 너희와 함께 있거니와 나는 항상 있지 아니하리라 하시니라

> 이 세상에 태어난 모든 사람들은 다 각 분야에서 자기 나름대로의 생각을 가지고 열심히 살다가도 창조주 하나님께서 부르시면 꼼짝없이 그대로 가야 합니다. 여기에서 거부할 수 있는 사람은 하나도 없습니다. 이 세상의 그 어떤 지위나 권세는 물론 돈으로도 안 됩니다. 반드시 가야 합니다. 그러나 문제는 누구든지 자신이 살아온 인생에 대해서는 반드시 책임을 져야 하고 그에 대한 발자취가 남는다는 것입니다. 그러므로 우리들은 나 자신의 일상생활에서의 언행심사는 하나님이 원하시는 뜻을 따라 행해져야 합니다.

1. 영적인 사람이었습니다.

첫째로 믿음이 있었습니다.
예수님께서는 복음을 전하시다가 예루살렘에 이르실 때면 나사로의 집에

서 머무셨습니다. 그것은 바로 주님께서 나사로와 마르다, 마리아를 지극히 사랑하셨고(요 11:5), 그들도 예수님을 정성스럽게 모셨기 때문이었습니다. 그런데 예수님께서 그토록 사랑하시던 나사로가 중한 병에 걸렸습니다(요 11:1). 때문에 마르다와 마리아는 예수님께 사람을 보내어 "주여 보시옵소서 사랑하시는 자가 병들었나이다"(요 11:3)라고 연락했습니다. 그런데 연락을 받으신 예수님께서는 "이 병은 죽을병이 아니라 하나님의... 영광을 받게 하려 함이라"(요 11:4)고 말씀하시고 계시던 곳에서 이틀을 더 유하신 다음 나사로의 집으로 향하셨습니다. 때문에 예수님께서 베다니에 도착하셨을 때에는 나사로는 이미 죽어있었습니다. 예수님께서 베다니에 도착하시자 마르다가 먼저 나아가 예수님을 맞은 다음 마리아에게 "선생님이 오셔서 너를 부르신다"(요 11:28)고 하자 마리아는 예수님 앞에 나아가 "...주께서 여기 계셨더라면 내 오라버니가 죽지 아니하였겠나이다"(요 11:32)라고 했습니다. 다시 말하면 그녀는 전지 전능하신 주님에 대한 확실한 믿음이 있었습니다.

둘째로 말씀을 사모했습니다.
예수님께서 마리아의 집에 들리셨을 때에 마르다는 예수님의 일행을 대접하기 위해 열심히 음식을 장만했지만 마리아는 주님의 발 앞에 앉아 말씀을 들었습니다(눅 10:38-42). 마르다는 음식 장만하는 데 바빴지만 그녀는 예수님의 말씀을 듣는 것을 더욱 중요하게 여겼습니다. 때문에 예수님께서 마리아의 행위를 칭찬하신 것입니다. 그렇습니다. 신앙생활하면서 가장 믿음 좋은 사람은 하나님의 말씀에 아멘으로 순종하는 사람입니다. 그러므로 우리들도 이유 여하를 막론하고 말씀에 아멘 하고 순종해야 합니다.

셋째로 때를 아는 사람이었습니다.
예수님께서 유월절 엿새 전에 마리아의 집을 찾으셨습니다. 이것은 예수님의 생애에서 마지막으로 찾으신 것입니다. 이제는 다시 그녀 집을 찾으실 수 없습니다. 그 때에도 마르다는 여전히 예수님의 일행을 대접하기 위해 바빴고 나사로는 예수님의 제자들과 이야기하고 있었습니다(요 12:1,2). 다시 말하면 마르다도 예수님의 이 세상에서의 사역이 마지막이라는 사실을 전혀 몰랐고 나사로와 주님의 제자들까지도 예수님의 가실 길이 급하다는 사실을 전혀 깨닫지 못하고 있었습니다. 그러나 마리아는 예수님께서 자기를 찾으신 것이 이번이 마지막이라는 사실을 알고 있었습니다. 때문에 한 옥합의 나드 향을 주님께 부을 아름다운 생각을 한 것입니다.

사랑하는 여러분!
우리 모두 예수 그리스도의 전지 전능하심을 확신하는 믿음 있는 성도들이 됩시다. 또한 이 세상의 그 어떤 것보다도 하나님의 말씀을 사모하는 삶을 삽시다. 그리고 때를 분별하는 지혜 있는 삶으로 주님을 기쁘시게 하는 성도들이 되시기 바랍니다.

2. 옥합을 깨어 주님께 부었습니다.

첫째로 가장 귀한 것을 드렸습니다.
예수님 당시의 근동지방에서는 귀한 손님이 집에 오게 되면 환대의 표시로 향을 조금 태우거나 손님의 머리 위에 한두 방울을 떨어뜨렸다고 합니다. 그런데 마리아는 예수님께서 자기 집에서 식사하실 때에 자신이 그 동안 귀하게 간직해 왔던 옥합을 깨뜨려서 예수님의 머리 위에 부었습니다(요 12:3). 이 향유는 주로 인도에서 자라는 식물에서 채취한 것으로서 세계 최고의 향유로 인정받았습니다. 값도 한 옥합당 300데나리온 정도로서 대단히 비쌌습니다(요 12:5). 당시 노동자의 하루 품삯이 1데나리온이었으니까 한 노동자가 300일 동안 일해야 벌 수 있는 큰돈이었습니다. 그러므로 마리아는 참으로 귀한 것을 주님께 드린 것입니다. 우리 인간은 이 물질을 대단히 귀하게 여깁니다. 그래서 이 물질 때문에 아침부터 저녁까지 애쓰고 힘씁니다. 그러므로 믿음이 없이는 물질을 드릴 수 없습니다. 그래서 주님께서는 "네 보물 있는 그 곳에는 네 마음도 있느니라"(마 6:21)고 하셨습니다.

둘째로 기회를 잘 잡아서 드렸습니다.

인간의 범사는 때와 기한이 있습니다. 그러므로 제한된 시간과 공간 속에서 잠깐 동안 살다가 이 세상을 떠나는 우리 인간들은 기회를 잘 만들어야 하고 주어진 기회는 놓치지 않고 반드시 잡아야 합니다. 바로 거기에서 그 인생의 성공과 실패, 행복과 불행이 결정되어집니다. 그런데 마리아는 예수님께서 자기 집에 오셔서 식사를 하시는 기회를 놓치지 않고 그 때를 잘 잡았습니다(막 14:3). 왜냐하면 주님께서는 그 이튿날이면 예루살렘에 승리의 입성을 하시게 되고 금요일이면 십자가를 지시게 되기 때문입니다. 그러므로 마리아가 이번의 기회를 놓치게 된다고 하면 기회를 영원히 놓치게 됩니다. 그러므로 주어진 기회는 반드시 잡아야 합니다.

셋째로 자원하여 드렸습니다.

마리아가 예수님께서 식사하실 때에 예수님의 머리 위에 값비싼 나드 향을 부은 것은 어느 누가 시켜서 한 일이 아니었습니다. 그 동안 자기 집에 오셔서 자주 말씀을 들려주셨고 죽었던 오빠를 다시 살려주신 주님의 은혜가 크고 감사하기 때문에 기쁜 마음으로 드렸던 것입니다. 때문에 나드 향의 가치를 따지거나 계산하지 않았습니다. 가룟 유다의 비난도 개의치 않았습니다. 그저 좋아서 했습니다. 그렇습니다. 존경하고 사랑하면 그 어떤 것도 아깝지 않습니다. 내가 없어서 한이 되고 못 주어서 안타까워합니다. 내가 좋아서 하는 일은 절대로 후회하지 않습니다. 자신이 하는 일이 보람스러우며 언제나 기쁘고 즐겁습니다. 그러므로 모든 일은 자원해서 해야 합니다.

사랑하는 여러분!

우리들도 옥합을 깨뜨려 주님께 드립시다. 우리가 주님을 사랑한다고 하면 아까울 것이 없습니다. 또한 주님께 드리고 충성할 기회를 잃지 맙시다. 그리고 모든 일은 반드시 자원하여 솔선 수범하는 아름다운 삶을 사시기 바랍니다.

3. 칭찬 받는 헌신자였습니다.

첫째로 주님께 좋은 일했다고 칭찬 받았습니다.

마리아가 예수님의 머리 위에 옥합을 깨뜨려 향유를 붓는 것을 본 가룟 유다는 "이 향유를 어찌하여 삼백 데나리온에 팔아 가난한 자들에게 주지 아니하였느냐"(요 12:5)고 마리아를 책망했습니다. 그런데 그가 이렇게 말한 것은 가난한 자들을 생각함이 아니요 자신이 돈궤를 맡은 자로서 도둑이기 때문에 돈궤에 그 돈을 넣으면 훔쳐가기 위해서였습니다(요 12:6). 가룟 유다가 마리아를 책망하는 것을 보신 예수님께서는 "가만두라 너희가 어찌하여 그를 괴롭게 하느냐 그가 내게 좋은 일을 하였느니라"(막 14:6)고 마리아의 선한 행위를 칭찬하셨습니다. 그렇습니다. 마리아의 헌신적인 행위는 예수님께서 기쁘시게 받으시고 영원히 기억하실 만한 아름다운 행위였습니다.

둘째로 주님의 장례를 준비했다고 하셨습니다.

유대인들이 전통적인 장례절차에는 시체에 향유를 바르는 일이 있었습니다(대하 16:14). 때문에 첫 부활절 새벽에 세 여인이 예수님의 몸에 향유를 바르기 위해 찾아간 것입니다(막 16:1,2). 예수님께서는 그런 관점에서 "그는 힘을 다하여 내 몸에 향유를 부어 내 장례를 미리 준비하였느니라"(막 14:8)고 말씀하신 것입니다. 그 동안 예수님께서는 자신의 죽음에 대해 누차 말씀하셨습니다(마 16:21, 17:22, 20:18). 그러나 그 누구도 예수님의 죽음에 대해 염두에 두고 있는 사람은 하나도 없었습니다. 오직 마리아만이 예수님의 말씀을 마음속에 깊이 간직하고 있다가 준비된 기름을 예수님께 부은 것입니다. 참으로 칭찬 받을만한 행위였습니다.

셋째로 복음이 전파되는 곳마다 이 일도 기억된다고 하셨습니다.
마리아의 행위를 칭찬한 주님께서는 "내가 진실로 너희에게 이르노니 온 천하에 어디서든지 복음이 전파되는 곳에는 이 여자가 행한 일도 말하여 그를 기억하리라"(막 14:9)고 말씀하셨습니다. 다시 말하면 예수님의 복음이 이 세상 만국에 널리 전파될 것이고 아울러서 예수님의 죽음을 미리 준비하는 일에 참여한 마리아의 선한 행위도 복음과 함께 소개되어 기억될 것이라고 말씀하신 것입니다. 때문에 이천 년이 지난 지금 이 시간에도 복음이 전파되는 곳마다 이렇게 마리아의 선한 행위가 전해지고 있는 것입니다. 마리아는 인류 역사상 우리 인간으로서는 상상할 수 없는 생애 최고의 축복을 받은 것입니다. 그러므로 우리들도 살아 생전에 우리 주님이 기뻐하실 일을 열심히 해야겠습니다.

사랑하는 여러분!
우리들도 주님께서 칭찬하실만한 삶을 삽시다. 또한 마리아처럼 주님의 말씀을 늘 기억하면서 주님이 원하시는 삶을 삽시다. 그리고 언제나 칭찬 받는 성도들이 되시기 바랍니다.

예수의 모친 마리아

[눅 1:26-38]

여섯째 달에 천사 가브리엘이 하나님의 보내심을 받아 갈릴리 나사렛이란 동네에 가서 다윗의 자손 요셉이라 하는 사람과 약혼한 처녀에게 이르니 그 처녀의 이름은 마리아라 그에게 들어가 이르되 은혜를 받은 자여 평안할지어다 주께서 너와 함께 하시도다 하니 처녀가 그 말을 듣고 놀라 이런 인사가 어찌함인가 생각하매 천사가 이르되 마리아여 무서워하지 말라 네가 하나님께 은혜를 입었느니라 보라 네가 잉태하여 아들을 낳으리니 그 이름을 예수라 하라 그가 큰 자가 되고 지극히 높으신 이의 아들이라 일컬어질 것이요 주 하나님께서 그 조상 다윗의 왕위를 그에게 주시리니 영원히 야곱의 집을 왕으로 다스리실 것이며 그 나라가 무궁하리라 마리아가 천사에게 말하되 나는 남자를 알지 못하니 어찌 이 일이 있으리이까 천사가 대답하여 이르되 성령이 네게 임하시고 지극히 높으신 이의 능력이 너를 덮으시리니 이러므로 나실 바 거룩한 이는 하나님의 아들이라 일컬어지리라 보라 네 친족 엘리사벳도 늙어서 아들을 배었느니라 본래 임신하지 못한다고 알려진 이가 이미 여섯 달이 되었나니 대저 하나님의 모든 말씀은 능하지 못하심이 없느니라 마리아가 이르되 주의 여종이오니 말씀대로 내게 이루어지이다 하매 천사가 떠나가니라

우리들이 풍랑이 몰아치는 험악한 바다와 같은 이 세상을 살아가노라면 예기치 않은 고난과 역경은 물론 어찌해야 할지 모를 난감한 일을 당할 때도 있습니다. 마리아도 우리 인간들의 이성과 판단으로는 도저히 이해할 수 없는 아주 난감한 일을 당했지만 우리 인간들의 상상을 초월한 놀라우신 하나님의 역사하심을 믿음으로 받아들이고 순종함으로 인류의 죄를 대속하기 위해 십자가를 지신 주님께서 이 세상에 오시는 통로가 되었습니다. 바로 인류구원의 역사에 귀하게 쓰임 받은 것입니다.

1. 유대인 마리아

첫째로 나사렛에서 탄생했습니다.

마리아는 하나님의 선민인 유대인이었지만 초라한 갈릴리의 나사렛에서 출생했습니다. 그녀의 이름인 마리아는 '괴로움과 슬픔' 이라는 뜻을 가지고 있습니다. 그녀의 이름이 뜻하는 바와 같이 자신의 삶을 통해 괴로움과 아픔을 많이 당했습니다(요 19:25, 26). 그러나 그녀가 출생한 나사렛이 '거룩하다, 새로운 것을 창출하다' 란 뜻을 가진 것처럼 그녀를 통해 인류역사에 전무후무한 새로운 역사가 일어났습니다. 바로 그녀가 낳은 예수 그리스도를 통해 하나님의 뜻이 실현되었던 것입니다. 죄와 저주로 인하여 멸망할 수밖에 없는 인류가 그를 구주로 믿음으로 구원받습니다. 때문에 마리아는 인류역사상 이 세상에서 가장 존경받는 여인이 되었습니다.

둘째로 다윗의 후손이었습니다.

유대인들은 자신들이 하나님에 의해 선택된 백성이라는 사실에 대해 대단한 자부심을 가지고 있습니다. 그 중에서도 특별히 다윗의 가문이라고 하면 왕조 가문으로서 가장 훌륭한 가문이라고 하여 자부심이 대단했습니다. 그들은 자신들 외에 이방민족은 사람 취급도 하지 않았습니다. 때문에 그들은 자신들의 혈통보존을 위해 언제나 동족끼리만 결혼했습니다. 또한 그들은 예수 그리스도께서 다윗의 가문을 통해서 오실 것이라는 사실을 굳게 믿고 있었습니다. 그들의 믿음대로 다윗의 가문에서 태어난 마리아를 통해서 만왕의 왕이신 예수 그리스도께서 세상에 오셨습니다. 때문에 그녀는 이 세상에 태어난 여자로서는 가장 큰 축복을 받은 여인입니다.

셋째로 좋은 신앙적 배경을 가지고 있습니다.

마리아의 친족인 사가랴와 엘리사벳을 보면 그녀가 참 좋은 신앙적인 배경

속에서 살았음을 알 수 있었습니다. 사가랴와 엘리사벳은 아론의 후손으로서 제사장과 그의 부인이었습니다. 그들은 하나님 앞에 의인이었고 주의 모든 계명과 규례대로 흠이 없이 살았습니다(눅 1:5, 6). 그런데 엘리사벳은 마리아가 임신하여 자신의 집에 방문했을 때에 마리아에게 "…여자 중에 네가 복이 있으며 네 태중의 아이도 복이 있도다"(눅 1:42)라고 축복했습니다. 다시 말하면 마리아는 사가랴 제사장의 신앙적인 영향을 받으면서 살았던 것입니다.

사랑하는 여러분!
부족한 우리들을 선택하시고 지명하여 불러서 구원해 주신 하나님의 은혜에 대해 무한감사 드립시다. 또한 하나님의 자녀가 되었으니 자부심을 가지고 맡은 바 사명에 최선을 다합시다. 그리고 우리 자신도 가정과 교회, 이웃에게 좋은 신앙적 배경이 되시기 바랍니다.

2. 어머니 마리아

첫째로 구약에 예언된 여인이었습니다.
마리아는 구약성경에 의해 이미 예수님의 어머니로 예언된 여인이었습니다. 아담과 하와가 사탄의 유혹을 받아 하나님의 명령을 어기고 선악을 알게 하는 나무의 열매를 따먹음으로 말미암아 그의 후손으로 이 세상에 태어난 모든 인간은 아담으로부터 유전된 원죄로 말미암아 죄와 저주, 멸망에 처하게 되었습니다. 때문에 사랑의 하나님께서는 이러한 불쌍한 우리 인간을 구원하시기 위해 인류 구원의 계획을 세우고 하와를 유혹한 사탄에게 "내가 너로 여자와 원수가 되게 하고 네 후손도 여자의 후손과 원수가 되게 하리니 여자의 후손은 네 머리를 상하게 할 것이요 너는 그의 발꿈치를 상하게 할 것이니라"(창 3:15)고 말씀하셨습니다. 이 말씀에서의 여자는 마리아이고 여자의 후손은 예수님입니다. 또한 이사야 선지자도 "...보라 처녀가 잉태하여 아들을 낳을 것이요 그의 이름을 임마누엘이라 하리라"(사 7:14)고 했습니다. 성경은 이미 마리아가 처녀로서 잉태하여 예수님을 낳을 것을 예언하셨습니다.

둘째로 동정녀로 잉태했습니다.

여기에서 동정녀라는 말은 남자를 한 번도 상대해 보지 않은 정결한 처녀를 말합니다. 그런데 동정녀인 마리아가 잉태했습니다. 바로 이사야가 예언한 말씀이 그녀에게 그대로 이루어진 것입니다(사 7:14). 마리아가 요셉과 결혼하기로 굳게 약속하고 아직 동거하지 않은 상태였는데 성령으로 잉태된 것이었습니다(마 1:18). 당시 유대인들의 '정혼'은 오늘 우리들의 약혼개념과는 전혀 다릅니다. 그들은 일단 법적으로 부부가 되지만 실제적 동거는 얼마의 시간이 경과한 후에야 가능했습니다. 그런데 마리아가 임신 사실을 알게된 때는 아직 요셉과 동거하기 전이었습니다.

셋째로 파혼 당할 뻔했습니다.

요셉은 하나님의 뜻을 따라 살아가는 참으로 의로운 사람이었습니다. 그는 자신과 정혼한 마리아가 아직 동거하지 않았는데도 불구하고 임신했다는 사실을 알았습니다. 그러나 그는 이 문제로 인해 이성을 잃거나 조금도 흥분하지 않았습니다. 그가 당시의 관습에 따라 해결할 수 있는 방법은 두 가지가 있었습니다. 하나는 마리아에 대해 소송을 제기하는 방법이었고, 다른 하나는 마리아에게 이혼증서를 써주고 조용히 헤어지는 것이었습니다(신 24:1, 3; 마 5:32). 여기에서 요셉이 전자를 택하면 마리아는 공공연한 장소에서 망신을 당하고 돌로 쳐죽임을 당할 수도 있습니다. 때문에 후자의 방법을 택하여 가만히 끊고자한 것입니다(마 1:19). 그런데 주의 사자가 요셉의 꿈 중에 나타나 "다윗의 자손 요셉아 네 아내 마리아 데려오기를 무서워하지 말라 그에게 잉태된 자는 성령으로 된 것이라"(마 1:20)고 하심으로 요셉이 일어나서 주의 사자의 분부대로 마리아를 데려왔습니다.

사랑하는 여러분!
하나님의 말씀은 일점 일획도 어김없이 그대로 성취됩니다. 그러므로 말씀대로 믿고 행합시다. 또한 우리 인간들의 상상을 초월한 놀라운 기사와 이적을 이루시는 전능하신 하나님을 믿고 자신 있게 삽시다. 그리고 매사에 인간적인 생각으로 경솔하게 행동하지 말고 성령님의 인도하심을 따라 행하는 성숙한 신앙인들이 되시기 바랍니다.

3. 신앙인 마리아

첫째로 훌륭한 믿음의 여인이었습니다.
마리아는 남자를 전혀 알지 못한 자신에게 가브리엘 천사가 나타나 "보라 네가 잉태하여 아들을 낳으리니 그 이름을 예수라 하라"(눅 1:31)고 말하자 그녀는 "...나는 남자를 알지 못하니 어찌 이 일이 있으리이까"(눅 1:34)라고 했습니다. 그러나 천사가 "보라 네 친족 엘리사벳도 늙어서 아들을 배었느니라... 대저 하나님의 모든 말씀은 능하지 못하심이 없느니라"(눅 1:36, 37)고 말하자 그녀는 "주의 여종이오니 말씀대로 내게 이루어지이다..."(눅 1:38)라고 믿음으로 받아들였습니다. 거기에는 남편인 요셉의 오해가 있었습니다. 음행한 여자는 돌로 쳐죽이는 엄한 율법이 있었습니다(레 20:10). 그러나 그녀는 그 모든 것들을 다 하나님께 맡기고 믿음으로 받아들였습니다.

둘째로 찬송이 넘치는 여인이었습니다.
엘리사벳의 축복을 받은 마리아는 하나님을 찬양했습니다. 그녀는 먼저 하나님께서 자기에게 행하신 기이한 역사를 찬양했습니다(눅 1:46-48). 또한 하나님의 크신 능력과 거룩하심을 찬양했습니다(눅 1:49,50). 그리고 우리 인간들의 생사화복을 주관하시는 전지 전능하신 하나님을 찬양했습니다(눅 1:51-53). 그렇습니다. 하나님께서는 찬송 중에 거하십니다(시 22:3). 찬송의 제사를 기뻐 받으십니다(시 69:30-32). 이 찬송은 귀신이 물러갑니다(삼상 16:23). 이 찬송은 나를 가둔 옥문을 엽니다(행 16:25-34). 그러므로 우리 모두는 마리아처럼 찬송해야 합니다. 그런데 오늘의 성도들에게 이 찬송이 흉년들었습니다. 때문에 삶이 곤고한 것입니다. 우리 모두 범사에 마리아처럼 감사하고 찬송합시다.

셋째로 순종의 여인이었습니다.
공생애를 시작하신 예수님께서는 가나의 혼인 잔치 집에 초청을 받으셨습니다(요 2:2). 그런데 그 혼인잔치석상에 포도주가 떨어졌습니다. 당시 팔레스틴에서의 결혼식은 동네 전체의 경사였습니다. 더욱이 포도주는 물이 귀한 팔레스틴에서 유일한 음료수였습니다. 때문에 잔치 중에 포도주가 떨어졌다는 것은 손님들에 대한 커다란 결례이자 집안의 큰 수치였습니다. 그런데 이 귀한 포도주가 떨어졌으니 얼마나 난감했겠습니까? 그런데 마리아가 결혼식장의 하인들에게 "...너희에게 무슨 말씀을 하시든지 그대로 하라"(요 2:5)고 예수님의 말씀에 무조건 순종할 것을 지시했습니다. 때에 예수님께서는 하인들에게 "...항아리에 물을 채우라 하신즉 아귀까지 채우니 이제는 떠서 연회장에게 갖다 주라 하시..."(요 2:7, 8)므로 해결해 주셨습니다. 그렇습니다. 순종이 제사보다 낫습니다(삼상 15:22). 그러므로 불순종하면서 예배하는 것은 소용이 없습니다.

사랑하는 여러분!
모든 일을 믿음으로 행합시다. 또한 언제나 감사와 찬송이 넘치는 삶을 삽시다. 그리고 하나님의 말씀에 무조건 순종하여 이 세상 사람들이 흠모하는 넘치는 복을 받으시기 바랍니다.

 # 마 태

[마 9:9-13]

예수께서 그 곳을 떠나 지나가시다가 마태라 하는 사람이 세관에 앉아 있는 것을 보시고 이르시되 나를 따르라 하시니 일어나 따르니라 예수께서 마태의 집에서 1)앉아 음식을 잡수실 때에 많은 세리와 죄인들이 와서 예수와 그의 제자들과 함께 1)앉았더니 바리새인들이 보고 그의 제자들에게 이르되 어찌하여 너희 선생은 세리와 죄인들과 함께 잡수시느냐 예수께서 들으시고 이르시되 건강한 자에게는 의사가 쓸 데 없고 병든 자에게라야 쓸 데 있느니라 너희는 가서 ㄱ)내가 긍휼을 원하고 제사를 원하지 아니하노라 하신 뜻이 무엇인지 배우라 나는 의인을 부르러 온 것이 아니요 죄인을 부르러 왔노라 하시니라

> 이 세상 사람들은 대부분이 한 사람의 가치를 그의 용모나 지식, 지위와 권세, 부의 소유 여하에 따라 평가합니다. 그러나 주님께서는 우리 인간들과는 전혀 다른 각도에서 보시고 각 사람들에게 귀한 가치를 부여하셨습니다. 때문에 주님께서는 이 세상적인 지위나 권세, 명예와 부와는 전혀 상관이 없는 바다에서 고기 잡는 초라한 어부, 멸시받은 세리, 버림받은 창기를 택하셔서 당신의 제자로 삼으시고 그들을 통해서 생명을 살리는 역사를 이루어 가셨습니다. 때문에 이 자리에 있는 우리들도 이렇게 부름 받을 수 있게 된 것입니다.

1. 세리 마태

첫째로 원래는 세리 레위였습니다.

마태의 원래 이름은 레위이고, 마태는 예수님을 따른 후부터 얻게된 별명으로서 '여호와의 선물' 이라는 뜻을 가지고 있습니다. 마태복음에서는 마태

라고 했습니다(마 9:9). 마가복음과 누가복음에서는 알패오의 아들 레위(막 2:13,14; 눅 5:27)라고도 하고 마태(막 2:14, 3:18; 눅 5:27, 6:15)라고도 했습니다. 마태의 원래 이름이 레위였다는 것은 그가 레위 지파였다는 것을 짐작할 수 있습니다. 그런데 그가 세상적인 욕망과 돈 때문에 성전에서 봉사하는 일을 저버리고 세리가 되었다는 것을 알 수 있습니다. 다시 말하면 육신적인 욕망을 채우기 위해 자신의 본분을 버리고 외도한 것입니다. 그렇습니다. 우리는 예수 그리스도를 구주로 믿고 구원받은 사람들입니다. 그러므로 이 세상 사람들과의 의식구조가 달라야 합니다. 언행이 달라야 합니다. 삶의 자세가 달라야 합니다. 먹고사는 방법이 달라야 합니다. 추구하는 것이 달라야 합니다. 그러므로 우리 모두는 이유여하를 막론하고 성도답게 살아야 합니다.

둘째로 세리는 부정부패의 상징이었습니다.

당시 로마 사람들은 유대인들의 모든 토지와 우물, 가축과 과수들에게까지도 세금을 부과했습니다. 그들은 유대인들로서 로마 정부의 세금징수업무를 청부 맡은 사람들이었습니다. 그들은 로마정부를 위해 동족을 억압하여 괴롭히고 부당한 세금을 강탈했습니다. 그들은 돈이 생기는 일이라면 수단과 방법을 가리지 않고 불법을 자행하는 악한 사람들이었습니다. 그들에게는 세금부과의 기준이 없었습니다. 그들의 탐욕이 바로 세금 징수의 기준이었습니다. 그래서 온갖 부정부패는 다 저질렀습니다. 그들에게 당하지 않은 유대인이 하나도 없을 정도였습니다. 그래서 유대인들은 세리들에 대해 온갖 부조리의 원흉으로 생각했습니다.

셋째로 매국노 취급을 받았습니다.

당시의 세리는 가장 멸시받는 직업이었습니다. 그래서 유대인들은 그들과 함께 식사도 하지 않았습니다. 그들에 대해 "백성들의 피를 빨아먹는 흡혈귀와 같다"고도 하고 "산에는 사나운 짐승이 있고 도시에는 포악한 세리가 있다"고도 했으며 "면허증을 가진 강도"라고까지 비하했습니다. 또한 매국노로 취급되어 정치적으로도 차별을 받았습니다. 때문에 세리들은 재판관이나 증인이 될 수 없었습니다. 한마디로 유대인임에도 불구하고 유대백성 취급을 받지 못한 것입니다. 그리고 종교적으로도 차별을 받았습니다. 세리들은 하나님으로부터 버림받은 자들로서 이방인이나 나병환자들처럼 취급되었기 때문에 예배에도 참석할 수 없었습니다. 한마디로 당시의 세리는 유대사회에서 가장 악질적인 인간(마 5:46)으로 취급되었습니다.

사랑하는 여러분!
우리 모두는 믿음의 사람답게 본연의 임무에 충실합시다. 또한 그 어떤 일이 있어도 부정부패에 연루되는 일이 없어야겠습니다. 그리고 우리의 생이 다하는 그 날까지 민족과 국가에 반하는 그 어떠한 악도 행하는 일이 없어야겠습니다.

2. 선택받은 마태

첫째로 예수님께서 부르셨습니다.
예수님께서 길 가시다가 마태가 세관에 앉아 있는 것을 보시고 "...나를 따르라..."(마 9:9; 막 2:14)고 하셨습니다. 당시의 세리들은 유대인들 중에서도 지적 수준이나 경제적 수준이 매우 높았습니다. 그러나 자신들을 지배하고 있는 적대국인 로마 정부를 위해 세금을 징수한다고 해서 동족으로부터 죄인(마 9:11)이요, 창기이며(마 21:31), 이방인(마 18:17)과 같은 천한 부류로 취급되었습니다. 그럼에도 불구하고 예수님께서는 학식이 뛰어나고 사회적인 지위가 있고 수준이 높은 서기관이나 율법학자, 제사장을 뽑지 않고 천대

받는 마태를 선택하시고 지명하여 부르셨습니다. 그것은 바로 예수님이 세리와 같은 죄인의 친구라는 사실을 보여줍니다. 그렇습니다. 우리들도 지금 현재는 비록 보잘것없는 작은 존재에 지나지 않지만 전능하신 하나님께서 함께 하신다면 귀하게 쓰임 받을 수 있습니다. 그러므로 우리 모두는 소망을 가지고 자신 있게 살아가야겠습니다.

둘째로 모든 것을 버리고 쫓았습니다.
마태는 예수님께서 "…나를 따르라"(눅 5:27)고 명령하시자 곧바로 모든 것을 버리고 일어나 주님을 따랐습니다(눅 5:28). 다시 말하면 마태는 세리라는 직업을 버리고 예수님을 따랐던 것입니다. 그것은 바로 세리라는 지위를 통해 누리던 권세와 얻어지는 돈 등 모든 것들을 다 버린 것입니다. 또한 인생의 목적을 바꾼 것입니다. 그는 그동안 세리라는 직업을 통해서 돈을 많이 벌어서 잘 살려고 했습니다. 그런데 그러한 모든 목적을 완전히 바꾼 것입니다. 사람이 자신이 힘써 노력하여 얻은 지위와 권세, 명예와 물질 등의 기득권을 포기하는 것은 그렇게 쉬운 일이 아닙니다. 그런데도 마태는 자신이 이미 가지고 있는 모든 기득권을 미련 없이 완전히 버렸습니다. 그리고 주님의 말씀에 순종했습니다. 참으로 귀한 믿음이요, 결단이며, 순종입니다. 베드로도 모든 것을 버리고 주님을 따랐습니다(마 4:20). 그러므로 우리들도 마태와 같은 믿음과 결단을 가지고 주님을 따라야겠습니다.

셋째로 주님을 위해 큰 잔치를 열었습니다.
모든 것을 다 버리고 예수님을 따른 마태는 곧바로 예수님을 위한 잔치를 열었습니다(막 2:14,15; 눅 5:29). 그가 자기 집에서 예수님을 위한 잔치를 연 것은 예수님께서 자신을 선택하시고 지명하여 불러 구원해 주신 은혜에 대한 감사 때문이었습니다. 또한 자기 집안의 온 식구들을 주님께 인도하기 위해서였습니다. 그는 자신이 구원받은 감격을 통해 온 식구들이 예수님을 만나 구원받기를 원한 것입니다. 그렇습니다. 우리의 온 가족이 다 인가귀도 되어 구원받는 것은 최고의 기쁨입니다. 그리고 그는 자신의 동료 세리들과 이웃들을 초청했습니다. 그것은 바로 죄와 허물로 인하여 멸망 받을 수밖에 없는 인간들을 구원하고자 하는 투철한 사명감이 있었기 때문이었습니다.

사랑하는 여러분!
우리들도 하나님께서 귀하게 쓰시기 위해 선택하시고 지명하여 부르셨습니다. 그러므로 이 세상의 모든 것들을 분토와 같이 버립시다. 그리고 가족과 이웃을 구원하기 위해 최선을 다하는 사명자들이 되시기 바랍니다.

3. 제자된 마태

첫째로 3년 간 훈련을 받았습니다.
부름 받은 마태는 예수님의 제자가 되어 3년 동안이나 생사고락을 같이 하면서 제자훈련을 받았습니다. 이제 멸시천대 받는 자가 아니라 예수님의 사랑 안에서 귀하게 쓰임 받게 된 것입니다. 그는 영혼의 양식인 하나님의 말씀을 배웠습니다. 귀신을 쫓아내고 각종 병자들을 치료하는 권세를 받았습니다. 복음을 전하는 방법과 능력을 받았습니다. 그는 예수님과 함께 동행하면서 예수님이 누구시며 예수님께서 이 세상에 오신 목적이 무엇인지를 배웠습니다. 이제 그는 세금을 징수하여 백성들을 괴롭히는 세리가 아니라 죄인을 구원하고 살리는 하나님 나라의 일을 하는 제자가 되기 위해 훈련을 받았습니다. 때문에 그는 예수님의 제자로서 생명을 살리는 일에 충성했습니다.

둘째로 사명을 맡겨주셨습니다.

하나님과 원수 되었던 우리 인류의 죄를 대속하시고 죽으셨다가 다시 부활하신 주님께서는 "너희는 가서 모든 민족을 제자로 삼아 아버지와 아들과 성령의 이름으로 세례를 베풀고 내가 너희에게 분부한 모든 것을 가르쳐 지키게 하라 볼지어다 내가 세상 끝날까지 너희와 항상 함께 있으리라"(마 28:19,20)고 하셨습니다. 이 말씀은 바로 구원받은 우리들이 이 세상에 나아가 복음을 전하여 영혼을 구원하고 그들을 말씀으로 교훈하여 제자를 삼아 하나님의 나라를 널리 전파하는 일꾼들을 삼으라는 말씀입니다. 그리고 제자들로 하여금 이 일을 잘 할 수 있도록 이 세상 끝 날까지 함께 동행해 주시겠다고 약속해 주셨습니다.

셋째로 충성되게 사명을 감당했습니다.
주님으로부터 사명을 위임받은 마태는 맡은 바 사명을 충성되이 잘 감당했습니다. 그러나 그 중에서도 가장 돋보이는 것은 신약성경 중에서 제일 첫 번째 책인 마태복음을 기록한 것입니다. 그는 예수님께서 구약에서 약속하신 메시야란 사실을 구체적으로 증명했습니다(마 1:22). 또한 유대인의 조상인 아브라함과 다윗의 혈통을 조사하여 예수 그리스도의 가계를 분명하게 밝혔습니다.

사랑하는 여러분!
우리들도 기도와 찬송, 말씀과 성령으로 철저하게 무장한 성도들이 됩시다. 또한 우리들이 심히 부족함에도 불구하고 충성 되이 여기시사 직분을 맡겨주심에 대해 진심으로 감사 드립시다. 그리고 우리의 생명이 다하는 그 날까지 최선을 다해 충성하는 멋진 성도들이 되시기 바랍니다.

 # 바나바

[행 11:19-26]

그 때에 스데반의 일로 일어난 환난으로 말미암아 흩어진 자들이 베니게와 구브로와 안디옥까지 이르러 유대인에게만 말씀을 전하는데 그 중에 구브로와 구레네 몇 사람이 안디옥에 이르러 2)헬라인에게도 말하여 주 예수를 3)전파하니 주의 손이 그들과 함께 하시매 수많은 사람들이 믿고 주께 돌아오더라 예루살렘 교회가 이 사람들의 소문을 듣고 바나바를 안디옥까지 보내니 그가 이르러 하나님의 은혜를 보고 기뻐하여 모든 사람에게 굳건한 마음으로 주와 함께 머물러 있으라 권하니 바나바는 착한 사람이요 성령과 믿음이 충만한 사람이라 이에 큰 무리가 주께 더하여지더라 바나바가 사울을 찾으러 다소에 가서 만나매 안디옥에 데리고 와서 둘이 교회에 일 년간 모여 있어 큰 무리를 가르쳤고 제자들이 안디옥에서 비로소 그리스도인이라 일컬음을 받게 되었더라

> 그는 원래 구브로 섬 출신의 레위인으로서 본래 이름은 요셉이었으나 그가 그리스도인이 된 후에 독실한 신앙 인격과 사랑으로 성도들을 잘 돌봄으로 인해 사도들이 그의 이름을 '권면과 위로의 아들'이란 의미를 가진 바나바라고 불여주었습니다. 그는 또한 자신의 모든 소유를 다 팔아서 영혼을 구원하는 복음전파 사역을 위해 사도들에게 바쳤으며 자신의 생애까지도 온전히 드려 전심전력을 다하는 충성된 일꾼이었습니다. 그리고 예루살렘 교회에 박해가 있을 때에도 피하지 않고 끝까지 교회를 지킨 강건한 믿음의 사람이었습니다.

1. 참 좋은 신앙인

첫째로 믿음과 성품이 좋은 사람이었습니다.

성경은 "바나바는 착한 사람이요…"(행 11:24)라고 했습니다. 그는 선천적

으로 좋은 성품을 가진 착한 사람이었습니다. 때문에 그가 초대교회에서 많은 사람들로부터 인정받을 수 있었으며 그의 방문으로 인해 안디옥 교회가 크게 부흥할 수 있었습니다. 그렇습니다. 믿음이 있고 성품이 좋은 사람이 언제, 어디서나 모든 일에서 불평하지 않고 변함 없이 충성합니다. 그런 사람이 있는 곳에는 언제나 은혜가 넘쳐서 부흥하게 됩니다. 그러므로 우리들도 바나바와 같이 믿음과 성품이 좋은 사람이 되어 하나님의 교회를 크게 부흥시키는 성도들이 되어야겠습니다.

둘째로 관용의 덕을 가진 사람이었습니다.
바나바와 바울이 1차 전도여행 시에 함께 동행했던 마가 요한이 까닭 없이 일행을 떠나 예루살렘으로 돌아가 버린 사건이 있었습니다(행 13:13). 이 일로 인해 사도 바울은 상당히 큰 충격을 받았습니다. 그런데 바울은 바나바에게 1차 전도 여행 시에 돌아보았던 지역들과 성도들을 다시 돌아보자고 제안했습니다(행 15:36). 다시 말하면 2차 전도여행을 계획한 것이었습니다. 이 때에 바나바는 1차 전도여행 시에 동행했던 마가 요한을 다시 데리고 가자고 했습니다(행 15:37). 그러나 바울은 "밤빌리아에서 자기들을 떠나 함께 일하러 가지 아니한 자들 데리고 가는 것이 옳지 않다"(행 15:38)고 했습니다. 때문에 바나바와 바울이 의견 충돌이 생겨 바나바는 마가 요한을 데리고 구브로로 갔고, 바울은 실라를 데리고 수리아와 길리기아로 갔습니다(행 15:37-41). 다시 말하면 바나바는 제1차 전도여행 시에 무단 이탈하는 배신자였던 마가 요한을 2차 전도여행 시에 다시 데리고 갔던 것입니다. 여기에서 우리는 바나바가 큰 관용의 덕을 가진 인물이었음을 알 수 있습니다.

셋째로 겸손한 협조자였습니다.
바나바는 자신이 바울보다 연장자이었음에도 불구하고 바울과 함께 1차 전도여행을 떠났지만 자신의 뜻을 주장하지 않고 언제나 바울의 전도사역을 겸손히 돕는 편에 서서 일했습니다. 참으로 귀한 일꾼이었습니다. 이 세상에는 왜 이렇게 싸움이 많고 파벌이 일어나고 있습니까? 그것은 바로 모두가 다 자기가 다른 사람보다 잘났다고 착각하여 반드시 자신이 리더가 되어서 모든 일들을 자신이 주도하려는 사람들의 그릇된 욕심에서 비롯된 것입니다. 그러므로 오늘의 이 시대에도 언제나 바나바와 같이 리더를 도와 겸손히 충성하려고 하는 협조자들이 요구되고 있습니다. 그래야 그가 속한 조직과 단체는 물론 교회가 부흥하게 됩니다.

사랑하는 여러분!
우리들도 믿음과 성품이 좋은 사람이 되어 주님의 몸 된 교회를 부흥시키시기 바랍니다. 또한 모든 사람들에게 관용의 덕을 베푸는 삶을 삽시다. 그리고 언제나 모든 사람들을 돕고 협력하는 아름다운 삶을 사시기 바랍니다.

2. 뛰어난 지도력

첫째로 권면과 위로의 사람이었습니다.
예루살렘 교회는 바나바를 파송하여 안디옥 교회 설립을 축하하고 격려했습니다(행 11:19-22). 바나바는 안디옥 교회의 설립을 기뻐할 뿐만 아니라 모든 사람들에게 "...굳건한 마음으로 주와 함께 머물러 있으라"(행 11:23)고 권면했습니다. 왜냐하면 이제 처음 믿는 그들에게도 언젠가는 환난과 핍박이 기다리고 있었기 때문에 그 어떠한 고난 속에서도 한 사람도 낙오자가 생기지 않고 항상 견고하게 서 있도록 하기 위해서였습니다. 실로 바나바의 권면을 받은 안디옥 교회는 바나바를 믿고 크게 신뢰했으며 든든하게 서 갔습니다. 때문에 안디옥 교회가 크게 부흥하여 세계 선교의 전초기지가 된 것입니다. 그렇습니다. 우리들도 바나바처럼 하나님의 말씀으로 사람들을 올바르게 권면하고 위로하여 주님의 몸된 교회를 부흥시키는 능력 있는 일꾼들이 되어야겠습니다.

둘째로 신뢰받는 사람이었습니다.

사울이 다메섹 도상에서 회심한 후에 열심히 복음을 전파했으나 유대인들이 그를 죽이려하자 피신하여 있다가 돌아와 제자들을 만나기 위해 예루살렘으로 돌아왔습니다. 그러나 제자들이 그의 제자 됨을 믿지 않았습니다. 때문에 동역자를 얻고자 했던 사울의 계획은 수포로 돌아갔습니다(행 9:26). 이에 바나바는 예루살렘 제자들의 불신으로 난감해 하는 사울을 위해 제자들에게 사울이 다메섹 도상에서 주님을 만난 것과 주님께서 그에게 분부하신 것 그리고 그가 다메섹에서 담대히 복음을 전파한 사실들을 상세하게 설명했습니다. 그제야 비로소 제자들이 사울과 함께 했습니다(행 9:27). 이것은 바로 바나바가 제자들의 신뢰를 받고 있음을 증언하는 것입니다.

셋째로 일꾼을 잘 세웠습니다.

바나바는 1차 전도여행 시에 실패했던 마가 요한을 용서하고 2차 전도여행 시에 함께 하여 결국은 훌륭한 일꾼으로 세웠습니다. 또한 다소에 있는 사울을 데려와서 안디옥 사람들에게 복음을 전파하여 안디옥 교회를 크게 부흥시켰습니다. 이때에 사람들이 비로소 제자들을 "그리스도인"이라고 일컬었습니다(행 11:26). 일반적으로 사람들은 자신이 어떤 지위를 얻거나 자리를 잡으면 기득권을 주장하고 그 자리를 지키기 위해 수단과 방법을 가리지 않습니다. 그러나 바나바는 그런 의식을 전혀 갖지 않고 오직 그리스도만 전하기 위한 충성된 마음으로 사울을 데려온 것입니다. 그렇습니다. 이 세상에는 많은 일들이 있지만 복음을 전파하여 하나님의 일꾼을 세우는 일이 가장 중요합니다. 그러므로 우리들도 어서 빨리 복음을 전하여 하나님의 일꾼들을 많이 세워야겠습니다.

사랑하는 여러분!
삶의 현장에서 불안하여 떨고 있는 이 세상 사람들에게 복음을 전하여 하늘의 위로를 받게 합시다. 또한 이 세상의 모든 사람들이 믿고 신뢰할 수 있는 진실한 신앙인들이 됩시다. 그리고 마지막 때에 충성할 수 있는 일꾼들을 많이 세워 가는 가치 있는 삶을 사시기 바랍니다.

3. 훌륭한 일꾼

첫째로 성령이 충만한 사람이었습니다.
바나바는 성령으로 충만한 사람이었습니다(행 11:24). 제 아무리 지식이 많고 세상적인 지위와 권세가 높다고 할지라도 하나님의 일은 영적인 것이기 때문에 성령으로 충만하지 않고는 아무 일도 할 수 없습니다. 그러므로 능력 있는 일꾼이 되기 위해서는 반드시 성령으로 충만해야 합니다. 부패한 우리 인간은 성령으로 충만해야 죄를 회개하게 되고 변화의 역사가 일어납니다(행 2:37). 또한 성령으로 충만해야 능력을 받아 담대하게 복음을 전할 수 있습니다. 그러므로 우리들도 성령의 충만함을 받아 지은 죄를 회개하고 새 사람이 되어 담대하게 복음을 전하는 능력 있는 삶을 살아야겠습니다.

둘째로 헌신의 사람이었습니다.
바나바는 자기 자신을 돌보지 않고 적극적으로 헌신하는 사람이었습니다. 그는 자신의 소유를 모두 팔아 사도들에게 바쳐 복음전파 사역을 위해 사용되도록 했습니다(행 4:37). 이 세상 사람들은 대부분이 다 이 물질에다가 삶의 목표를 두고 삽니다. 때문에 이 물질 때문에 일어나는 사건들이 얼마나 많은지 모릅니다. 물질 때문에 속이고 다투며 도둑질하고 강도질하며 심지어는 살인하는 경우도 있습니다. 그러나 그는 이 세상 사람들과는 달리 복음전파를 위해 자신의 모든 것들을 다 하나님께 드리는 철저한 헌신의 삶을 살았습니다. 우리들도 바나바의 헌신적인 삶의 자세를 본받아야겠습니다.

셋째로 세계 최초의 선교사였습니다.

인류역사 이래로 최초의 선교사는 하나님이셨습니다. 왜냐하면 죄와 저주로 인해 멸망할 수밖에 없는 우리 인간들을 위해 육신을 입으시고 이 세상에 오셨기 때문입니다. 대속의 십자가를 지신 예수님께서는 승천하실 때에 제자들에게 "오직 성령이 너희에게 임하시면 너희가 권능을 받고 예루살렘과 온 유대와 사마리아와 땅 끝까지 이르러 내 증인이 되리라"(행 1:8)고 하셨습니다. 그렇습니다. 복음이 예루살렘에서 시작되지만 하나님께서는 그 복음을 예루살렘에만 머물도록 그냥 놔두지 않으시고 바나바와 바울을 통해 세계 만방에 복음이 전파되도록 하셨습니다. 그런 의미에서 바나바는 세계 선교의 개척자입니다. 이 개척자는 언제나 외롭고 힘든 것입니다. 왜냐하면 그 어떤 지식이나 안내를 받을 수 없기 때문입니다. 그러나 바나바는 그 어떤 고난도 두려워하지 않고 최선을 다해 복음을 전파했습니다.

사랑하는 여러분!

우리들도 성령으로 충만하여 능력 있는 복음 전파자들이 됩시다. 또한 철저한 헌신으로 하나님을 영화롭게 합시다. 그리고 남이 하는 일을 따라서 하는 것이 아니라 언제나 새로운 것을 개척하고 도전하는 멋진 삶을 사시기 바랍니다.

 # 바디매오

[막 10:46-52]

그들이 여리고에 이르렀더니 예수께서 제자들과 허다한 무리와 함께 여리고에서 나가실 때에 디매오의 아들인 맹인 거지 바디매오가 길 가에 앉았다가 나사렛 예수시란 말을 듣고 소리 질러 이르되 다윗의 자손 예수여 나를 불쌍히 여기소서 하거늘 많은 사람이 꾸짖어 잠잠하라 하되 그가 더욱 크게 소리 질러 이르되 다윗의 자손이여 나를 불쌍히 여기소서 하는지라 예수께서 머물러 서서 그를 부르라 하시니 그들이 그 맹인을 부르며 이르되 안심하고 일어나라 그가 너를 부르신다 하매 맹인이 겉옷을 내버리고 뛰어 일어나 예수께 나아오거늘 예수께서 말씀하여 이르시되 네게 무엇을 하여 주기를 원하느냐 맹인이 이르되 선생님이여 보기를 원하나이다 예수께서 이르시되 가라 네 믿음이 너를 구원하였느니라 하시니 그가 곧 보게 되어 예수를 길에서 따르니라

> 우리 인생은 서로 만남으로부터 시작됩니다. 이 만남으로 인해 성공과 실패, 행복과 불행이 결정됩니다. 그러므로 우리 인간은 좋은 부모를 만나야 하고 좋은 스승을 만나야 하며 좋은 배우자를 만나야 하고 좋은 친구를 만나야 합니다. 그러나 그 무엇보다도 우리 인생에 있어서는 반드시 대속주이신 예수님을 만나야 합니다. 오늘 본문의 바디매오도 예수님을 만남으로 인해 눈을 뜨게 되었습니다. 우리들도 이 시간에 성령님으로 충만하여 기도의 소원들을 모두다 응답 받아야겠습니다.

1. 문제의 사람

첫째로 맹인이었습니다.

바디매오는 날 때부터 맹인이었습니다. 맹인은 아름다운 이 세상을 볼 수

없습니다. 여러 가지 사물들도 볼 수 없습니다. 사람들의 얼굴들도 볼 수 없습니다. 우리가 살아가는 필요한 물건들도 볼 수 없습니다. 밥상 위의 음식도 볼 수 없습니다. 출입하는 길도 볼 수 없습니다. 한마디로 이 세상의 그 어떤 것도 볼 수 없습니다. 그러니 얼마나 답답하겠습니까? 때문에 이 세상의 그 어떤 장애보다도 맹인의 장애가 가장 어렵다고 합니다. 그러므로 바디매오는 장애인 중에서도 가장 문제가 많은 불행한 사람이었습니다. 그래서 이 세상은 맹인이란 말을 조롱할 때에 많이 인용하여 사용했습니다(삼하 5:6-8). 또한 구약시대에서는 맹인은 제사장도 될 수 없도록 제한했습니다(레 21:18). 그러므로 그는 이 세상의 그 어떤 사람보다도 훨씬 더 불행한 문제의 사람이었습니다.

둘째로 거지였습니다.
제 아무리 맹인이라고 할지라도 가진 재산이 있다고 하면 의식주나 일상생활에 대해서는 전혀 문제가 없을 것입니다. 왜냐하면 안내원과 비서를 두고 자가용을 이용할 수 있기 때문에 일상생활을 영위해 가는 데에 있어서는 그래도 어느 정도 편리한 생활을 할 수 있을 것입니다. 그런데 전혀 볼 수 없는 맹인의 처지에서 의식주마저도 자력으로 해결할 수 없어 길거리에 앉아 구걸해서 하루 하루를 연명해야 하는 가난한 거지였으니 얼마나 불행합니까? 어떻게 보면 그는 이 세상에서 그 어느 것 하나도 변변한 것이 없는 참으로 불행한 문제의 사람이었습니다. 이 시간에 함께 한 우리들의 형편이 제 아무리 어렵다고 해도 그보다는 훨씬 더 나은 사람들입니다.

셋째로 절망적인 처지였습니다.
바디매오는 맹인이요 거지였기 때문에 건강도 없고 생활능력도 없는 자로서 인간적으로 볼 때에 전혀 소망이 없는 절망적인 처지의 사람이었습니다. 이 세상에서 가장 불행한 사람은 바로 건강을 잃어버린 사람이라고 합니다.

그런데 그 자신이 앞을 보지 못하는 맹인인데다 먹고 살 수도 없는 가난한 거지였으니 그 얼마나 절망적입니까? 그러나 문제는 성경 그 어디에도 바디매오가 절망했다는 기록이 없습니다. 그러므로 이 시간에 함께 한 저와 여러분은 그 어떤 이유로도 절망할 수 없습니다. 지금 이 자리에 있는 여러분들 중에서 바디매오보다 더 어려운 사람은 한 사람도 없습니다. 그러므로 우리 모두는 감사해야 합니다.

사랑하는 여러분!
우리 모두는 이 세상의 만물들과 사랑하는 가족들, 볼 수 있게 하신 하나님께 감사 드립시다. 또한 넉넉하지는 않지만 그래도 구걸하지 않아도 의식주를 해결할 수 있게 하신 하나님께 감사합시다. 그리고 우리의 형편과 처지를 나 자신보다도 더 잘 아시고 때마다 일마다 도우시는 하나님께 감사하시기 바랍니다.

2. 집념의 사람

첫째로 자기 위치를 지켰습니다.
바디매오는 맹인으로서 거지였음에도 불구하고 하루도 쉬임 없이 자신의 삶의 터전인 구걸의 현장을 잘 지켰습니다(막 10:46; 눅 18:35). 때문에 그는 지나가시는 예수님을 만날 수 있었습니다. 그렇습니다. 하나님이 만나주시는 복된 현장은 먼 곳에 있는 것이 아니라 바로 나 자신이 처한 현장에서 믿음으로 최선을 다할 때입니다. 그러므로 우리 모두는 자신이 처한 삶의 현실이 제 아무리 열악하고 힘들다고 할지라도 불평하거나 낙심하지 않고 그 위치를 지킨다고 하면 하나님께서 끝까지 그와 함께 하시고 반드시 승리케 하실 것입니다. 그러므로 우리 모두는 이유 여하를 막론하고 믿음의 자리, 사명의 자리, 충성의 자리를 반드시 회복하고 끝까지 잘 지켜야겠습니다.

둘째로 주어진 기회를 잡았습니다.

여리고는 종려나무가 많이 생산됨으로 인해 부요함을 누리는 도시로서 향기로운 도시라는 별명이 붙어 있었습니다. 또한 그곳에서 생산되는 발삼향이 눈병에 대단히 좋다고 알려져 왔기 때문에 전국 각지에서 맹인들이 많이 모여드는 도시였습니다. 바로 그 때에 우리 주님께서 베레아 전도의 종점인 여리고에 도착하신 것입니다(눅 18:35). 그런데 맹인 바디매오가 예수님의 소문을 듣고 기다리다가 자기에게 주어진 기회를 놓치지 않고 꽉 붙잡은 것입니다. 그렇습니다. 기회는 언제나 미리서 준비하고 만들어 가면서 붙잡는 자에게 주어지는 것입니다. 그러므로 우리들도 제 아무리 힘들고 어렵다고 하더라도 자학하거나 탄식하지 말고 승리와 성공, 축복의 기회를 늘 준비하고 만들어서 꼭 붙잡아야겠습니다.

셋째로 난관을 극복했습니다.

바디매오는 여리고의 길가에 앉아 구걸하다가 예수님께서 지나가신다는 소문을 듣고 때마침 사람들이 웅성거리는 소리를 듣자마자 곧바로 "다윗의 자손 예수여 나를 불쌍히 여기소서"(막 10:47; 눅 18:38)라고 큰소리로 부르짖었습니다. 바디매오가 부르짖는 소리를 듣고 놀란 제자들이 "그를 꾸짖어 잠잠하라"(눅 18:39)고 심하게 꾸짖었습니다. 여기에서 '꾸짖다'의 원어 '에피터미오'는 '병신 육갑하네'의 뜻이며 '잠잠하라'의 원어 '시오페쇠'는 '조용하지 못해'라는 뜻의 매정한 꾸짖음입니다. 참으로 맹인인 그로서는 가장 치욕스러운 모욕을 당한 것이었습니다. 그러나 바디매오는 그 수많은 사람들의 멸시와 천대, 분노에도 불구하고 자신의 불행한 처지에 대해 자학하거나 원망하지 않고 "다윗의 자손이여 나를 불쌍히 여기소서"(막 10:48; 눅 18:39)라고 더욱 크게 소리 질렀습니다. 다시 말하면 어려운 난관을 믿음으로 잘 극복한 것입니다.

사랑하는 여러분!

우리들도 나에게 주어진 자리와 위치를 감사한 마음을 가지고 잘 지킵시다. 그 어떤 이유로도 이탈하지 맙시다. 또한 자신의 형편이 힘들고 어렵다고 탄식만 하지말고 기회를 만들어가고 굳게 잡읍시다. 그리고 그 어떤 고난과 역경에도 두려워하거나 낙심하지 말고 적극적으로 정면 돌파해 가시기 바랍니다.

3. 신앙의 사람

첫째로 성경의 약속을 믿고 부르짖었습니다.

유대인들은 메시야가 다윗의 자손으로 오신다는 사실을 믿고 있었습니다(사 11:1). 바디매오도 비록 앞을 보지 못하는 맹인이요 길거리에서 구걸하는 걸인이었지만 '예수님께서 다윗의 자손으로 오신 메시야' 란 사실을 굳게 믿고 있었습니다. 때문에 그는 예수 그리스도께서 자신을 죄와 저주, 멸망에서 건져주시고 눈을 뜨게 해주실 것이란 사실을 확실히 믿고 "다윗의 자손 예수여 나를 불쌍히 여기소서"(막 10:47; 눅 18:38)라고 큰소리로 부르짖은 것입니다. 그렇습니다. 믿음의 사람은 그 어떠한 고난과 역경 속에서도 예수 그리스도께서 자신의 구주가 되심을 확신하기 때문에 절망하지 않고 믿음으로 부르짖어 기도합니다. 그러므로 우리들도 "환난 날에 나를 부르라 내가 너를 건지리니 네가 나를 영화롭게 하리로다"(시 50:15)라고 말씀하신 하나님께 믿음으로 부르짖어 기도해야 합니다.

둘째로 솔직하게 고백했습니다.

바디매오가 "다윗의 자손 예수여 나를 불쌍히 여기소서"라고 부르짖는 소리를 들으신 예수님께서는 잠시 머물러 서시고 제자들에게 "그를 부르라"(막 10:49)고 하셨습니다. 이에 부름 받은 바디매오는 "…겉옷을 내버리고 뛰어 일어나 예수님께 나아"(막 10:50)와 섰습니다. 예수님께서는 앞에선 바디매오에게 "...네게 무엇을 하여 주기를 원하느냐"(막 10:51; 눅 18:41)고 물으셨습니다. 예수님의 질문을 받은 바디매오는 "...선생님이여 보기를 원하나이다"(막 10:51)라고 자신의 소원을 고백했습니다. 여기에서 우리는 바디매오가 믿음의 사람이었음을 알 수 있습니다. 우리들도 진실한 믿음의 고백을 주님께 드릴 수 있는 신앙인들이 되어야겠습니다.

셋째로 응답을 받았습니다.
바디매오의 진실한 믿음의 고백을 들으신 예수님께서는 "가라(보라) 네 믿음이 너를 구원하였느니라"(막 10:52; 눅 18:42)고 치유해 주셨습니다. 이것은 바로 그가 인간적으로 남달리 뛰어난 것이 있었기 때문이 아니었습니다. 단지 순수한 믿음이 있었기 때문입니다. 고침 받은 바디매오는 이제 보기 이전의 구걸의 자리로 돌아가지 않고 하나님께 영광을 돌린 다음 곧바로 예수님을 따랐습니다(눅 18:43). 이것은 바로 그가 하나님의 은혜를 받은 다음 그의 삶의 태도와 자세가 완전히 달라졌음을 보여주고 있습니다. 그렇습니다. 우리들이 예수 믿고 구원받았으면 구원받기 전의 세속적인 삶을 깨끗하게 청산하고 구원받은 자답게 살아야 합니다. 그것이 바로 구원받은 자의 본분입니다.

사랑하는 여러분!
우리들도 바디매오와 같이 믿음으로 부르짖어 기도합시다. 또한 우리들의 부르짖음을 들으시는 하나님께 우리들의 소원을 믿음으로 고백합시다. 그리하여 우리들의 영육이 구원받아 언제나 풍성한 삶을 사는 성도들이 되시기 바랍니다.

# 바라바

[막 15:6-15]

명절이 되면 백성들이 요구하는 대로 죄수 한 사람을 놓아 주는 전례가 있더니 민란을 꾸미고 그 민란중에 살인하고 체포된 자 중에 바라바라 하는 자가 있는지라 무리가 나아가서 전례대로 하여 주기를 요구한대 빌라도가 대답하여 이르되 너희는 내가 유대인의 왕을 너희에게 놓아 주기를 원하느냐 하니 이는 그가 대제사장들이 시기로 예수를 넘겨 준 줄 앎이러라 그러나 대제사장들이 무리를 충동하여 도리어 바라바를 놓아 달라 하게 하니 빌라도가 또 대답하여 이르되 그러면 너희가 유대인의 왕이라 하는 이를 내가 어떻게 하랴 그들이 다시 소리 지르되 그를 십자가에 못 박게 하소서 빌라도가 이르되 어찜이냐 무슨 악한 일을 하였느냐 하니 더욱 소리 지르되 십자가에 못 박게 하소서 하는지라 빌라도가 무리에게 만족을 주고자 하여 바라바는 놓아 주고 예수는 채찍질하고 십자가에 못 박히게 넘겨 주니라

> 성경은 하나님께서 하신 모든 일들을 다 기록한 책이 아니라 하나님께서 예수 그리스도를 통해서 범죄한 우리 인간들을 구원하시기 위한 도리를 일목요연하게 엄선하여 기록한 책입니다. 일반적으로 성경에 보면 예수님 외에는 사복음서에 모두 다 기록된 사람들은 그렇게 많지 않습니다. 그런데 바라바는 로마의 유대정책에 반대하여 폭력시위를 주도하여 민란을 일으킨 자임에도 불구하고 사복음서에 모두 다 기록되어 있습니다. 분명한 것은 하나님께서 이 바라바를 통해서 우리들에게 주시고자 하시는 교훈이 아주 귀하다는 것을 알 수 있습니다.

1. 시대적인 상황

첫째로 유대가 로마의 점령 하에 있었습니다.

당시의 유대는 로마군의 점령 하에서 심한 고난을 당하고 있었습니다. 유대는 그동안 주변강대국들에 의해 계속적으로 시달려오다가 결국은 로마의 폼페이우스에 의하여 완전히 정복당하고 말았습니다. 로마는 황제정치를 펴면서 헤롯을 유대의 군주로 세워 신탁통치 했습니다. 그렇지만 종교정책에 대해서는 상당히 유연한 관용정책을 썼습니다. 그것은 바로 유대인들의 신앙에 대한 독특성을 인정하고 그들로 하여금 자유롭게 여호와 하나님을 섬길 수 있도록 정치적으로 크게 배려한 것이었습니다. 그러나 이방나라의 지배와 간섭을 받고 있는 유대로서는 자유로운 삶을 영위할 수 없었습니다. 여기에서 우리가 한가지 깨달아야 할 것은 선민인 유대인들이 하나님의 말씀에 불순종하고 거역하며 우상을 섬길 때에는 하나님께서 이웃의 이방나라들을 들어서 반드시 징계하셨다는 것입니다. 그러므로 우리들은 늘 깨어서 기도하면서 맡은 바 사명을 잘 감당해야겠습니다.

둘째로 황제숭배 정책을 폈습니다.
유대민족은 로마의 지배를 받고 있으면서도 별다른 부딪침이 없이 그런 대로 원만한 관계를 유지해 왔습니다. 그러나 유대와 사마리아, 이두매를 다스린 로마의 다섯째 총독인 본디오 빌라도가 유대총독으로 부임하면서부터 큰 문제가 발생하여 상황이 악화되었습니다. 먼저 그는 약 3천 명이나 되는 로마군대의 본부를 가이사랴에서 예루살렘의 헤롯 궁으로 옮겼습니다. 황제에 대한 자신의 충성도를 보이기 위해 황제숭배 정책을 폈습니다. 또한 그는 군본부를 옮기면서 독수리와 황제의 화상을 수놓은 군기를 가져와 로마군인들로 하여금 그 화상에게 절하도록 했습니다. 그러나 목숨을 건 유대인들의 강력한 시위로 인해 그 군기는 철수되었습니다. 그러나 군기를 철수한 빌라도는 그 자리에 다시 황제의 위패를 놓고 거기에 절하게 하려고 했습니다. 이 때에 유대인들의 시위로 위패는 가이사랴의 아구스도 신당으로 다시 옮겨지게 되었습니다.

셋째로 무거운 세금정책을 썼습니다.

절기 때가 되면 예루살렘으로 모여드는 수가 수백만 명이 되기 때문에 물이 부족했습니다. 이에 빌라도는 이 수로공사를 위해 백성들에게 과중한 세금을 부과했으며 그것도 모자라서 고르반 곧 성전에 바쳐진 물질을 끌어들여서까지 베들레헴 가까운 솔로몬의 못에서 예루살렘까지 수로 공사를 했습니다. 이에 과중한 세금부과로 시달리는 것도 문제였지만 거기다가 또 거룩한 성전의 헌금을 유용하는 신성모독과 부정사용에 놀란 유대인들이 빌라도 법정에 모여들어 그를 비난하는 반란을 일으켰습니다. 이에 그는 자신의 분에 못 이겨 다수의 유대인들을 학살했습니다. 한 마디로 빌라도는 처음부터 유대인들과의 싸움을 걸어온 문제의 사람이었습니다.

사랑하는 여러분!

이유 여하를 막론하고 하나님의 말씀에 불순종함으로 인해 징계를 받는 불행한 일이 없어야겠습니다. 또한 구원받은 우리들은 오직 예수 그리스도만을 우리의 구주로 믿고 철저하게 섬겨야 합니다. 그리고 하나님께서 주신 우리의 모든 것들은 반드시 하나님의 영광만을 위해 사용되어져야겠습니다.

2. 로마정책에 대한 반란

첫째로 백성들에 의한 반란이 일어났습니다.

유대인들은 빌라도가 약 3천 명이나 되는 로마군대의 본부를 가이사랴에서 헤롯 궁으로 옮긴 것과 독수리와 황제화상을 수놓은 로마 군기와 황제의 위패에 절하도록 한 것, 그리고 중한 세금정책과 거룩한 헌금이 수로공사에 부정 사용된 것에 대해 목숨을 걸고 반란을 일으켰습니다. 때문에 성경은 백성들에 의해 일어난 반란이기 때문에 민란(막 15:7)이라고 규정하고 있습니다. 당시 유대에는 크게 네 지파가 있었습니다. 자신들만이 하나님의 율법을 철저하게 준수한다고 주장하는 바리새파, 세상과 타협하면서 세속적인 부귀영화를 추구하던 사두개파, 선민이라는 자존심을 가지고 민족의 독립을 위해서 그 어떠한 폭력과 투쟁도 불사하는 열심당, 이 세상의 모든 욕심을 버리고 초야에 묻혀 조용히 지내는 에네세파가 있었습니다. 이중에서도 특별히 열심당원들은 하나님에 대한 신앙과 열심을 지키고 나라를 독립하기 위해서는 살인도 불사하는 극단주의자들이었습니다. 때문에 바라바가 계획하고 이끈 민란에 살인사건이 발생하게 된 것이었습니다.

둘째로 그가 시위 주동자였습니다.

성경에 그 어디에도 바라바가 열심당이었다는 분명한 기록은 없습니다. 그러나 그가 민란을 일으키고 살인하여 체포된 자(막 15:7)라고 한 것과 그가 유명한 죄수(마 27:16)였다고 기록한 것을 보면, 그는 분명히 유대의 열심당원으로서 나라의 독립을 위한 시위의 주동자였다는 것을 알 수 있습니다(막 15:7). 살인도 아마 과격한 시위로 인해 발생했을 것입니다. 때문에 그 많은 시위자들 중에서도 주동자였던 그가 특별히 잡혀서 갇히게 된 것이었습니다.

셋째로 폭력은 정당화 될 수 없습니다.

예수 그리스도를 구주로 믿고 구원받은 우리 성도들은 어떤 조직이나 단체, 국가가 잘못했을 때에 그들의 잘못을 지적하고 수정을 촉구할 수 있습니다. 그리고 그들의 불의한 요구에 불복하고 항거할 수도 있습니다. 그러나 그 어떤 이유로도 폭력을 행사하고 시설을 파괴하며 살인하는 악한 행위를 해서는 절대로 안 됩니다. 하나님께서도 위정자들의 잘못에 대해 "…포도원을 삼킨 자는 너희이며 가난한 자에게서 탈취한 물건이 너희 집에 있도다 어찌하여 너희가 내 백성을 짓밟으며 가난한 자의 얼굴에 맷돌질하느냐…"(사

3:14,15)라고 강력하게 비난하셨습니다. 또한 우리 주님께서 말씀하신 대로 칼을 쓰는 자는 반드시 칼로 망한다는 것을 기억해야 합니다. 그러므로 우리 모두는 범사에서 언제나 평화적인 방법을 모색해야 합니다.

사랑하는 여러분!
우리 모두는 그 어떤 이유로도 조직과 단체에서 반란을 일으키는 불행한 자들이 되지 맙시다. 또한 언제나 하나님의 영광을 위한 좋은 일에 쓰임 받는 자들이 됩시다. 그리고 절대로 폭력을 행하고 사람을 죽이는 비극적인 인물이 되지 맙시다.

3. 사면을 받은 자

첫째로 특별사면 관례가 있었습니다.
당시에도 우리나라의 특별 사면조치와 같이 국사범에 대해서 특별히 사면하는 관례(마 27:15; 막 15:6)가 있었습니다. 빌라도는 이 관례에 따라 예수님을 풀어주려고 했습니다(눅 23:20). 그래서 예루살렘에서 반란을 꾸미고 일으키며 살인한 죄로 붙잡혀 투옥되어있던 바라바를 내세워 유대인들로 하여금 양자택일하게 한 것이었습니다. 빌라도는 대제사장들의 시기로 인하여 무죄하신 예수님께서 억울하게 붙잡혀 왔다는 사실을 이미 알고 있었습니다(막 15:10). 때문에 그러한 사실을 익히 다 알고 있을 유대인들만은 올바른 판단을 할 수 있을 것으로 생각했던 것입니다. 그래서 그는 "너희는 내가 유대인의 왕을 너희에게 놓아 주기를 원하느냐"(막 15:9)고 물은 것입니다. 그러나 그들은 여전히 바라바를 놓아주고 예수님을 못 박으라고 했습니다.

둘째로 대제사장들이 무리를 선동했습니다.

당시의 군중들은 오일 전만 해도 예수님께서 예루살렘에 승리의 입성을 하실 때에 종려나무가지를 들고 "…호산나 다윗의 자손이여 찬송하리로다 주의 이름으로 오시는 이여 가장 높은 곳에서 호산나 하더라"(마 21:9)고 환영했던 자들입니다. 그런데 대제사장들이 무리를 충동하여 "바라바를 놓아달라"(막 15:11) 하라고 선동했습니다. 그것은 바로 예수님께서 그들의 죄악을 신랄하게 꾸짖으셨기 때문이었습니다. 선동한 대제사장들이나 무리들이나 모두 다 악한 자들이었습니다.

셋째로 예수님 대신 석방되었습니다.
대제사장들의 선동을 받은 무리들은 빌라도 총독에게 "…그를 십자가에 못 박게 하소서"(막 15:13)라고 소리를 질렀습니다. 이에 빌라도는 무리들에게 "어쩜이냐 무슨 악한 일을 하였느냐"(막 5:14上)고 묻자 무리들은 더욱 더 큰 소리 치면서 "십자가에 못 박게 하소서"(막 15:14下)라고 외쳤습니다. 이에 빌라도는 무리들을 의식하고 그들에게 "…만족을 주고자 하여 바라바는 놓아주고 예수는 채찍질하고 십자가에 못 박히게 넘겨주"(막 15:15)었습니다. 그러므로 점도 흠도 없으신 분이 죄 있는 바라바를 대신해서 십자가에 못박혀 죽으신 것입니다(막 15:16-24). 그렇습니다. 바라바는 범죄한 우리 모든 인간들의 모형입니다. 때문에 주님께서 바라바를 대신해서 죽으신 것은 바로 우리 인류의 죄를 지시고 죽으신 것입니다.

사랑하는 여러분!
우리 모두는 언제나 진실하게 삽시다. 또한 그 어떤 이유로도 남들을 악하게 선동하는 불행한 일이 없어야겠습니다. 그리고 우리들도 바라바처럼 예수님의 대속의 은혜로 구원받았으니 오직 주님께만 영광 돌리는 삶을 살아야겠습니다.

 # 바 울

[갈 1:6-17]

그리스도의 은혜로 너희를 부르신 이를 이같이 속히 떠나 다른 복음을 따르는 것을 내가 이상하게 여기노라 다른 복음은 없나니 다만 어떤 사람들이 너희를 교란하여 그리스도의 복음을 변하게 하려 함이라 그러나 우리나 혹은 하늘로부터 온 천사라도 우리가 너희에게 전한 복음 외에 다른 복음을 전하면 저주를 받을지어다 우리가 전에 말하였거니와 내가 지금 다시 말하노니 만일 누구든지 너희가 받은 것 외에 다른 복음을 전하면 저주를 받을지어다 이제 내가 사람들에게 좋게 하랴 하나님께 좋게 하랴 사람들에게 기쁨을 구하랴 내가 지금까지 사람들의 기쁨을 구하였다면 그리스도의 종이 아니니라 형제들아 내가 너희에게 알게 하노니 내가 전한 복음은 사람의 뜻을 따라 된 것이 아니니라 이는 내가 사람에게서 받은 것도 아니요 배운 것도 아니요 오직 예수 그리스도의 계시로 말미암은 것이라 내가 이전에 유대교에 있을 때에 행한 일을 너희가 들었거니와 하나님의 교회를 심히 박해하여 멸하고 내가 내 동족 중 여러 연갑자보다 유대교를 지나치게 믿어 내 조상의 전통에 대하여 더욱 열심이 있었으나 그러나 내 어머니의 태로부터 나를 택정하시고 그의 은혜로 나를 부르신 이가 그의 아들을 이방에 전하기 위하여 그를 내 속에 나타내시기를 기뻐하셨을 때에 내가 곧 혈육과 의논하지 아니하고 또 나보다 먼저 사도 된 자들을 만나려고 예루살렘으로 가지 아니하고 아라비아로 갔다가 다시 다메섹으로 돌아갔노라

한 인간이 이 세상에 태어나서 죽는 순간까지 수없이 많은 변화의 과정을 거치면서 천태만상의 삶을 삽니다. 거기에는 나날이 바르게 변하고 성장하여 교회와 사회에 이바지하는 가치 있는 삶을 사는 경우도 있고 그렇지 못하는 경우도 있습니다. 오늘 본문의 사도 바울은 변하되 아름답게 변하여 대 전도자로서 기독교 역사에 큰 이정표를 세운 인물이 되었습니다. 그는 육체적으로는 비록 왜소하고 약하며 말이 시원치 않은 사람이었습니다. 그러나 그는 철

> 저한 유대교 신봉자로서 하나님의 교회를 잔멸하고 스데반을 죽였으며 그리스도인들을 핍박하고 잡아 가두는데 앞장선 인물이었습니다. 그러나 예수 그리스도를 구주로 영접하고 새 사람이 된 후로는 능력과 정열을 겸비한 이방인의 사도가 되어 많은 생명들을 구원하고 곳곳에 교회를 세웠으며 가장 많은 성경을 기록한 위대한 인물이 되었습니다.

1. 핍박자 사울

첫째로 로마시민권을 가진 히브리인이었습니다.

사울은 유대 베냐민 지파(롬 11:1)였으며 길리기아의 수도인 다소에서 출생했습니다(행 21:39). 그는 난지 팔일만에 할례를 받은 히브리인 중에 히브리인이었습니다(빌 3:5). 그가 비록 이스라엘 땅이 아닌 길리기아의 다소 땅에서 태어났지만 그는 유대 언어와 생활습관을 지닌 정통유대인이었습니다. 또한 그는 로마의 시민권을 가지고 있었습니다(행 22:25,28). 당시 유대인으로서 로마의 시민권을 가지고 있다는 것은 대단한 특권이었습니다. 당시의 로마시민은 정당한 사유 없이 고문당하는 것을 면제받았습니다. 또한 로마시민의 소송에 있어서는 고소가 우선 상정되어야 했고 그 후에 형벌을 가할 수 있도록 했습니다. 만약에 이 법을 어기면 엄격한 처벌을 받았습니다. 그러므로 당시 로마시민권은 크게 자랑할 만한 것이었습니다. 그러나 우리들은 그보다 더 귀한 예수 그리스도의 이름과 천국시민권을 가진 자들임을 기억해야겠습니다.

둘째로 가말리엘 문하생이었습니다.

사울은 당시 유대사회에서 유명했던 힐렐의 손자요 율법학자로서 이스라엘 사회에서 가장 존경받는 일곱 랍비 중의 한 사람이었던 가말리엘의 문하에서 율법을 배웠습니다(행 22:3). 이것은 바로 사울이 그 누구에 못지 않은 율법에 정통한 자로서 율법준수에도 열심 있는 자였다는 사실을 말해주고 있는 것입니다. 그러나 우리는 죄와 허물로 인하여 죽을 수밖에 없는 가말리엘이 아닌 우리 인간들의 대속자가 되시며 이 세상과 사탄을 정복하시고 승리하신 예수 그리스도의 사람들입니다. 또한 이 세상 만물을 창조하시고 우리 인간들의 생사화복을 주관하시는 전능하신 하나님의 자녀들입니다. 그러므로 우리 성도들은 더욱 당당하게 살아야 합니다.

셋째로 기독교에 대한 박해자였습니다.
인류의 죄를 대속하시기 위해 십자가를 지시고 묻히셨다가 부활 승천하신 예수님께서는 오순절 날에 제자들에게 성령으로 충만케 하셨습니다. 성령으로 충만한 제자들이 능력을 받아 세상에 나아가 담대하게 복음을 전파했습니다. 때문에 유대인들 중에 회개하고 예수를 구주로 믿고 개종하여 구원받는 사람들이 많아졌습니다. 이에 유대인들은 자신들이 십자가에 못박아 죽인 예수가 하나님이 보내신 메시야라는 사실을 사람들이 믿게 되는 것이 두려워 기독교를 박해하기 시작했습니다. 그래서 많은 성도들이 박해를 받았고 갇히기도 했습니다. 스데반 집사도 그들의 돌에 맞아 죽음을 당했습니다. 그런데 이 일을 주도하고 앞장선 사람이 바로 사울이었습니다.

사랑하는 여러분!
우리는 예수 그리스도의 대속의 십자가로 하나님의 자녀가 되었고 천국의 시민권을 가진 자들입니다. 또한 인류 역사상 최고의 선생이신 예수 그리스도의 제자들입니다. 그러므로 사울과 같이 사람을 박해하고 죽이는 자가 아니라 사람을 구원하여 살리는 자들이 되시기 바랍니다.

2. 변화된 바울

첫째로 다메섹의 성도들을 체포하러 갔습니다.

예루살렘에 있는 교회에 큰 박해가 일어나자 사도들 외에는 모든 성도들이 사마리아는 물론 각처로 흩어졌습니다. 사울은 예루살렘에 있는 성도들을 결박하고 잡아 가두며 죽인 후에 다른 지역으로 피신한 성도들을 잡으려고 수색에 나섰습니다(행 22:4). 살기가 등등한 그는 대제사장으로부터 예수 믿는 자들을 각 지역에서 체포하여 예루살렘으로 압송할 수 있는 권한을 부여받고 다메섹에 있는 성도들을 찾아나섰습니다(행 9:1,2). 참으로 그는 사탄에 붙잡힌 자로서 하나님의 교회와 성도들의 원수였습니다.

둘째로 다메섹 도상에서 주님을 만났습니다.

주님께서는 박해자요 살인자인 사울이 다메섹에 가까이 왔을 때에 사울에게 나타나셔서 강한 빛으로 비추셨습니다. 이에 사울은 땅에 엎드러졌고 주님께서는 "사울아 사울아 네가 어찌하여 나를 박해하느냐"(행 9:1-4)라고 말씀하셨습니다. 이에 사울은 "주여 누구시니이까"(행 9:5)라고 예수님께 물었고 예수님께서는 "나는 네가 박해하는 예수라 너는 일어나 시내로 들어가라 네가 행할 것을 네게 이를 자가 있느니라"(행 9:5,6)고 말씀하셨습니다. 그런데 같이 가던 사람들은 소리만 듣고 아무도 보지 못했기 때문에 말을 못하고 그저 서있기만 했습니다(행 9:7). 그런데 사울이 예수님의 말씀을 듣고 일어나 눈을 떴으나 아무 것도 보지 못하고 사람의 손에 이끌려 다메섹으로 들어가서 사흘 동안 보지 못하고 식음을 전폐했습니다(행 9:8,9).

셋째로 새 사람으로 변했습니다.

주님께서는 다메섹에 있는 아나니아라는 제자를 환상 중에서 부르시고 "...직가라 하는 거리로 가서 유다의 집에서 다소 사람 사울이라 하는 사람을 찾으라 그가 기도하는 중이니라...이 사람은 내 이름을 이방인과 임금들과 이스라엘 자손들에게 전하기 위하여 택한 나의 그릇이라 그가 내 이름을 위하여 얼마나 고난을 받아야 할 것을 내가 그에게 보이리라"(행 9:11-16)고 하셨습니다. 주님의 명령을 받은 아나니아가 그 집에 들어가서 사울에게 안수하면서 "...형제 사울아 주 곧 네가 오는 길에서 나타나셨던 예수께서 나를 보내어 너로 다시 보게 하시고 성령으로 충만하게 하신다"(행 9:17)고 하자 "즉시 사울의 눈에서 비늘 같은 것이 벗어져 다시 보게 된지라 일어나 세례를 받고 음식을 먹으매 강건"(행 9:18,19)하여 졌습니다. 이제 그는 유대교에서 기독교인이 되었습니다. 박해자에서 위로자로 변했습니다. 죽이는 자에서 살리는 자로 변했습니다. 사탄의 종에서 하나님의 아들로 변했습니다.

사랑하는 여러분!
우리 모두는 그 어떤 일이 있어도 남에게 고통을 주는 사람이 되지 맙시다. 또한 죄와 저주로 인해 멸망할 수밖에 없는 우리들이 하나님의 자녀 된 것을 감사합시다. 그리고 우리들도 변화 받은 자들이 되어 언제나 사람을 살리는 귀한 일에 쓰임 받는 자들이 되어야겠습니다.

3. 사명자 바울

첫째로 이방인의 사도였습니다.
베드로는 예루살렘을 중심으로 유대인들을 대상으로 복음을 전했고(행 1장-12장), 변화받은 사울은 "즉시로 각 회당에서 예수가 하나님의 아들이심을 전파"(행 9:20)했습니다. 그는 수리아와 안디옥을 기점으로 이방인들에게 복음을 전파했습니다(행 13장~28장). 그의 1, 2, 3차의 전도여행을 통해서 복음이 온 세상으로 퍼지는 전기가 마련되었습니다. 또한 그를 통해서 신약성경의 절반이나 기록되는 대 역사를 이루었습니다. 그는 바로 우리가 본받아야 할 세계선교의 모델입니다. 그의 이름은 사도행전 13장 9절에서 최초로 사울(큰 자, 요구하는 자)에서 바울(지극히 작은 자)로 바뀌었습니다.

둘째로 전천후 사명자였습니다.

주님께 붙잡힌 바울은 숱한 고난을 당하면서 굽힘이 없이 복음을 전파했습니다. 그는 동족인 유대인들에게 박해를 받았습니다(행 9:23,24). 유대의 관원들이 죽이려고 했습니다(행 14:1-5). 돌에 맞기도 했습니다(행 14:6-20). 억울한 누명을 쓰고 감옥에 갇히기도 했습니다(행 16:19-24). 수없이 맞기도 했습니다(행 22:24, 25). 죽음의 위험도 당했습니다(행 23:12-15). 풍랑의 위험도 당했습니다(행 27:14-44). 독사에게 물리기도 했습니다(행 28:3-6). 그러나 그는 "누가 우리를 그리스도의 사랑에서 끊으리요 환난이나 곤고나 박해나 기근이나 적신이나 위험이나 칼이랴"(롬 8:35)고 그 어떠한 고난에도 굽힘이 없이 충성한 전천후 사명자였습니다.

셋째로 생명을 내놓은 사명자였습니다.

사명자가 된 바울은 "보라 이제 나는 성령에 매여 예루살렘으로 가는데 거기서 무슨 일을 당하는지 알지 못하노라 오직 성령이 각 성에서 내게 증언하여 결박과 환난이 나를 기다린다 하시나 내가 달려갈 길과 주 예수께 받은 사명 곧 하나님의 은혜의 복음을 증언하는 일을 마치려 함에는 나의 생명조차 조금도 귀한 것으로 여기지 아니하노라"(행 20:22-24)고 자신의 생명을 내놓고 복음전파의 사명을 감당했습니다. 참으로 그는 이 세상이 감당할 수 없는 담대한 사명자였습니다.

사랑하는 여러분!

우리들도 변화 받은 사명자들입니다. 우리 이웃에 있는 불신 영혼들에게 복음을 전합시다. 또한 사도 바울과 같이 그 어떤 경우에도 변함이 없이 충성하는 일꾼들이 됩시다. 그리고 우리들도 생명을 내놓고 담대하게 복음을 전하는 멋진 사명자들이 되시기 바랍니다.

베드로

[마 16:13-20]

예수께서 빌립보 가이사랴 지방에 이르러 제자들에게 물어 이르시되 사람들이 인자를 누구라 하느냐 이르되 더러는 3)세례 요한, 더러는 엘리야, 어떤 이는 예레미야나 선지자 중의 하나라 하나이다 이르시되 너희는 나를 누구라 하느냐 시몬 베드로가 대답하여 이르되 4)주는 그리스도시요 살아 계신 하나님의 아들이시니이다 예수께서 대답하여 이르시되 바요나 시몬아 네가 복이 있도다 이를 네게 알게 한 이는 혈육이 아니요 하늘에 계신 내 아버지시니라 또 내가 네게 이르노니 너는 5)베드로라 내가 이 반석 위에 내 교회를 세우리니 음부의 6)권세가 이기지 못하리라 내가 천국 열쇠를 네게 주리니 네가 땅에서 무엇이든지 매면 하늘에서도 매일 것이요 네가 땅에서 무엇이든지 풀면 하늘에서도 풀리리라 하시고 이에 제자들에게 경고하사 자기가 그리스도인 것을 아무에게도 이르지 말라 하시니라

> 베드로는 그의 출신지역이나 지식은 물론 다듬어지지 않은 그의 성품까지도 예수님의 제자가 되기에는 부적절한 사람이었습니다. 그러나 그는 자신이 가진 그러한 결점이 많았음에도 불구하고 예수님의 수제자가 되어 초대교회를 잘 이끌어 가는 훌륭한 지도자가 되었습니다. 그는 자신의 생명을 바쳐 맡은 바 사명을 잘 감당했습니다. 우리들도 베드로와 같이 이것저것 따지지 말고 주님의 말씀에 무조건 순종하여 주님의 뜻을 잘 이루어 가는 충성된 삶을 살아야겠습니다.

1. 자연인 베드로

첫째로 벳새다 출신의 어부였습니다.

베드로는 갈릴리 벳세다 출신의 어부였습니다(마 4:21; 눅 5:11; 요 1:44).

당시의 갈릴리는 팔레스타인 북쪽 변방 지역으로서 수도인 예루살렘과는 너무나도 멀리 떨어져 있는 아주 낙후된 지역이었습니다. 또한 변방지역이었기 때문에 이방세력과 자주 충돌하는 불안한 지역이었습니다. 그리고 이방인들과의 잦은 접촉으로 인해 부패한 이방문화의 영향을 많이 받았습니다. 때문에 그곳에 사는 사람들은 아주 비천한 사람 취급을 받아왔습니다. 이러한 현상은 예수님 당시뿐만 아니라 이사야 선지자가 활동했던 때에도 마찬가지였습니다. 다시 말하면 갈릴리 지역은 오랜 세월 동안 소외 받고 무시당하며 천대받는 지역이었습니다. 심지어는 죄인 취급을 받기도 했습니다. 그런데 예수님의 수제자인 베드로가 바로 이 갈릴리 출신이었습니다. 그렇습니다. 하나님의 일은 출신지와는 전혀 상관이 없습니다.

둘째로 정식교육을 받지 못했습니다.
낙후된 지역의 가난한 가정에서 태어난 베드로는 교육기관을 통한 정상적인 교육을 전혀 받지 못했습니다. 이러한 사실은 당시의 종교지도자들까지도 다 알고 있었습니다(행 4:13). 때문에 그는 세상적인 면으로 볼 때에는 자랑할 만한 것들이 전혀 없었습니다. 다시 말하면 출신지역도, 신분도, 학력도, 지위도, 명예도, 권세도 그 어떤 것 하나 내놓을 만한 것들이 전혀 없었습니다. 오직 있다고 하면 갈릴리 호수에서 그물질하면서 터득한 일기의 변화와 시간에 따른 고기떼의 이동만은 잘 알고 있었습니다. 그가 가지고 있는 것은 갈릴리 호수에서 잔뼈가 굵기까지 수고하면서 얻은 어부로서의 경험이 전부였습니다. 우리가 여기에서 얻을 수 있는 것은 하나님의 일은 어떤 세상적인 지식 여하에 달려 있는 것이 아니라는 사실입니다.

셋째로 생업에 충실한 사람이었습니다.
베드로의 성질은 불같이 아주 급했습니다. 때문에 쉽게 화를 내기도 하고 아주 경솔했으며 어떤 때는 아주 무모할 정도로 엉뚱한 짓을 하기도 했습니다. 주님을 구주로 고백했다가 불리하다 싶으면 그 주님을 곧 부인하는 야비함과 변덕스러움을 보이기도 했습니다(마 16:16; 막 14:67-72). 한마디로 그는 어떻게 종잡을 수 없는 아주 독특하고 다양한 성격의 소유자였습니다. 그러나 그는 갈릴리 바다 근처 벳새다의 자기 집에서 한 가정의 가장으로서의 역할을 아주 충실히 감당했습니다. 더욱이 그는 장모님을 잘 모시고 사는 효성의 사람이었습니다. 그래서 하나님께서는 그를 수제자로 세우시고 당신의 뜻을 이루셨습니다. 그러므로 우리들은 자신의 일에 충실한 삶을 살아야 합니다. 또한 자신의 환경을 보지말고 전능하신 하나님을 의지하고 자신 있게 살아야 합니다.

사랑하는 여러분!
자신의 출신을 상관하지 말고 열심히 일합시다. 또한 많이 배우고 못 배운 것을 탓하지 말고 맡은 바 사명에 충성을 다 합시다. 그리고 자신의 못된 성품을 다스려가면서 하나님께서 맡기신 생업에도 최선을 다하는 성실한 삶을 사시기 바랍니다.

2. 신앙인 베드로

첫째로 즉시 주님께 순종했습니다.
베드로는 출신이나 교육정도, 그의 성품 등 그 어느 것 하나도 주님의 제자가 될만한 자격이 전혀 없는 아주 비천한 사람이었습니다. 그러나 우리 주님께서는 그에 대해서는 전혀 개의치 않으시고 그가 고기잡고 있는 갈릴리 호수가로 찾아가서서 "나를 따라 오라 내가 너희를 사람을 낚는 어부가 되게 하리라"(마 4:19)고 하셨습니다. 이에 예수님의 명령을 받은 그는 모든 것을 버리고 주님을 따랐습니다(마 4:20). 그렇습니다. 하나님께서 우리들을 선택하시고 지명하여 부르신 것은 우리들이 잘 나고 똑똑해서 부르신 것이 아닙니다. 그것은 모두가 다 우리 주님의 강권적인 사랑에 의한 것이었습니다. 그러므로 우리들도 이유 여하를 막론하고 무조건 우리 주님을 따라야 합니다. 그것이 바로 우리들이 하나님 앞에 귀하게 쓰임을 받고 축복을 받으며 영광 돌리는 유일한 길입니다.

둘째로 예수님을 주로 고백했습니다.
예수님께서는 제자들에게 "너희는 나를 누구라 하느냐"(마 16:15)고 물으셨을 때에 베드로는 "...주는 그리스도시요 살아 계신 하나님의 아들이시니이다"(마 16:16)라고 즉시 고백했습니다. 그는 예수님을 하나님께서 자신의 뜻을 인간에게 나타내시려고 보내신 메시야로 시인했습니다. 이 고백은 바로 우리 하나님이 원하시는 참으로 귀한 신앙고백이었습니다. 때문에 주님께서 그의 고백을 들으시고 "바요나 시몬아 네가 복이 있도다 이를 네게 알게 한 이는 혈육이 아니요 하늘에 계신 내 아버지시니라"(마 16:17)고 말씀하셨습니다. 그렇습니다. 주님을 알고 바로 믿을 수 있는 사람은 출신지가 좋고 학식이 많으며 지위와 명예, 권세를 가진 자가 아니라 어린아이처럼 온유하고 겸손하며 하나님의 마음에 합당한 자들입니다(마 11:25-27).

셋째로 삶의 전환을 가져왔습니다.
예수님께서 시몬 베드로와 그의 형제 안드레에게 "나를 따라 오라 내가 너희를 사람을 낚는 어부가 되게 하리라"(마 4:19)고 하신 것은 그들이 이제 자기 가족의 부양을 위해 고기를 잡는 어부가 아니라 예수 그리스도를 삶의 주인으로 모시고 그분의 뜻을 따라 사람의 영혼을 구원하는 새로운 삶을 살게 될 것을 요구하신 것입니다. 그래서 베드로의 이름도 시몬에서 게바로 바꾸어 주셨습니다(요 1:42). 그러므로 구원받은 우리들도 새로운 삶의 완전한 전환이 필요합니다. 우리들의 언행심사와 삶의 자세가 완전히 달라져야 합니다. 이제 우리들이 추구하는 목표가 달라야 합니다. 인간적이고 세속적인 것은 모두 과감하게 척결해야 합니다. 오직 영혼을 구원하고 살리는 일에만 무조건으로 헌신해야 합니다.

사랑하는 여러분!
주님의 부르심에 즉시로 순종합시다. 또한 베드로와 같은 아름다운 고백을 가진 신앙인들이 됩시다. 그리고 이제는 오직 주님의 영광만을 위해서 자신을 온전히 하나님께 드려 헌신하는 충성된 삶을 사시기 바랍니다.

3. 사명자 베드로

첫째로 예수님의 수제자였습니다.
베드로는 출신이나 교육수준, 직업이나 성품 등 인간적으로 볼 때에는 예수님의 제자가 될만한 자격이 전혀 없었지만 자기 일에 열심이었고 주님의 부르심에 즉시로 순종했기 때문에 수제자로 삼으신 것입니다. 주님께서는 언제나 그와 동행하셨습니다. 때문에 그는 야고보와 요한과 함께 야이로의 딸이 소생하는 것과 변화 산상의 예수님의 영광(마 17:1-2), 겟세마네 동산에 주님의 고뇌하는 모습을 직접 목격하는 크나큰 축복을 받았습니다.

둘째로 초대교회의 지도자였습니다.
베드로는 부활하신 주님으로부터 "내 양을 치라"(요 21:16)는 명령을 받고 초대교회의 지도자로서의 역할과 사명을 감당하게 되었습니다. 그는 오순절 날에 성령으로 충만하여 능력 있는 사명자가 되었습니다. 그는 예수님의 제자가 된 후에도 여전히 다혈질이었고 과격했습니다. 또한 아주 비겁하고 변덕이 심했습니다. 죽기까지 예수님을 따르겠다고 장담했다가도 얼마 못 가서 예수님을 세 번씩이나 부인하기도 했습니다(마 16:16; 막 14:67-71; 요 6:69). 그러나 오순절 날에 성령을 충만히 받은 후에는 하나님이 기뻐하시는 초대교회의 능력 있는 지도자가 되었습니다. 그는 성령강림에 대해 증언했습니다. 권위 있는 성경해석자가 되었습니다. 부활의 산 증인이 되었습니다(고전 15:5). 맡은 바 사명을 철저하게 감당했습니다. 교회 내의 죄악을 단호히 처리하는 결단력을 보였습니다(행 5:3-10).

셋째로 주님을 위해 순교했습니다.

예수님께서는 베드로에게 "네가 젊어서는 스스로 띠 띠고 원하는 곳으로 다녔거니와 늙어서는 네 팔을 벌리리니 남이 네게 띠 띠우고 원하지 아니하는 곳으로 데려가리라"(요 21:18)라고 그가 순교할 것을 말씀하셨습니다. 그런데 성경에는 그 어디에도 베드로가 언제, 어디서, 어떻게 순교했는지에 대한 기록이 전혀 없습니다. 그의 마지막 행적은 헤롯 아그립바 1세의 박해를 받아 옥에 갇혔다가 천사의 도움으로 탈출한 후에 예루살렘 공의회에 나타난 것으로 끝을 맺습니다(행 12:1-19; 행 15:7-11). 그러나 기독교 초기의 문헌들에 나타난 것에 의하면 베드로가 바울과 함께 로마에서 순교했다고 언급하고 있습니다. 따라서 우리들은 베드로가 로마에 갔다가 기독교인에 대한 네로의 박해가 극에 달했을 때에 순교한 것으로 추정하고 있습니다.

사랑하는 여러분!

우리들도 예수 그리스도의 대속의 피로 구원받은 자들로서 베드로처럼 수제자답게 믿읍시다. 또한 언제나 솔선하는 열심 있는 지도자들이 됩시다. 그리고 치사 충성하는 자세로 주님의 일에 최선을 다하는 충성된 청지기들이 되시기 바랍니다.

신약인물 설교 | 173

 # 뵈뵈

[롬 16:1-2]

> 내가 겐그레아 교회의 일꾼으로 있는 우리 자매 뵈뵈를 너희에게 추천하노니 너희는 주 안에서 성도들의 합당한 예절로 그를 영접하고 무엇이든지 그에게 소용되는 바를 도와 줄지니 이는 그가 여러 사람과 나의 보호자가 되었음이라

지금 이 세상에는 약 70억이라는 많은 사람들이 살고 있습니다. 미래 학자들은 이 지구상에 너무나도 많은 사람들이 살고 있기 때문에 지구가 폭발직전이라고 말합니다. 그럼에도 불구하고 정치, 경제, 사회, 문화, 종교 등 모든 면에서 쓸만한 일꾼이 없어서 난리입니다. 다시 말하면 사람은 많은데 쓸만한 사람이 없다는 것입니다. 그런데 하나님의 교회와 복음전파사역에 아름답게 쓰임 받은 한 여성이 있었습니다. 그가 바로 바울이 칭찬하고 자랑하며 추천하는 뵈뵈입니다.

1. 신실한 신앙인

첫째로 경건한 신앙인이었습니다.

뵈뵈는 '순결'이란 그녀의 이름의 뜻과 같이 아주 순결하고 경건한 신앙을 가진 신실한 여자 성도였습니다. 신앙인에게 있어서의 가장 큰 덕목과 멋은 바로 순결하고 경건한 삶의 자세입니다. 그녀는 오직 주님만 사랑하는 순결한 여자였으며 경건한 신앙인이었습니다. 우리 성도들은 모두가 다 예수 그리스도의 신부들입니다. 그러므로 오직 주님만 믿고 사랑하며 의지하는 삶을 살아야 합니다. 또한 하나님의 자녀로서 주님의 말씀대로만 살아야 합니다. 우리 모두는 예수 그리스도를 구주로 믿고 구원받은 성도들입니다. 그러

므로 이유 여하를 막론하고 그분만 믿고 사랑하며 그분의 뜻대로 살아가야 합니다. 뵈뵈와 같이 순결하고 경건한 신앙생활을 이루어가야 합니다.

둘째로 바울의 신임을 받았습니다.

사도 바울은 디모데를 '믿음의 아들' (딤전 1:2)이라고 했고 신앙심이 깊은 부부를 '형제와 자매' (고전 7:15, 9:5)라고 했습니다. 그런데 뵈뵈에 대해서는 '우리 자매' (롬 16:1)라고 표현하고 있습니다. 이것은 바로 사도 바울이 뵈뵈를 하나님의 구원사역을 자신과 함께 이루어 가는 가족구성원이요 동역자라고 생각한 것입니다. 사람들은 언제나 자신이 믿고 신뢰하는 사람은 자신의 가족과 같이 취급합니다. 그러므로 사도 바울은 뵈뵈를 자신의 가족과 같은 사람으로서 자신과 함께 영혼을 구원하는 거룩한 선교사역을 이루어 가는 동역자로 여기고 크게 신뢰했던 것입니다. 그렇습니다. 우리들이 누구에게 신뢰를 받는다는 것은 대단히 중요합니다. 그러므로 우리들도 하나님과 교회, 이웃과 사회에서 크게 신뢰받는 신실한 신앙인들이 되어야겠습니다.

셋째로 추천할 만한 신앙인이었습니다.

사도 바울은 로마에 있는 성도들에게 "내가 겐그리아 교회의 일꾼으로 있는 우리 자매 뵈뵈를 너희에게 추천하노니 너희는 주 안에서 성도들의 합당한 예절로 그를 영접하고 무엇이든지 그에게 소용되는 바를 도와 줄지니 이는 그가 여러 사람과 나의 보호자가 되었음이라" (롬 16:1,2)고 했습니다. 이것은 바로 바울이 그녀의 신앙과 인격을 얼마나 귀하게 생각하고 있었는가를 가히 짐작할 수 있습니다. 다시 말하면 그녀의 신앙과 인격은 사도 바울이 믿고 신뢰할 만했고 모든 사람들에게 귀감이 될 수 있다고 생각했기 때문에 이렇게 자신 있게 추천한 것입니다. 그렇습니다. 어느 누구에게든지 자신 있게 추천할 수 있는 사람이라고 하면 참으로 신실한 신앙인일 것입니다. 우리들도 하나님과 교회 앞에 인정받은 신앙인이 되어야 하고 이 세상은 물론 사탄에게까지도 인정받는(행 19:15) 신실한 신앙인들이 되어야겠습니다.

사랑하는 여러분!
우리 모두 경건한 신앙인들이 됩시다. 또한 하나님과 교회 앞에 인정받는 신앙인들이 됩시다. 그리고 언제, 어디서, 누구에게나 자신 있게 추천할 수 있는 신실한 신앙인들이 되시기 바랍니다.

2. 헌신적인 신앙인

첫째로 겐그레아 교회의 일꾼이었습니다.
겐그레아는 고린도에서 남동쪽으로 약 11km정도 떨어진 항구도시로서 무역과 상업의 요충지였습니다. 바울이 제2차 전도여행 시에 브리스가와 아굴라 부부와 함께 고린도 교회를 세웠는데 이 고린도 교회로부터 주변의 여러 도시에 복음이 전파되어 교회가 세워졌습니다. 바로 그 중에 하나가 겐그레아 교회였습니다. 그런데 뵈뵈가 바로 이 교회의 일꾼이었습니다. 여기에서 바울이 뵈뵈를 '교회의 일꾼'이라고 한 말의 헬라 원어 '디아코노스'는 '교회에서 섬기는 자, 집사'라는 뜻입니다. 원래 초대교회의 집사는 말씀과 성령으로 충만하고 모든 면에서 타의 모범이 되며 열심히 헌신하는 사람들에게만 주어졌습니다. 그렇다고 하면 당시의 뵈뵈는 겐그레아 교회에서는 없어서는 아니 되는 아주 훌륭한 성도였음을 알 수 있습니다.

둘째로 바울의 보호자였습니다.
바울은 뵈뵈에 대해 "...그가 여러 사람과 나의 보호자가 되었음이라"(롬

16:2)고 했습니다. 여기에서 '보호자' 란 말의 헬라원어 〈프로스타티스〉는 '제일 앞에서는 사람, 후원자, 조력자' 란 의미를 가지고 있습니다. 그런데 여자에게는 신약성경에서 유일하게 뵈뵈에게만 사용되었습니다. 그렇다고 하면 그녀가 바울과 그 일행의 선교 사역을 위해 어느 남성 못지 않게 아주 훌륭하게 후원하는 여자 성도였음을 알 수 있습니다. 이 뵈뵈는 혼자 사는 부요한 여성이었다고 합니다. 때문에 그녀는 바울과 그 일행의 선교사역을 마음 놓고 도울 수 있었을 것입니다. 그렇습니다. 선교는 혼자 하는 것보다 여러 사람이 함께 하는 것이 훨씬 효과적입니다. 선교하는 사람, 선교하는 교회, 선교하는 나라는 망하지 않습니다. 그러므로 우리 모두는 복음 전파에 최선을 다해야겠습니다.

셋째로 자신을 드려 헌신했습니다.
뵈뵈는 제3차 여행 중에 고린도에 머물러 있는 바울과 일행의 선교사역을 위해 자신의 몸과 마음, 시간과 물질은 물론 삶의 전체를 드려서 헌신했습니다. 때문에 사도 바울의 일행이 복음 전파사역을 아주 효과적으로 감당할 수 있었습니다. 그래서 사도 바울이 그녀의 헌신된 삶의 모습을 로마교회 성도들에게 보여서 본 받도록 하고 싶었을 것입니다. 우리도 이 뵈뵈처럼 헌신하는 삶을 삽시다. 그리하여 하나님의 나라가 확장되고 주님의 몸된 교회가 부흥하며 이 사회가 잘 되고 우리 모두가 다 축복 받는 삶을 살아야겠습니다.

사랑하는 여러분!
우리들도 겐그레아 교회의 뵈뵈와 같이 주님의 몸된 교회에서 귀하게 쓰임 받는 훌륭한 성도들이 됩시다. 또한 복음을 전파하는 일꾼들의 훌륭한 보필자가 되시기 바랍니다. 그리고 이 세상에서 가장 값진 일은 생명을 살리는 일입니다. 그러므로 이 일에 귀하게 쓰임 받는 성도들이 되시기 바랍니다.

3. 적극적인 신앙인

첫째로 여성의 한계를 뛰어넘었습니다.

당시 유대에서의 여성의 지위는 아주 형편없었습니다. 모든 것이 다 남성 위주였습니다. 때문에 이스라엘의 역사를 보면 대부분이 남성들에 의해 이루어졌습니다. 이러한 사회의 풍습이 교회 안에서까지 그대로 적용되었기 때문에 여성들의 활동에는 많은 제약이 따랐습니다. 그러나 이러한 사회 분위기 속에서도 뵈뵈는 자신이 여성이라는 사실에 대해서는 전혀 개의치 않고 주님의 몸된 교회를 섬기는 일에 최선을 다했습니다. 바로 여성의 한계를 뛰어넘는 충성을 한 것입니다. 그렇습니다. 하나님의 일에는 남녀노소, 빈부귀천, 지위고하가 따로 없습니다. 누구든지 예수 그리스도를 구주로 믿고 구원받은 성도들은 다 주의 일을 할 수 있습니다. 내 힘으로 하는 것이 아니라 전능하신 하나님의 능력을 힘입어 하기 때문에 자신의 한계를 뛰어 넘는 큰 일을 할 수 있습니다(빌 4:13). 그러므로 우리 모두는 이 세상이 감당할 수 없는 큰 능력의 일꾼들입니다.

둘째로 담대한 사명자였습니다.

바울은 복음의 씨가 떨어져 싹을 틔우며 성장과정에 있는 로마교회를 직접 방문하여 돈독한 교제를 가지며 그들에게 복음의 진리와 신령한 은사를 나누어주기를 원했습니다. 그래서 이 문제를 놓고 계속 기도했지만 길이 막혀 로마로 갈 기회를 얻지 못했습니다. 그가 친히 로마를 방문할 수 있으려면 아직 3년 이상을 기다려야할 것으로 생각했습니다. 때문에 그는 할 수 없이 자신이 가장 신임하고 인정하는 신실한 신앙인으로서 헌신적인 삶을 살고 있는 뵈뵈를 통해서 자신의 편지를 전달하고자 한 것입니다(롬 1:8-15). 때문에 그녀는 남자들도 주저하는 험악한 여정이었지만 바울의 편지를 안고 산 넘고 물 건너 조금도 손상시키지 않고 로마에 있는 그리스도인들에게 전달했습니다. 그녀는 어느 남성 못지 않은 참으로 담대한 사명자였습니다. 그러므로 우리들도 맡은 바 사명은 이유여하를 막론하고 생명을 걸고 감당해야 합니다.

셋째로 하나님 나라 확장에 최선을 다 했습니다.
뵈뵈는 자신이 연약한 여자였음에도 불구하고 물불을 가리지 않고 최선을 다 했습니다. 그녀가 하나님의 나라를 확장하는 선교의 일에는 어떤 타협의 여지가 전혀 없었습니다. 때문에 그녀는 당시의 여성에 대한 사회의 편견에도 아랑곳하지 않고 복음을 전했습니다. 또한 자신의 몸과 마음, 시간과 물질을 아낌없이 드려서 바울의 선교 사역을 도왔으며 바울과 그의 일행을 보호했습니다. 그리고 로마의 그리스도인들에게 전하는 바울의 편지를 연약한 여자로서는 감당하기 힘든 일임에도 불구하고 조금도 사양하지 않고 곧바로 순종했습니다. 참으로 변함이 없는 기둥 같은 일꾼이었습니다.

사랑하는 여러분!
전능하신 하나님을 믿는 사람답게 자신 있게 삽시다. 또한 여호수아와 갈렙처럼 강하고 담대합시다. 그리고 뵈뵈처럼 하나님의 나라 확장에 최선을 다하는 삶을 사시기 바랍니다.

 # 부겔로와 허모게네

[딤후 1:15]

아시아에 있는 모든 사람이 나를 버린 이 일을 네가 아나니 그 중에는 부겔로와 허모게네도 있느니라

> 범죄한 아담의 후손으로 이 세상에 태어난 모든 인간은 다 이마에 땀을 흘려야 먹고 살 수 있습니다. 거기다가 또 이 세상에는 가시와 엉겅퀴가 많습니다. 다시 말하면 우리 인간들이 이 세상을 살아간다고 하는 것은 바로 고난과 역경이 많다는 것입니다. 그러므로 그리스도인으로서 이 세상을 살아갈 때에 절대로 고생을 기피하거나 두려워해서는 안 됩니다. 언제나 주님의 이름으로 강하고 담대하게 살아가야 합니다. 그래야 언제, 어디서나, 항상 승리하는 능력 있는 삶을 살아 갈 수 있습니다.

1. 신약시대의 박해

첫째로 유대인들의 박해가 있었습니다.

산헤드린 공회가 사도들이 공중 앞에서 설교하는 것을 금지시키라고 했습니다(행 4:17,18). 때문에 초대교회 사도들이 공중 앞에서 설교했다는 이유로 온갖 박해를 다 받고 매를 맞기까지 했습니다. 그러나 성령으로 충만한 사도들을 굴복시킬 수는 없었습니다(행 5:27-42). 이 때에 바로 스데반이 신성 모독 죄란 죄명으로 유대인들의 고대 전승의 징벌 법에 따라 돌에 맞아 순교했습니다(행 7:54-8:1). 이 일의 주동자가 바로 바리새파 청년으로서 유대교에 열심인 사울이었습니다(행 8:1-3). 때에 유대인들의 심한 박해로 인해 수많은 기독교인들이 감옥에 투옥되었고 각처로 흩어져 피난을 떠났습니다. 감사한

것은 이로 인해 복음이 유대인들이 상종하기조차 싫어하는 사마리아에도 전파되었고(행 8:4-25) 이방 땅인 안디옥까지도 전파되었습니다(행 11:19-26). 참으로 하나님께서 하시는 일은 놀랍습니다.

둘째로 바울이 박해를 받았습니다.
바리새파 유대인으로서 유대교에 열심이었던 사울이 다메섹에 있는 그리스도인들을 붙잡아 예루살렘으로 호송하려고 다메섹으로 가던 길에서 예수님의 강권적인 역사하심으로 회개하고 유대교에서 개종하여 그리스도인이 되었습니다. 그리스도인이 된 그는 이름을 바울로 바꾸었고 처음으로 이방인들에게 복음을 전하는 이방의 사도가 되었습니다. 그는 이방의 방방곡곡을 돌아다니면서 복음을 전했습니다. 때문에 그는 죄가 없음에도 불구하고 복음을 전했다는 이유만으로 감옥에 투옥되었고(행 16:23-40; 고후 6:5), 40에서 하나 감한 매를 맞았으며(신 25:1-2; 고후 11:24), 태장으로 세 번 맞는 등 죽을 뻔한 고난을 수없이 당했습니다(고후 11:25-27). 그러나 그는 조금도 흔들리지 않고 복음 전파의 사명을 끝까지 감당했습니다.

셋째로 로마 황제들이 박해했습니다.
로마의 황제들 중에서도 특별히 네로 황제의 박해가 심했습니다. 그는 A.D. 64년 7월에 새로운 도시개발 사업공간을 위해 자신의 근위병들로 하여금 빈민가의 도처에 불을 지르도록 하여 수많은 사람들을 죽이고 로마시가지를 폐허로 만들었습니다. 그리고 그 모든 누명을 기독교인들에게 뒤집어 씌웠습니다. 때문에 로마 백성들은 기독교인들을 증오하게 되었고 네로는 수많은 그리스도인들을 잔인하게 학살했습니다. 뿐만 아니라 그 후로도 계속해서 로마의 황제들에 의해 기독교가 많은 박해를 받았습니다.

사랑하는 여러분!

기독교는 박해 중에 더욱 발전했습니다. 또한 바울은 그 어떠한 박해를 받아도 흔들리지 않았습니다. 그리고 네로가 기독교를 말살하려고 했지만 오늘날 더욱 부흥 발전하고 있습니다. 그러므로 우리 모두는 자신감을 가지고 사명을 감당해야겠습니다.

2. 초대교회 지도자들

첫째로 고난을 달게 받았습니다.

초대교회 지도자인 베드로와 요한이 주님의 복음을 담대하게 전하자 유대의 지도자들은 사도들에게 더 이상 예수의 이름으로 말하거나 가르치지 못하게 했습니다(행 4:17-20). 그러나 그들은 모든 고난과 역경을 잘 감당했습니다. 사도 바울도 복음을 위해서 "...수고를 넘치도록 하고 옥에 갇히기도 더 많이 하고 매도 수없이 맞고 여러 번 죽을 뻔하였으니"(고후 11:23)라고 했습니다. 그러나 그는 "누가 우리를 그리스도의 사랑에서 끊으리요 환난이나 곤고나 박해나 기근이나 적신이나 위험이나 칼이랴... 이 모든 일에 우리를 사랑하시는 이로 말미암아 우리가 넉넉히 이기느니라"(롬 8:35-37)고 모든 고난을 아주 달게 받았습니다. 참으로 위대한 지도자들이었습니다. 마찬가지로 우리들도 이 세상을 살아가면서 당하는 고난과 역경을 두려워하지 말고 달게 받을 줄 알아야 합니다.

둘째로 심지가 견고했습니다.

사도들은 복음을 전하다가 채찍을 받고 능욕을 받으면서 그것 자체를 기쁘게 여기고 예수는 그리스도라는 사실을 가르치고 전도하기를 쉬지 않았습니다(행 5:40-42). 사도 바울은 결박과 환난의 위협을 받을 때에도 "내가 달려

갈 길과 주 예수께 받은 사명 곧 하나님의 은혜의 복음을 증언하는 일을 마치려 함에는 나의 생명조차 조금도 귀한 것으로 여기지 아니하노라"(행 20:24)고 흔들림이 없이 심지가 견고한 마음으로 사명을 감당했습니다. 그는 자신이 그토록 죽을 고생을 다 했지만 조금도 변함없이 심지가 견고하게 사명을 감당하는 데에 최선을 다했습니다. 그렇습니다. 하나님께서는 "심지가 견고한 자를 평강하고 평강하도록 지키"(사 26:3)십니다. 여기에서 심지가 견고하다는 것은 그 어떠한 경우에도 마음이 한결같이 변덕을 부리지 않는 굳은 의지를 말합니다. 사도 바울은 참으로 심지가 견고한 사람이었습니다.

셋째로 끝까지 인내했습니다.

성경에서 위대한 인물들은 모두가 다 끝까지 인내했습니다. 다윗도 인내했습니다. 욥도 인내했습니다. 예수님께서도 끝까지 인내했습니다 바울도 "...나는 날마다 죽노라"(고전 15:31)고 자기를 포기하고 인내했습니다. 야고보도 "인내를 온전히 이루라 이는 너희로 온전하고 구비하여 조금도 부족함이 없게 하려 함이라"(약 1:4)고 했습니다. 그렇습니다. 인내는 하나님의 뜻이며(딤전 6:11) 성도들의 아름다운 덕입니다(벧전 2:22). 그러므로 우리는 이유 여하를 막론하고 인내해야 합니다. 하나님의 미쁘심을 믿고 인내해야 합니다(고전 10:13). 주님의 승리를 믿고 끝까지 인내해야 합니다(요 16:33). 그리하여 우리들도 사도 바울처럼 승리해야겠습니다.

사랑하는 여러분!

우리들이 이 세상을 살아가면서 그 어떠한 고난을 당한다고 할지라도 달게 받읍시다. 또한 언제나 심지가 견고하게 맡은 바 사명을 잘 감당합시다. 그리고 끝까지 인내하여 반드시 승리하는 사명자들이 되시기 바랍니다.

3. 비겁한 부겔로와 허모게네

첫째로 고난을 두려워했습니다.

로마의 네로 황제는 A.D. 64년부터 그리스도인들에 대해 대대적으로 박해를 가해왔습니다. 주의 종들과 수많은 성도들이 옥에 갇히기도 하고 갖가지 방법으로 처형을 당하기도 했으며 원형경기장에 끌려가 굶주린 사자들의 먹이가 되기도 했습니다. 그러기에 당시에 예수 그리스도를 구주로 믿는다는 것은 곧 죽음을 각오해야 했습니다. 때문에 부겔로와 허모게네는 바로 이러한 고난과 역경이 싫어서 아시아(당시의 아시아는 지금의 아시아가 아니라 지금의 에게 연안의 서남쪽으로서 로마 제국의 한도였음)에 있는 모든 사람들과 같이 복음을 전하는 바울을 버리고 떠났습니다(딤후 1:15). 여기에서 바울이 특별히 부겔로와 허모게네를 지목하여 말한 것을 보면 그들이 아시아에 있는 사람들이 바울을 버리고 떠나는 일에 앞장섰을 것이라고 생각할 수 있습니다. 그러나 우리가 한가지 기억해야 할 것은 우리 주님께서는 "자기 목숨을 얻는 자는 잃을 것이요 나를 위하여 자기 목숨을 잃는 자는 얻으리라"(마 10:39)고 말씀하셨습니다. 한마디로 고난을 두려워하는 사람은 성공적인 삶을 살 수 없습니다.

둘째로 의리를 저버렸습니다.

부겔로가 잠시나마 이방인들에게 복음을 전하는 사도 바울과 함께 동행했었던 것을 보면 그들도 역시 바울의 선교동역자였던 것 같습니다. 사도 바울이 제3차 선교여행을 감행했을 당시에만 해도 수많은 사람들이 바울의 동역자요 후원자로 함께 했습니다. 때문에 그들이 가는 곳마다 사람들이 복음을 받고 회개하는 역사가 일어났으며, 교회가 세워졌습니다. 그런데 바울이 로마의 감옥에 갇히게 되자 많은 사람들이 고난과 죽음이 두려워서 바울을 버리고 떠났습니다. 그들 대부분은 다 사도 바울을 통해서 복음을 받고 그리스도인이 된 사람들입니다. 그러므로 바울이 고난을 받을 때에 어떻게 해서라도 그를 돕고 구출하기 위해 최선을 다했어야 합니다. 아니면 그와 함께 고난을 받고 그와 함께 죽을 수 있는 각오가 되어있어야 했습니다. 그러나 부겔로와 허모게네는 그렇지 못했습니다.

셋째로 사명을 저버렸습니다.
부겔로와 허모게네가 사도 바울이 감옥에 갇히자 그를 배신하고 떠나버린 것은 믿음과 사명을 저버린 무서운 죄악입니다. 그들의 믿음이 변했기 때문에 사명을 저버린 것입니다. 사명은 생명보다 귀합니다. 그러므로 그 어떤 이유로도 이 사명은 저버릴 수 없습니다. 우리는 이 사명을 위해서 살고 이 사명을 위해서 죽어야 합니다. 왜냐하면 우리 모두는 다 이 사명 때문에 이 세상에 태어났습니다. 때문에 이 세상에서의 사명이 있는 자는 결코 죽지 않습니다.

사랑하는 여러분!
그 어떠한 고난도 두려워하지 맙시다. 우리 주님께서 이 세상을 이기셨습니다. 또한 그 어떤 이유로도 배신하지 맙시다. 그리고 내게 호흡이 있는 한 맡은 바 사명을 철저히 감당하는 멋진 삶을 사시기 바랍니다.

 # 브리스가와 아굴라

[롬 16:3-4]

너희는 그리스도 예수 안에서 나의 동역자들인 브리스가와 아굴라에게 문안하라 그들은 내 목숨을 위하여 자기들의 목까지도 내놓았나니 나뿐 아니라 이방인의 모든 교회도 그들에게 감사하느니라

> 우리 인간이 험악한 이 세상을 살아가는데 있어서 가장 중요한 것은 우선 남편과 아내를 잘 만나야 하고 함께 사역할 동역자를 잘 만나야 합니다. 오늘 본문의 브리스가(브리스길라는 애칭임)와 아굴라는 그들의 이름이 성경 어디에서든지 항상 같이 나옵니다. 그들은 언제나 하나였고 함께 동역했습니다. 그들은 이 세상에서 가장 모범적인 부부였으며 진정한 바울의 동역자였습니다. 이 브리스가와 아굴라 부부는 자꾸만 이그러지고 파괴되어져 가는 오늘의 가정들과 진정한 동역자를 찾기 힘든 이 시대에 참으로 귀감이 되는 부부입니다.

1. 하나된 부부

첫째로 하나된 진정한 부부였습니다.

브리스가와 아굴라는 그들의 몸과 마음은 물론 삶 자체가 하나였습니다(행 18:2-3). 대부분의 부부들이 처음에는 서로 사랑해서 결혼하지만 막상 결혼하고 나면 몸과 마음은 물론 모든 것들이 서로 맞지 않아서 괴로워하는 부부들이 많습니다. 다시 말하면 말이 부부이지 실상은 그렇지 않고 서로가 따로 따로 노는 부부들이 많습니다. 그런데 브리스가와 아굴라 부부는 명실상부한 부부였습니다. 때문에 브리스가와 아굴라는 성경 어디에서도 그들 이름이 각각 따로 거명된 곳이 한 곳도 없습니다. 그들의 이름은 언제나 함께

나옵니다. 그들은 항상 한 몸이요 한 마음이었으며 같이 천막을 제조하면서 한 삶을 살아간 부부였습니다(행 18:3). 아마도 인류 역사상 가장 행복한 삶을 산 최고의 부부였다고 생각됩니다.

둘째로 신앙도 하나였습니다.
브리스가와 아굴라 부부는 예수 그리스도를 구주로 영접하고 그리스도인이 된 후로는 두 사람 다 변함 없이 신앙생활을 잘하는 모범된 부부였습니다. 브리스가는 로마의 귀족출신이요, 아굴라는 디아스포라 출신 유대인의 후손으로서 소아시아 본도 사람이었습니다. 그들은 로마에서 결혼하여 생활하고 있었습니다. 다시 말하면 서로의 출신국이 다른 사람들이기 때문에 태어나서 자란 환경이나 종교적인 배경이 다를 수 있습니다. 그러나 그들은 예수 그리스도를 구주로 믿는 신앙으로 완전히 하나가 된 부부였습니다. 때문에 국적이 문제가 아니었습니다. 그 어떠한 문화적인 차이도 문제가 아니었습니다. 어떤 부부들은 이런 변명을 하는 사람들이 있습니다. 자기네 부부는 다른 것은 다 맞는데 신앙생활만큼은 예외라고 합니다. 그러나 그들의 변명은 다 모순입니다. 왜냐하면 다른 것이 다 맞는데 신앙생활이 안 맞을 리가 없고 신앙생활이 안 맞는데 다른 것이 다 맞을 리가 없기 때문입니다. 그렇습니다. 신앙생활이 맞으면 다른 것이 다 맞습니다. 또한 그들은 로마황제 글라디우스의 유대인 추방정책으로 인해 생업을 버리고 로마에서 쫓겨나 고린도에서 살았습니다. 그러나 그들의 하나된 신앙은 조금도 변하지 않고 끝까지 지켰습니다. 참으로 귀한 신앙의 부부였습니다.

셋째로 사역도 하나였습니다.
그들이 로마에서 추방되어 고린도에서 살면서 사도 바울을 만났습니다. 그 때부터 그들은 바울을 도와 복음전파사역에 충성하게 됩니다. 그런데 성경 그 어디에도 그들이 사도 바울을 도와 복음전파사역을 감당하면서 서로의 의견이 엇갈리거나 충돌했다는 기사가 나오지 않습니다. 그들 부부는 서로가 한결같이 바울의 선교사역에 하나가 되어 변함 없이 끝까지 충성했습니다. 그렇습니다. 복음전파사역에 부부가 하나되어 충성하는 것보다 더 보람스럽고 행복한 일은 없을 것입니다. 그러므로 우리 모두는 물론 온 가족이 하나되어 복음전파사역에 최선을 다해야겠습니다.

사랑하는 여러분!
우리들도 부부간에 서로 맞추어가면서 살아가는 삶의 지혜를 가져야 합니다. 또한 온 가족이 인가 귀도 되어 함께 신앙생활 하는 가정을 이루어야겠습니다. 그리고 온 가족이 다 함께 복음전파사역에 귀하게 쓰임 받는 복된 가정을 이루시기 바랍니다.

2. 깊이 있는 신앙의 부부

첫째로 열심 있는 신앙의 부부였습니다.
브리스가와 아굴라 부부는 바울이 에베소에 가서 복음을 전하자 말씀을 사모하여 그 곳에까지 따라가서 말씀을 배울 정도로 열심이었습니다. 그렇습니다. 가장 좋은 신앙은 말씀대로 믿고 순종하며 열심하는 신앙입니다. 그러므로 우리들도 열심히 모여 예배해야 합니다. 뜨겁게 기도해야 합니다. 열정적으로 찬송해야 합니다. 은혜를 사모하면서 열심히 성경을 읽어야 합니다. 성경말씀에 철저하게 순종해야 합니다. 때를 얻든지 못 얻든지 열심히 복음을 전파해야 합니다. 그 어떤 이유로도 변함이 없는 견고한 신앙인이 되어야 합니다. 우리들도 브리스가와 아굴라 부부와 같이 열심 있는 신앙인들이 되어야겠습니다.

둘째로 변함 없는 신앙의 부부였습니다.

바울이 에베소에서 다른 곳으로 선교여행을 떠난 다음에는 아볼로가 에베소 교회의 목회자가 되었습니다. 그들은 목회자가 바뀌었지만 조금도 흔들림이 없이 신앙생활을 잘 했습니다. 그들은 언제나 아볼로의 설교에 귀를 기울이고 은혜를 사모했습니다. 그렇습니다. 그리스도의 터 위에 세워진 진정한 믿음의 사람은 그 어떤 상황에서도 심지가 견고하게 변함없이 신앙생활을 잘합니다. 그러므로 우리들도 이유 여하를 막론하고 변함없이 신앙생활을 잘 해야 합니다. 그리하여 브리스가와 아굴라 부부처럼 누가 보든지 안 보든지 믿음직한 신앙인들이 되시기 바랍니다.

셋째로 위로와 격려의 부부였습니다.

사도 바울이 고린도에서 복음을 전할 때에 여러 가지로 비방을 많이 받고 심히 괴로워했습니다(행 18:4-6). 그럴 때마다 브리스가와 아굴라 부부는 바울을 위로하고 격려했습니다. 또한 그들은 에베소 교회에 새로 부임한 아볼로가 설교 할 때에 귀를 기울이고 말씀을 경청했습니다. 아볼로는 학문이 뛰어나고 성경지식이 아주 풍부한 사람으로서 설교를 잘 했습니다. 그런데 문제는 아볼로가 요한의 세례만 알 뿐 예수 그리스도의 복음에 대해서는 잘 알지 못했다는 것입니다. 그러나 브리스가와 아굴라 부부는 사도 바울로부터 복음의 진수를 배웠기 때문에 예수 그리스도의 복음에 대해서 아주 깊이 잘 알고 있었습니다. 그렇지만 그들은 아볼로의 설교에 대해서 못마땅해 하거나 불평하는 일이 전혀 없었습니다. 뿐만 아니라 아볼로에 대한 존경심도 전혀 변함이 없었습니다. 그들은 당대 최고의 학자요, 목회자인 아볼로를 조용히 초청하여 예수 그리스도에 대한 복음의 진수를 겸손하게 잘 설명해 주었습니다. 이에 아볼로는 큰 은혜를 받았습니다. 후에 아볼로는 아가야 지방에서 아주 성공적인 목회를 잘 했습니다. 이 모두는 다 브리스가와 아굴라 부부의 깊은 충성심에서 비롯된 것이었습니다.

사랑하는 여러분!
우리들도 열심 있는 신앙의 가정이 됩시다. 또한 변함없는 깊은 신앙인들이 됩시다. 그리고 이유 여하를 막론하고 모든 이들을 위로하고 격려하는 참된 신앙인들이 되시기 바랍니다.

3. 철저한 헌신의 부부

첫째로 바울을 위해 목숨까지 내놓았습니다.
사도 바울은 예수 그리스도의 종으로서 장점도 많았지만 그렇지 못한 부분들도 많았습니다. 우선 건강이 좋지 않았으며 외소한 키와 약한 몸에 외모까지 단정치 못했습니다. 거기다가 성격은 급하고 난폭했으며 말까지도 시원치 않았습니다. 다시 말하면 인간적인 외적 면으로 볼 때에는 존경받을 만한 인품이 되지 못한 사람이었습니다. 그러나 브리스가와 아굴라 부부가 고린도에서 사도 바울을 만나 복음을 받고 구원받은 후로는 바울의 인간적인 그 어떤 것도 개의치 않고 바울의 복음전파사역에 최선을 다해 헌신했습니다. 그들은 사도 바울을 끊임없이 위로하고 격려했습니다. 또한 바울이 유대인들의 송사로 인해 총독 앞에 섰을 때에도 그 어떠한 위험도 개의치 않고 적극적으로 그를 도왔습니다. 때문에 사도 바울은 브리스가와 아굴라 부부에 대해 "그들은 내 목숨을 위하여 자기들의 목까지도 내놓았나니"(롬 16:4)라고 한없이 칭찬했습니다.

둘째로 철저한 청지기적인 삶을 살았습니다.
브리스가와 아굴라 부부는 로마에서 고린도로, 고린도에서 에베소로,

또다시 로마로 이렇게 여러 곳을 옮겨 다니면서 살아야 했습니다. 그러나 그들은 조금도 변함 없이 가는 곳마다 자기 집을 예배처소로 제공하여 교회를 세우고 신실한 신앙생활로 모든 사람들에게 모범을 보였습니다. 성경에 보면 초대교회와 신약교회가 대부분이 다 신실한 신앙의 가정에서부터 시작되었습니다. 초대 예루살렘 교회가 마가 요한의 집에서 시작되었고, 빌립보 교회는 자색 옷감 장사 루디아의 집에서 시작되었으며, 골로새 교회는 빌레몬의 집에서 시작되었고, 고린도 교회는 후메가이오의 집에서 시작되었습니다. 그러므로 우리들의 가정도 하나님 앞에 열심히 예배드리는 가정이 되어야 합니다.

셋째로 변함없이 끝까지 충성했습니다.
브리스가와 아굴라 부부는 바울의 선교사역을 위해 아낌없이 헌신했으며 바울이 에베소를 떠난 후에도 자기 집을 예배처소로 제공하고 변함 없이 충성했습니다. 그곳이 바로 에베소 교회였습니다. 그렇습니다. 진정한 충성은 변함이 없이 끝까지 충성하는 것입니다.

사랑하는 여러분!
우리들도 브리스가와 아굴라 부부처럼 치사 충성 하는 자세로 헌신의 삶을 삽시다. 또한 하나님의 것을 잠깐 위임받은 사람으로서 철저한 청지기 적인 삶을 삽시다. 그리고 호흡이 끊기는 그 시간까지 변함없이 충성하는 삶을 사시기 바랍니다.

 # 빌라도

[마 27:11-26]

예수께서 총독 앞에 섰으매 총독이 물어 이르되 네가 유대인의 왕이냐 예수께서 대답하시되 네 말이 옳도다 하시고 대제사장들과 장로들에게 고발을 당하되 아무 대답도 아니하시는지라 이에 빌라도가 이르되 그들이 너를 쳐서 얼마나 많은 것으로 증언하는지 듣지 못하느냐 하되 한 마디도 대답하지 아니하시니 총독이 크게 놀라워하더라 명절이 되면 총독이 무리의 청원대로 죄수 한 사람을 놓아 주는 전례가 있더니 그 때에 바라바라 하는 유명한 죄수가 있는데 그들이 모였을 때에 빌라도가 물어 이르되 너희는 내가 누구를 너희에게 놓아 주기를 원하느냐 1)바라바냐 그리스도라 하는 예수냐 하니 이는 그가 그들의 시기로 예수를 넘겨 준 줄 앎이더라 총독이 재판석에 앉았을 때에 그의 아내가 사람을 보내어 이르되 저 옳은 사람에게 아무 상관도 하지 마옵소서 오늘 꿈에 내가 그 사람으로 인하여 애를 많이 태웠나이다 하더라 대제사장들과 장로들이 무리를 권하여 바라바를 달라 하게 하고 예수를 죽이자 하게 하였더니 총독이 대답하여 이르되 둘 중의 누구를 너희에게 놓아 주기를 원하느냐 이르되 바라바로소이다 빌라도가 이르되 그러면 그리스도라 하는 예수를 내가 어떻게 하랴 그들이 다 이르되 십자가에 못 박혀야 하겠나이다 빌라도가 이르되 어찜이냐 무슨 악한 일을 하였느냐 그들이 더욱 소리 질러 이르되 십자가에 못 박혀야 하겠나이다 하는지라 빌라도가 아무 성과도 없이 도리어 민란이 나려는 것을 보고 물을 가져다가 무리 앞에서 손을 씻으며 이르되 2)이 사람의 피에 대하여 나는 무죄하니 너희가 당하라 백성이 다 대답하여 이르되 그 피를 우리와 우리 자손에게 돌릴지어다 하거늘 이에 바라바는 그들에게 놓아 주고 예수는 채찍질하고 십자가에 못 박히게 넘겨 주니라

빌라도는 유대, 사마리아, 이두메 지방을 맡은 로마의 다섯째 총독이었습니다. 그는 A.D. 26년부터 약 10년 간 총독으로 재임했습니다. 그를 본디오 빌라도라고 한 것은 그가 본디오 지방에서 전투를 벌였기 때문에 빌라도 앞에 본디오가 붙여졌으며 창을 쓰는

192 | 빌라도

> 데 능했기 때문에 빌라도라고 불렸습니다. 그는 아주 탐욕스럽고 잔혹한 통치를 했기 때문에 유대 백성들의 원성을 샀습니다. 또한 그는 사마리아인들의 배척으로 말미암아 로마 황제 디베료에 의해 소환을 받아 비엔나로 추방되었습니다. 그는 그곳에서 은둔 생활을 하다가 A.D. 41년에 자살했다는 설도 있고 처형되었다는 설도 있습니다.

1. 불의한 총독

첫째로 로마인으로서 유대의 총독이었습니다.

빌라도는 로마인으로서 유대에 파송되어 유대, 사마리아, 이두메 지방을 담당한 로마의 총독이었습니다. 그는 로마 군대(약 3,000명)의 본부를 가이사랴에서 예루살렘의 헤롯 궁으로 옮겼습니다. 또한 그 곳을 '브라이도리온'이라고 했습니다(막 15:16). 그는 총독으로 부임하자마자 계속해서 로마를 우상화시키는 데에 혈안이 되어있었습니다. 때문에 군인들에게 로마에서 가져온 군기에 절하도록 했습니다. 생명을 걸고 투쟁하는 유대인들의 항거로 인해 할 수 없이 로마 군기에 절하는 것을 취소하기도 했습니다. 그는 또한 군기에 절하는 것을 포기하고 그 대신 헤롯 궁에 로마 황제의 위패를 세워놓고 거기에 절하도록 했습니다. 그러나 유대인들이 로마의 디베료 황제에게 위패를 옮겨줄 것을 요구하여 가아사랴의 아구스도 신당으로 다시 옮겨갔습니다. 그리고 절기 때만 되면 유대인들이 동서남북 사방에서 모여들기 때문에 물이 부족했습니다. 때문에 그는 이 물 부족을 해결한다는 이유로 성전의 헌금을 끌어다가 수로공사에 사용하여 유대인들의 비난을 받기도 했습니다. 그는 자신을 비난하는 많은 유대인들과 사마리아 사람들을 학살했습니다. 결국은 불의한 총독으로 낙인 찍혀서 로마로 소환되었습니다.

둘째로 사형에 대한 최종 결정자였습니다.

유대인들의 범죄에 대해서는 유대의 최고 재판소인 산헤드린 공회에서 재판하여 처리했습니다. 그러나 당시의 유대는 로마의 식민지였기 때문에 사형선고와 집행만큼은 반드시 로마 총독이 최종적으로 결정했습니다. 다시 말하면 예수님에 대한 사형선고와 집행은 빌라도 총독에게 달려있었습니다. 때문에 유대 종교의 지도자들은 예수님을 당시 총독으로서 사형선고와 집행의 최종 결정권자인 빌라도에게 보내어 합법적인 사형선고를 받아 내려한 것이었습니다(마 27:1,2).

셋째로 예수님에 대한 재판을 피하려 했습니다.
사형선고와 집행에 대한 최종 결정자인 빌라도는 자신의 재판권을 유대인에게 양도하려고 했습니다. 왜냐하면 죄 없는 예수님을 재판하는 것은 자신에게 아무런 유익을 주지 못하고, 자칫 잘못하면 자신이 불이익을 당하게 될 것이라고 생각했기 때문이었습니다. 빌라도가 예수님을 유대인인 헤롯에게 보낸 것입니다. 그러나 헤롯은 예수님이 한낱 마술이나 행하는 자로 여겨 멸시하고 조롱했으나 고발자들의 요구대로 구체적인 죄목을 붙여 정죄하지 못하고 다시 빌라도에게 돌려보내 재판을 받게 했습니다(눅 23:6-15). 당시의 빌라도와 헤롯은 정복자와 피정복자의 관계였기 때문에 서로가 원수였습니다. 그런데 예수님의 일로 인해 친구와 같이 되었다고 했습니다.

사랑하는 여러분!
이유 여하를 막론하고 빌라도와 같이 남을 범죄케 하는 악한 일을 하지 맙시다. 또한 하나님께서 우리들에게 허락하신 모든 것은 다 하나님께 영광을 돌리는 일에만 사용합시다. 그리고 그 어떤 일이 있어도 맡은 바 사명은 철저히 감당하는 책임감 있는 삶을 사시기 바랍니다.

2. 부정한 판결자

첫째로 예수님의 무죄를 확인했습니다.

빌라도가 산헤드린 공회에서 넘겨받은 예수님을 재판하기 위해 재판석에 앉았을 때에 그의 아내가 사람을 보내어 "저 옳은 사람에게 아무 상관도 하지 마옵소서 오늘 꿈에 내가 그 사람으로 인하여 애를 많이 태웠나이다"(마 27:19)라고 했습니다. 다시 말하면 빌라도의 아내가 예수님에 대한 꿈 때문에 불길한 예감이 들어 정신적으로나 육체적으로 상당한 고통을 당했다는 것입니다. 때문에 빌라도의 아내는 남편에게 무죄한 예수님을 정죄하는 일에 상관하지 말 것을 간곡하게 부탁한 것입니다. 다시 말하면 빌라도는 예수님의 외적인 모습에서나 말씀하시는 태도나 아내의 부탁 등 모든 정황으로 봤을 때에 예수님의 무죄를 정확하게 확인할 수 있었습니다(마 27:11-19). 그것은 바로 그의 옳은 판단이었습니다.

둘째로 불의한 백성들의 성화에 굴복했습니다.
유대에서는 명절을 당하면 총독이 무리의 소원대로 죄수 하나를 놓아주는 전례가 있었습니다(마 27:15). 때문에 빌라도는 군중들에게 예수와 바라바 둘 중에서 누구를 놓아주기를 원하느냐고 물었습니다(마 27:17,21). 이에 무리가 일제히 소리를 지르면서 "…바라바를 우리에게 놓아 주소서"(눅 23:18)라고 했습니다. 그러나 빌라도는 예수님을 놓고자 하여 다시 그들에게 말하자 그들은 소리를 지르면서 "그를 십자가에 못 박게 하소서 십자가에 못 박게 하소서"(눅 23:21)라고 소란을 피웠습니다. 그러나 빌라도는 또 다시 "이 사람이 무슨 악한 일을 하였느냐 나는 그에게서 죽일 죄를 찾지 못하였나니"(눅 23:22)라고 군중들을 설득하려고 했습니다. 그러나 군중들은 막무가내로 예수님을 십자가에 못박을 것을 재촉했습니다. 이에 빌라도는 예수님의 무죄에 대한 자신의 소신과는 상관없이 민란이 두려워서 군중들의 성화에 굴복하고 말았습니다.

셋째로 무죄한 예수님께 사형을 선고했습니다.
빌라도는 자신이 예수님의 무죄를 분명하게 확인했음에도 불구하고 군중들의 성화에 굴복하여 무죄한 예수님을 채찍질하고 사형을 선고했습니다(마 27:26). 유대 율법에 있어서의 매질은 40대로 제한되어 있었습니다(신 25:3; 고후 11:24). 그러나 로마 군병들은 이것을 무시하고 힘만 있으면 때리고 싶을 때까지 때렸습니다. 그들은 예수님께 홍포를 입혔고(마 27:28), 머리에는 가시관을 씌웠으며 홀 대신에 갈대를 그의 손에 쥐어주고 왕께 경배하는 흉내를 냈습니다(마 27:29). 뿐만 아니라 예수님께 침을 뱉고 갈대를 빼앗아 돌아가면서 예수님의 머리를 치기까지 했습니다(마 27:30). 그러나 우리 예수님께서는 그 모든 조롱과 멸시에 대해 묵묵히 참으셨습니다.

사랑하는 여러분!
우리 모두는 언제나 남을 나보다 더 낫게 여깁시다. 또한 그 어떤 이유로도 남을 억울하게 하는 일이 없어야겠습니다. 그리고 언제나 남을 일으켜 세우고 살리는 아름다운 삶을 살아야겠습니다.

3. 비겁한 권력자

첫째로 자신의 양심을 속였습니다.
빌라도는 선악을 분별하는 능력을 가지고 있었습니다. 때문에 예수님을 심문하는 과정에서 예수님께서는 그 어떠한 점도 없고 흠도 없는 무죄한 분이라는 사실을 이미 다 알고 있었습니다. 때문에 그는 "...물을 가져다가 무리 앞에서 손을 씻으며... 이 사람의 피에 대하여 나는 무죄하니"(마 27:24)라고까지 했습니다. 또한 그는 "이 사람이 무슨 악한 일을 하였느냐 나는 그에게서 죽일 죄를 찾지 못하였나니"(눅 23:22)라고 오히려 예수님을 변호하기까지 했습니다. 그러나 군중들의 민란이 일어나 나라가 시끄럽게 되면 자신의 통치력에 문제가 생기고 본국에서의 소환이나 자신의 능력에 대한 평가와 후환이 두려워서 자신의 양심을 속인 것입니다.

둘째로 불의한 군중들의 환심을 사려슴니다.

빌라도는 예수님께서 전혀 무죄하다는 사실을 알고 있으면서도 불의한 군중의 환심을 사기 위해 "나는 그에게서 죽일 죄를 찾지 못하였나니 때려서 놓으리라"(눅 23:22)고 타협하려 했습니다. 여기에서 그가 예수님을 때려서 풀어주겠다고 한 것은 불의한 군중들의 환심을 사기 위해 무죄하신 예수님을 희생시키겠다는 것입니다. 한 지역의 관리를 맡고 있는 총독으로서 아주 비겁한 발상을 한 것입니다. 패역한 오늘의 사회에서도 이러한 일들이 너무나도 많이 일어나고 있습니다. 국민들의 시선을 다른 데로 돌리기 위해 엉뚱한 사건을 조작하기도 합니다. 전방에서 총격사건을 일으키기도 합니다. 국민들의 주머니를 털어서 쓸데없는 댐을 막기도 합니다. 정적에게 간첩죄의 누명을 씌우기도 합니다.

셋째로 자신의 책임을 군중들에게 전가했습니다.

예수님께서 죄가 없으시다는 것을 알면서도 자신의 양심을 속이고 군중들의 환심을 사기 위해 예수님에게 채찍을 가하고 사형을 선고한 빌라도는 "무리 앞에서 손을 씻으며… 이 사람의 피에 대하여 나는 무죄하니 너희가 당하라"(마 27:24)고 자신의 책임을 군중들에게 전가했습니다. 그가 유대인들과 예수님 앞에서 손을 씻었다고 해서 그의 죄악이 씻어지거나 군중들에게 전가되는 것이 아닙니다. 그럼에도 불구하고 그는 어떻게 하든지 자신이 지은 모든 죄악을 군중들에게 전가하려고 했습니다. 참으로 야비한 인격의 소유자였습니다.

사랑하는 여러분!

우리 모두는 절대로 양심을 속이는 일이 없도록 합시다. 또한 불의한 방법으로 사람들의 환심을 사려는 어리석은 짓을 하지 맙시다. 그리고 자신의 잘못을 남에게 전가시키려는 불행한 사람이 되지 말아야겠습니다.

 # 빌 레 몬

[몬 1:1-7]

그리스도 예수를 위하여 갇힌 자 된 바울과 및 형제 디모데는 우리의 사랑을 받는 자요 동역자인 빌레몬과 자매 압비아와 우리와 함께 병사 된 아킵보와 네 집에 있는 교회에 편지하노니 하나님 우리 아버지와 주 예수 그리스도로부터 은혜와 평강이 너희에게 있을지어다 내가 항상 내 하나님께 감사하고 기도할 때에 너를 말함은 주 예수와 및 모든 성도에 대한 네 사랑과 믿음이 있음을 들음이니 이로써 네 믿음의 교제가 우리 가운데 있는 선을 알게 하고 그리스도께 이르도록 역사하느니라 형제여 성도들의 마음이 너로 말미암아 평안함을 얻었으니 내가 너의 사랑으로 많은 기쁨과 위로를 받았노라

> 빌레몬은 골로새 사람으로서 에베소의 두란노 서원에서 바울의 설교를 듣고 예수님을 영접하고 바울의 제자요, 동역자며, 빌레몬서의 수신자가 되었습니다. 빌레몬이란 이름의 뜻이 '다정한, 사랑이 넘친, 유익한'이란 뜻인데 그는 빌레몬이란 이름의 뜻에 걸맞게 산 사람이었습니다. 그의 온 식구는 다 하나님을 잘 믿었고 함께 동역자가 되었으며 자기 집에 골로새 교회를 세우는 훌륭한 평신도 지도자였습니다.

1. 빌레몬의 신앙

첫째로 신앙이 좋은 사람이었습니다.

로마의 감옥에 갇혀 있는 바울은 빌레몬에게 "내가 항상 내 하나님께 감사하고 기도할 때에 너를 말함은 주 예수와 및 모든 성도에 대한 네 사랑과 믿음이 있음을 들음이니"(몬 1:4,5)라고 했습니다. 다시 말하면 바울은 로마의 감옥에 있으면서도 빌레몬이 예수 그리스도를 구주로 믿고 모든 성도들을

사랑한다는 말을 듣고 그에 대해 하나님께 감사하고 기도할 때마다 그를 위한 간구를 잊지 않는다는 것입니다. 우리들도 빌레몬처럼 주 예수 그리스도에 대한 믿음이 굳건하고 성도들과 이웃에 대한 사랑이 풍성한 삶을 살아야 합니다. 그리하여 모든 성도들의 사랑과 신뢰를 받는 모범적인 신앙인이 되어야겠습니다.

둘째로 주의 종에게 힘이 되는 사람이었습니다.

바울은 자신이 로마의 감옥에 갇혀 있는 어려운 상황 속에서도 신실한 믿음의 사람 빌레몬의 소식을 듣고 "이로써 네 믿음의 교제가 우리 가운데 있는 선을 알게 하고 그리스도께 이르도록 역사하느니라 형제여 성도들의 마음이 너로 말미암아 평안함을 얻었으니 내가 너의 사랑으로 많은 기쁨과 위로를 받았노라"(몬 1:6,7)고 했습니다. 다시 말하면 사도 바울은 빌레몬이 성도들과 마음을 같이하여 하나님을 잘 경외하고 아름답게 헌신한다는 소식을 듣고 기쁨과 위로를 얻었다는 것입니다. 빌레몬은 한마디로 주의 종에게 힘과 용기를 주는 참으로 귀한 일꾼이었습니다. 그렇습니다. 목회자들의 행복은 성도들이 하나님을 잘 믿고 성도들과 화목하며 충성하는 것입니다. 그러므로 지금 이 시간에 나는 어떻게 신앙생활을 하고 있는지 냉철하게 반성해 보아야겠습니다.

셋째로 성도들을 평안케 하는 사람이었습니다.

빌레몬의 믿음과 헌신, 봉사를 통해서 많은 성도들이 평안을 얻었습니다. 다시 말하면 성도들은 빌레몬이 하나님 앞에서 신실하며 성도들과 아름다운 교제를 가지면서 교회에서 모범적으로 활동한 사실들을 통해 새로운 용기와 평안을 얻었다는 것입니다. 그렇습니다. 한 개인의 신실한 신앙생활과 인격은 많은 사람들에게 유익한 영향력을 끼칩니다. 교회는 이러한 성도들이 많으면 많을수록 하나님의 뜻을 이루어 드리는 아름다운 교회로 성장하게 되고 이 세상의 소금과 빛, 거룩한 향기로서의 사명을 잘 감당하게 됩니다. 그러므로 우리 교회 식구들은 모두가 다 빌레몬과 같은 신실한 신앙인들이 되어 가정과 교회, 이웃에게 위로와 기쁨, 평안을 주는 은혜로운 삶을 살아야겠습니다.

사랑하는 여러분!
우리 모두는 빌레몬처럼 하나님을 잘 경외하고 모든 성도들에게 사랑을 실천하는 풍성한 삶을 삽시다. 또한 주의 종들에게 위로와 격려, 용기와 힘을 주는 신실한 자들이 됩시다. 그리고 이유 여하를 막론하고 모든 사람들에게 평안을 주는 아름다운 성도들이 되시기 바랍니다.

2. 신앙의 가정

첫째로 온 식구가 구원받았습니다.
빌레몬의 가정은 그의 부인으로 추정되는 압비아와 아들로 추정되는 아킵보가 모두 다 예수 그리스도를 구주로 믿고 구원받은 참으로 복된 가정이었습니다. 이 세상에서 한 가족이 다 예수 믿고 구원받아 주님의 일에 쓰임 받는 것보다 더 큰 복은 없습니다. 그러므로 빌레몬의 가정은 이 세상에서 가장 행복한 가정이었습니다. 우리들도 온 식구가 다 예수 믿고 구원받아 하나님의 자녀로서 맡은 바 사명을 잘 감당하는 복된 가정을 이루어야겠습니다. 그러므로 우리의 가정에서 신앙생활의 낙오자가 있다든지 아직도 예수님을 믿지 않는 불신자가 있다고 하면 어서 빨리 주님께로 인도하여 구원받게 해야 합니다. 이 세상에서 이보다 더 시급하고 중요한 일은 없습니다.

둘째로 온 식구가 다 충성된 사명자들이었습니다.

사도 바울은 빌레몬에 대해서 "...우리의 사랑을 받는 자요 동역자..."(몬 1:1)라고 했습니다. 이것은 바로 바울이 빌레몬과 관계를 가지고 복음을 전했다는 사실을 증언하는 것입니다. 또한 빌레몬의 아내인 압비아에게는 "자매 압비아"(몬 1:2)라고 했습니다. 바울은 언제나 자신과 같이 복음을 전하는 자들을 형제라고 불렀습니다. 그러한 의미에서 볼 때에 압비아에게도 주 안에서 같이 사역하는 자매임을 나타내고 있는 것입니다. 그리고 빌레몬의 아들인 아킵보에게는 "...우리와 함께 병사된 아킵보..."(몬 1:2)라고 했습니다. 다시 말하면 아킵보도 자신과 함께 복음을 전파하는 그리스도의 병사라는 것입니다. 한마디로 빌레몬의 가정은 온 식구가 다 하나님의 일꾼으로서 복음을 전하는 충성된 십자가의 군병들이었습니다. 우리들의 가정도 빌레몬의 가정과 같이 온 가족이 다 복음을 전하는 충성된 일꾼들이 되어야겠습니다.

셋째로 그들의 집이 예배처소였습니다.

초대교회는 A.D. 3세기 이전까지는 예배를 드리기 위해 특별히 건물을 세웠다는 기록이 없습니다. 당시의 교회는 모두 다 개인의 가정집에서 시작이 되었습니다. 즉 예루살렘의 마가의 집(행 12:12), 빌립보의 루디아의 집(행 16;40), 에베소의 아굴라의 집(고전 16:19), 라오디게아의 눔바의 집(골 4:15), 골로새의 빌레몬의 집(몬 1:2) 등이 대표적인 예입니다. 초대교회 당시에는 모두가 다 이렇게 믿음이 좋은 성도의 가정집에서 예배드리고 모임을 가졌습니다. 그것은 바로 가족과 친지 등이 모이기가 용이하고 편리했기 때문이었을 것입니다. 빌레몬은 참으로 자신의 모든 것들을 다 바쳐서 헌신하는 모범적인 신앙인이었습니다. 우리들도 그러한 모습들을 철저하게 본 받아야겠습니다.

사랑하는 여러분!

우리들도 빌레몬 가정처럼 온 식구가 다 인가귀도 되어 하나님께 영광 돌리는 가정이 됩시다. 또한 온 식구가 다 주님의 일에 귀하게 쓰임 받는 일꾼들이 되어야겠습니다. 그리고 우리의 가정이 하나님께서 임재하시는 제단이 될 수 있도록 최선을 다하시기 바랍니다.

3. 인정받은 사람

첫째로 바울의 옥중서신을 받았습니다.

바울은 3차 전도여행을 마친 후 구제헌금을 전달하기 위해 예루살렘 교회를 방문했다가 유대인들에게 잡혀 약 2년이 넘는 호송기간을 거쳐 로마 감옥에 갇히게 되었습니다. 이때에 옥중에서 빌레몬 가정의 종이었던 오네시모라는 노예를 만나 복음을 전하여 그가 예수님을 믿고 구원받아 하나님의 자녀가 되게 했습니다(몬 1:9,10). 당시의 노예는 주인의 소유물로서 재산목록에 들어가 있었습니다. 왜냐하면 노예는 그 사회의 중요한 노동력으로서 모든 산업에 기초를 이루고 있었기 때문입니다. 그래서 주인은 노예를 매매할 수 있었고 도망 등의 불법적인 행동을 했을 때에는 주인이 사형시킬 권한도 가지고 있었습니다. 오네시모는 빌레몬의 집에 물질적인 큰 손해를 입히고 감옥에 갇힌 사람이었습니다(몬 1:11,18). 그런데 그가 바울의 전도를 받고 변화가 되어 바울의 신복이요 동역자가 되었습니다. 그래서 바울은 오네시모와 함께 사역하기를 원하여 오네시모의 주인인 빌레몬에게 허락을 받고자 편지를 보낸 것입니다(몬 1:10-14). 이 편지가 바로 빌레몬서입니다.

둘째로 오네시모에 대한 환대를 부탁했습니다.

바울은 빌레몬에게 오네시모가 그 동안 빌레몬을 떠나게 된 것은 영원히 함께 있기 위한 잠시동안의 떠남이었다고 말했습니다(몬 1:15). 이것은 바로 바울이 인간적으로나 세상적인 법의 잣대로 생각하지 않고 오직 믿음으로 생각한 것입니다. 그래서 바울은 빌레몬에게 "이후로는 종과 같이 대하지 아니하고 종 이상으로 곧 사랑받는 형제로 둘 자라... 그러므로 네가 나를 동역자로 알진대 그를 영접하기를 내게 하듯 하고 그가 만일 네게 불의를 하였거나 네게 빚 진 것이 있으면 그것을 내 앞으로 계산하라"(몬 1:16-18)고 했습니다. 다시 말하면 오네시모가 손해를 입힌 물질적인 피해는 자신이 다 책임질 터이니 오네시모를 사랑하는 형제로 대하고 환대해 주라는 부탁입니다.

셋째로 사람들로부터 인정을 받았습니다.

바울은 빌레몬이 자신의 부탁을 허락할 것을 확신하고 빌레몬에 대한 환대와 자신이 출소 이후에 머물 수 있는 처소를 준비하도록 부탁까지 했습니다(몬 1:21,22). 여기에서 우리는 바울이 그를 얼마나 신뢰하고 있는가를 알 수 있습니다. 또한 교인들의 신뢰를 받았습니다. 교인들은 한결같이 빌레몬 때문에 평화를 얻었다고 칭찬했습니다. 그리고 자신이 부리던 종인 오네시모까지도 그를 신실한 신앙인으로 인정했습니다. 때문에 오네시모가 감옥에 있는 사도 바울에게 빌레몬과 그 가족의 신앙과 사랑, 헌신적인 삶을 전달한 것입니다.

사랑하는 여러분!

우리 모두는 하나님의 말씀을 받은 자들입니다. 그러므로 말씀을 성실하게 지킵시다. 또한 모든 사람들을 언제나 좋게 대하는 따뜻한 삶을 삽시다. 그리고 하나님과 교회, 이웃들에게 인정받고 칭찬 받는 값진 삶을 사시기 바랍니다.

 # 빌 립 (제자)

[요 1:43-51]

이튿날 예수께서 갈릴리로 나가려 하시다가 빌립을 만나 이르시되 나를 따르라 하시니 빌립은 안드레와 베드로와 한 동네 벳새다 사람이라 빌립이 나다나엘을 찾아 이르되 모세가 율법에 기록하였고 여러 선지자가 기록한 그이를 우리가 만났으니 요셉의 아들 나사렛 예수니라 나다나엘이 이르되 나사렛에서 무슨 선한 것이 날 수 있느냐 빌립이 이르되 와서 보라 하니라 예수께서 나다나엘이 자기에게 오는 것을 보시고 그를 가리켜 이르시되 보라 이는 참으로 이스라엘 사람이라 그 속에 간사한 것이 없도다 나다나엘이 이르되 어떻게 나를 아시나이까 예수께서 대답하여 이르시되 빌립이 너를 부르기 전에 네가 무화과나무 아래에 있을 때에 보았노라 나다나엘이 대답하되 랍비여 당신은 하나님의 아들이시요 당신은 이스라엘의 임금이로소이다 예수께서 대답하여 이르시되 내가 너를 무화과나무 아래에서 보았다 하므로 믿느냐 이보다 더 큰 일을 보리라 또 이르시되 진실로 진실로 너희에게 이르노니 하늘이 열리고 하나님의 사자들이 인자 위에 오르락 내리락 하는 것을 보리라 하시니라

> 빌립이란 말의 헬라원어는 "용사, 또는 말을 사랑하는 자"란 의미를 가지고 있습니다. 그런데 성경에는 이 빌립이란 이름을 가진 사람이 네 명이 나옵니다. 사도 빌립과 집사 빌립 그리고 헤롯 대왕의 아들이며 헤로디아의 남편인 빌립과 분봉 왕 빌립이 있습니다. 오늘 이 시간에는 예수님의 제자로서 복음서에만 나타난 사도 빌립에 대한 말씀을 증거하고자 합니다. 이 시간의 말씀을 통해서 각자의 신앙을 다시 한 번 점검하고 새롭게 세워 가는 기회가 되어야겠습니다.

1. 확신 있는 전도자

첫째로 부름 받은 즉시 주님을 따랐습니다.

예수님 당시의 갈릴리는 헬라 문화의 침투가 극심하여 예루살렘과는 달리 사회적으로 소외된 사람들이 많이 거주했던 곳입니다. 때문에 갈릴리는 유다와 예루살렘 사람들에 의해 조롱과 경멸의 대상이었습니다(요 1:46). 그러나 예수님께서는 공생애 초기와 후기의 짧은 유대사역을 제외하고는 대부분의 사역을 주로 사회적으로 천대받고 경제적으로 착취당하는 갈릴리에서 행하셨습니다. 이것은 바로 구약예언의 성취였던 것입니다(사 9:1,2; 마 4:14-16). 그런데 예수님께서 이 갈릴리에서 빌립에게 "...나를 따르라"(요 1:43)고 하셨을 때에 그는 즉시 예수님을 따랐습니다.

둘째로 소명 받은 즉시 전도했습니다.

빌립은 갈릴리 벳새다에서 소명을 받고 즉시 친구인 나다나엘을 찾아가 "모세가 율법에 기록하였고 여러 선지자가 기록한 그이를 우리가 만났으니 요셉의 아들 나사렛 예수니라"(요 1:45)고 증언 했습니다. 이것이 바로 사명자의 올바른 자세인 것입니다. 그렇습니다. 복음 전파는 이 세상의 그 어떤 일보다도 가장 시급하고 중요한 일이기 때문에 지체하거나 미룰 수 없습니다. 주님께서도 우리들에게 "너희는 먼저 그의 나라와 그의 의를 구하라 그리하면 이 모든 것을 너희에게 더하시리라"(마 6:33)고 하셨습니다. 그러므로 우리들도 이유여하를 막론하고 먼저 복음을 전파해야 합니다.

셋째로 주님을 자신 있게 증언 했습니다.

나다나엘은 빌립이 자기에게 예수 그리스도에 대해 증언하자 "나사렛에서 무슨 선한 것이 날 수 있느냐..."(요 1:46)고 빌립의 말을 믿지 않고 외면했습니다. 왜냐하면 나다나엘의 생각에는 정치적으로 냉대 받고 경제적으로 착취당하며 사회적으로 소외된 사람들이 사는 나사렛에서 어떻게 메시야가 탄생할 수 있느냐는 인간적인 생각 때문이었습니다. 그러나 빌립은 예수 그리스도에 대한 확신을 가지고 나다나엘에게 "...와서 보라..."(요 1:46)고 자신 있게 증언했습니다. 그렇습니다. 우리 모두는 예수 그리스도에 대한 증인들입니다. 그러므로 언제, 어디서나, 때를 얻든지 못 얻든지 모든 사람들에게 예수 그리스도를 자신 있게 증언해야 합니다.

사랑하는 여러분!
우리들도 빌립처럼 부름 받은 즉시 주님을 따르는 순종의 삶을 삽시다. 또한 인류의 구원자가 되시는 예수 그리스도를 때를 얻든지 못 얻든지 곧바로 증언합시다. 그리고 우리들이 듣고, 보고, 체험한 예수 그리스도를 이 세상의 모든 사람들에게 자신 있게 증언하는 적극적인 삶을 사시기 바랍니다.

2. 합리적인 계산자

첫째로 주님께서는 많은 이적을 행하셨습니다.
주님께서는 공생애 3년 동안에 제자들과 함께 다니시면서 수많은 기사와 이적을 행하셨습니다. 가나 혼인잔치에서는 물로 포도주를 만드셨습니다(요 2:1-11). 또한 병들어 다 죽어 가는 왕의 신하 아들을 고쳐주셨습니다(요 4:46-54). 그리고 베데스다 못 가의 38년 된 병자도 살려주셨습니다(요 5:2-9). 때문에 빌립은 그 동안에 예수님께서 우리 인간들이 상상 할 수 없는 초자연적인 능력을 행하신 것을 많이 보았습니다. 그렇습니다. 주님께서는 천지만물을 창조하시고 그 모든 것들을 친히 주장하시는 분이십니다. 그러므로 우리 인간들의 생사화복이 모두 다 그분께 달려있음을 깨달아야 합니다.

둘째로 예수님께서 그에게 질문하셨습니다.
당시 이스라엘 백성들은 예수님의 말씀을 듣기 위해 몇 날, 며칠 동안이든지 상관하지 않고 따라다녔습니다. 때문에 예수님이 계신 곳에는 언제나 수

많은 군중들이 모여들었습니다(요 6:2). 그런데 예수님께서는 벳새다 광야에서 저녁식사 때가 되자 자신이 무리들을 어떻게 먹이실 것을 이미 다 계획하시고 계시면서도 빌립에게 "우리가 어디서 떡을 사서 이 사람들을 먹이겠느냐"(요 6:5)고 물으셨습니다. 그것은 바로 빌립의 믿음을 측정하시기 위한 것이요 또한 그에게 그들을 돌봐야한다는 사명감을 고취시키기 위함이었습니다. 만약에 빌립이 사도가 아니라 군중 속의 한 사람이었다고 하면 그에게 그러한 질문을 하시지 않았을 것입니다.

셋째로 인간적인 계산의 대답을 했습니다.
"우리가 어디서 떡을 사서 이 사람들을 먹이겠느냐"고 물으신 예수님의 질문을 받은 빌립은 "각 사람으로 조금씩 받게 할지라도 이백 데나리온의 떡이 부족하리이다"(요 6:7)라고 인간적인 계산으로 대답했습니다. 빌립의 이러한 계산이 맞는지 안 맞는지는 정확히 알 수 없습니다. 그러나 예수님의 질문에 대한 그의 대답이 완전히 인간적이고 불신앙적이었습니다. 그는 그동안 예수님께서 행하신 초자연적인 기사와 이적을 많이 보았음에도 불구하고 예수님의 초자연적인 능력에 대해서는 전혀 생각하지 않고 오직 인간적인 계산만 한 것입니다. 이와 같은 불신앙의 상태가 바로 오늘 우리들의 신앙상태는 아닌지 깊이 생각해보아야겠습니다.

사랑하는 여러분!
예수님께서는 성경말씀을 통해서 우리들에게 수많은 기사와 이적들을 이미 다 보여 주셨습니다. 때문에 우리들은 전지 전능하신 주님을 믿습니다. 그러므로 범사에서 인간적인 생각을 버리고 믿음으로 행해야 합니다. 그리하여 일생 동안 믿는 자다운 복된 삶을 살아야겠습니다.

3. 이성 중심의 신앙인

첫째로 예수님은 하나님이십니다.

성경은 "태초에 말씀이 계시니라 이 말씀이 하나님과 함께 계셨으니 이 말씀은 곧 하나님이시니라"(요 1:1)고 하셨습니다. 또한 "말씀이 육신이 되어 우리 가운데 거하시매 우리가 그의 영광을 보니 아버지의 독생자의 영광이요 은혜와 진리가 충만하더라"(요 1:14)고 하셨습니다. 다시 말하면 하나님께서는 범죄한 우리 인간들을 구원하시기 위해서 육신을 입으시고 이 세상에 오셨습니다. 이 분이 바로 영원 전부터 계셨던 말씀으로서 예수님이십니다.

둘째로 하나님을 보여 달라고 했습니다.

예수님께서는 자신이 십자가에 달려 죽으심으로서 인류 구원의 대속 사역을 다 이루시고 하나님께로 돌아가실 시간이 임박했음을 아시고 제자들의 발을 씻기시고 겸손히 서로 섬기며 사랑하라고 하셨습니다(요 13:1,14,34). 그리고 제자들을 위로하시면서 아버지께로 가신다고 하셨습니다(요 14:2,3). 이에 도마는 "주여 주께서 어디로 가시는지 우리가 알지 못하거늘 그 길을 어찌 알겠사옵나이까"(요 14:5)라고 했습니다. 이에 예수님께서는 "내가 곧 길이요 진리요 생명이니 나로 말미암지 않고는 아버지께로 올 자가 없느니라"(요 14:6)고 하셨습니다. 그런데 빌립은 예수님에게 "주여 아버지를 우리에게 보여 주옵소서"(요 14:8)라고 했습니다. 이것은 바로 빌립과 제자들이 예수님의 말씀을 이해하지 못한 데서 비롯된 것이었습니다. 어쩌면 이것이 바로 오늘 우리들의 잘못된 신앙 모습을 보여주는 것인지도 모릅니다.

셋째로 보지 않고 믿는 자들이 복됩니다.

안식 후 첫 날 부활하신 예수님께서는 유대인들이 무서워 숨어 있는 제자들에게 나타나셔서 "너희에게 평강이 있을지어다"(요 20:19)라고 말씀하시고 손과 옆구리를 보이셨습니다. 그런데 왠일인지 모르지만 예수님께서 제자들에게 처음 찾아오셨을 때에는 도마가 그 자리에 없었습니다. 그래서 제자들이 나중에 도마가 왔을 때에 그에게 부활하신 예수님을 보았다고 말했습니다. 그러나 도마는 "내가 그의 손의 못자국을 보며 내 손가락을 그 못 자국에 넣으며 내 손을 그 옆구리에 넣어 보지 않고는 믿지 아니하겠노라"(요 20:25)고 했습니다. 그런데 예수님께서는 여드레를 지난 다음 다시 제자들에게 나타나셔서 "너희에게 평강이 있을지어다"(요 20:26)라고 말씀하시고 도마에게 "네 손가락을 이리 내밀어 내 손을 보고 네 손을 내밀어 내 옆구리에 넣어 보라 그리하여 믿음 없는 자가 되지 말고 믿는 자가 되라"(요 20:27)고 하셨습니다. 그제야 도마는 예수님에게 "...나의 주님이시요 나의 하나님이시니이다"(요 20:28)라고 고백했습니다. 이에 예수님께서는 "너는 나를 본 고로 믿느냐 보지 못하고 믿는 자들은 복 되도다"(요 20:29)라고 말씀하셨습니다. 그렇습니다. 예수님을 보고 믿는다고 하면 아마도 이 세상에서 제자들 밖에 예수님을 믿지 못할 것입니다. 때문에 주님께서는 "보지 못하고 믿는 자들은 복 되도다"(요 20:29)라고 말씀하신 것입니다. 그렇습니다. 우리들은 성경에서 예수님을 봅니다.

사랑하는 여러분!
예수님은 태초부터 계신 하나님이십니다. 그러므로 예수 그리스도를 믿는 자는 다 하나님을 믿는 것이요 하나님을 본 자들입니다. 그러므로 절대로 하나님을 보려고 하는 어리석은 생각을 하지 맙시다. 그리고 보지 않고 믿는 자가 복되다고 하신 주님의 말씀을 굳게 믿고 순종하는 훌륭한 신앙인들이 되시기 바랍니다.

빌 립 (집사)

[행 8:4-8]

그 흩어진 사람들이 두루 다니며 복음의 말씀을 전할새 빌립이 사마리아 성에 내려가 그리스도를 백성에게 전파하니 무리가 빌립의 말도 듣고 행하는 1)표적도 보고 한마음으로 그가 하는 말을 따르더라 많은 사람에게 붙었던 더러운 귀신들이 크게 소리를 지르며 나가고 또 많은 중풍병자와 못 걷는 사람이 나으니 그 성에 큰 기쁨이 있더라

> 빌립은 말씀과 성령이 충만하여 칭찬 듣는 사람으로서 초대 예루살렘 교회의 일꾼이 되었습니다. 평신도 지도자임에도 불구하고 복음 전파에 대한 열정이 남다르게 특출했습니다. 또한 그가 복음을 전파할 때에는 귀신이 쫓겨가고 중풍병자와 앉은뱅이가 치유받는 기사와 이적도 일어났습니다. 그리고 그는 최초로 세계 선교의 문을 여는 놀라운 역사를 일으켰습니다. 뜨거운 열정으로 복음을 전파하여 사마리아를 기쁨의 도성이 되게했으며 최초로 아프리카의 에디오피아에 복음을 전파한 위대한 전도자였습니다.

1. 모범적인 집사

첫째로 초대교회 집사였습니다.

오순절 강림 이후에 초대 예루살렘 교회 성도들의 수가 급격히 증가하였습니다. 때문에 교회 내에서도 할 일이 많아졌습니다. 그 중에 하나가 바로 어려운 사람들을 구제하는 일이었습니다. 그런데 구제할 때에 헬라어를 사용하던 헬라파 유대인들에 속한 과부들이 구제에서 누락되거나 그날그날의 식량을 배급받을 때에 푸대접을 받고 소외 받는 경우가 발생하게 되었습니다.

때문에 헬라파 유대인들이 히브리어를 사용하던 본토 유대인 곧 히브리파 유대인들에게 불평을 터뜨림으로 인해 문제가 발생하게 되었습니다. 그래서 열두 사도들이 이와 같은 교회내의 갈등을 해결하기 위해서 성도들을 불러 놓고 "우리가 하나님의 말씀을 제쳐놓고 접대를 일삼는 것이 마땅하지 아니하니 형제들아 너희 가운데서 성령과 지혜가 충만하여 칭찬 받는 사람 일곱을 택하라 우리가 이 일을 그들에게 맡기고 우리는 오로지 기도하는 일과 말씀 사역에 힘쓰리라"(행 6:2-4)고 했습니다. 빌립은 성령과 지혜가 충만하여 칭찬듣는 사람으로서 특별히 선택되어 초대교회 집사가 되었습니다(행 6:5). 우리들도 빌립과 같이 성령과 지혜가 충만하여 하나님께 칭찬듣는 신앙인이 되어야겠습니다.

둘째로 섬길 줄 아는 집사였습니다.

바울의 일행이 제3차 전도여행을 마치고 가이사랴에 들렸을 때에 빌립의 집에서 여러 날 동안 지냈습니다(행 21:7-9). 그것은 바로 그가 주의 종들과 전도자들을 섬길 줄 아는 사람이었기 때문에 가능했을 것입니다. 참으로 그는 모범적인 집사로서 하나님의 복을 받을 만한 자였습니다. 왜냐하면 남을 접대하려고 하면 먼저 접대하고자 하는 마음이 있어야 합니다. 남을 접대할 능력이 제 아무리 많이 있어도 접대할 마음이 없으면 절대로 접대할 수 없습니다. 또한 접대하고 싶은 마음이 있다고 해도 그럴만한 능력이 없으면 그것도 힘든 일입니다. 그것도 하루 이틀이 아닌 여러 날은 쉬운 일이 아닙니다. 그런데 빌립 집사는 주의 종들을 접대하고자 하는 마음도 있었고 접대할 만한 능력도 있었습니다. 때문에 그는 바울의 일행을 여러 날 동안 접대했습니다. 그는 참으로 진정한 섬김의 사람이었습니다.

셋째로 식구들이 다 일꾼이었습니다.

빌립은 자신만이 하나님의 일에 충성한 것이 아니라 그의 온 가족이 다 하나님의 일에 충성하는 일꾼들이었습니다. 그는 평신도인 집사였지만 전도자라는 별명이 붙었습니다(행 21:8). 그는 자신만 열심히 전도한 것이 아니라 그의 네 딸들까지도 모두 다 예언하는 자들이었습니다. 그녀들은 모두가 다 결혼하지 않은 채 처녀로서 평생 동안 하나님께 헌신했습니다(행 21:9). 그는 타의 추종을 불허하는 참으로 모범적인 집사였습니다.

사랑하는 여러분!
우리들도 빌립 집사와 같이 말씀과 지혜가 충만하여 칭찬 받는 자들이 됩시다. 또한 모든 사람들을 겸손히 섬길 줄 아는 풍성한 삶을 삽시다. 그리고 빌립 집사의 가정과 같이 온 가족이 하나님의 일에 충성하는 모범된 가정을 이루시기 바랍니다.

2. 위대한 사명자

첫째로 박해가 심한 시기였습니다.
성령이 충만한 제자들의 전도로 교회가 급속히 부흥하자 유대종교 지도자들은 교회에 박해를 가하기 시작했습니다. 때문에 당시의 예루살렘 분위기는 너무나도 살벌하고 무서웠습니다. 스데반 집사도 복음을 전파하다가 사울의 일당들에게 돌에 맞아 순교를 당했습니다(행 6:1-6, 7:54-60). 그들은 계속해서 예루살렘 교회에 대한 박해를 강화했습니다. 그들은 교회를 잔멸하기 위해 각 집에 들어가 성도들을 색출하여 옥에 가두었습니다. 당시에 어느 누구든지 복음을 전하다가 발각되기만 하면 처형되는 무서운 때였습니다. 때문에 사도 외에는 다 유대와 사마리아 등 동서사방으로 다 흩어졌습니다(행 8:1-3). 한마디로 믿는 자들과 교회에 대한 박해가 극에 달한

시기였습니다.

둘째로 담대하게 복음을 전파했습니다.

복음 전파자들에게 그토록 거센 박해가 엄습했지만 빌립은 조금도 두려워하지 않고 담대하게 복음을 전파했습니다. 그는 어떤 인간적인 이해관계를 따지거나 보다 안일한 환경을 찾아 계산해가면서 처세하는 비겁한 자가 아니었습니다. 이 세상의 그 무엇과도 타협하지 않고 오직 복음만을 전하는 투철한 전도자였습니다. 그는 복음 전파에 생명을 걸었습니다. 때문에 이 세상의 그 어떤 것도 의식하지 않고 오직 복음을 전하는 일에만 매진한 것입니다. 우리들도 복음 전파에 생명을 걸어야 합니다. 그리하여 하나님께서 인정하시는 위대한 사명자들이 되시기 바랍니다.

셋째로 복음 전파가 우선입니다.

하나님께서 우리들을 선택하시고 지명하여 불러서 구원해 주신 것은 우리들로 하여금 멸망해 가는 이 세상 사람들에게 복음을 전파하여 구원하라는 목적에서였습니다. 그러므로 우리들이 선택받은 것도 복음 전파를 위해서요, 우리들이 구원받은 것도 복음 전파를 위해서며, 우리들이 지금 이 시간에 살아 있는 것도 복음전파를 위해서입니다. 그러므로 우리들은 이유 여하를 막론하고 사나 죽으나 반드시 복음을 전파해야 합니다. 그 어떤 이유로도 이 일은 내일로 미룰 수 없습니다. 우리는 이 일을 위해서 사도 바울처럼 생명을 걸어야 합니다(행 20:24).

사랑하는 여러분!

지금 우리들이 살고 있는 이 세상은 당시 빌립의 때와는 전혀 다릅니다. 우리들이 복음을 전하는 것을 어느 누구도 직접적으로 박해하고 방해하는 자가 없습니다. 그러므로 우리 모두는 이 세상에 나아가 담대하게 복음을 전파해야 합니다. 그리고 우리들의 생애에서 언제나 복음 전파가 최우선인 값진 삶을 사시기 바랍니다.

3. 최초의 선교사

첫째로 사마리아에서 복음을 전파했습니다.

예루살렘 교회에 박해가 가해지자 성도들은 불씨처럼 사방으로 흩어져 복음을 전파했습니다. 때에 빌립 집사는 버려진 도시인 사마리아에 내려가 복음을 전파했습니다. 사마리아는 역사적으로 북이스라엘의 수도였습니다. 그런데 북이스라엘의 죄악이 가득하여 하나님의 진노를 받아 앗수르에게 멸망당하면서 앗수르 사람들과 이스라엘 사람들의 통혼으로 인하여 민족의 순수성을 잃어버렸습니다. 뿐만 아니라 그들은 이방 사람들이 섬기는 우상을 섬겼습니다. 때문에 사마리아 사람들은 유대인들로부터 사람 취급을 받지 못하고 개 취급을 받는 불쌍한 사람들이었습니다. 그런데 평신도 전도자인 빌립이 전혀 불가능하다고 생각했던 곳으로서 복음의 사각지대인 사마리아 성을 찾아가 복음을 전파하여 그 성에 기쁨이 가득하게 했습니다. 참으로 그는 소외당하고 불쌍한 지역을 찾아가 멋지게 사역을 감당한 최초의 선교사였습니다.

둘째로 에디오피아 내시에게 복음을 전파했습니다.

빌립의 사마리아 선교는 아주 성공적이어서 대 부흥을 가져왔습니다. 이것은 바로 예루살렘 밖에서 일어난 최초의 기독교 부흥역사였습니다. 빌립의 사마리아 전도와 놀라운 부흥의 소식을 접한 예루살렘 교회는 곧바로 초대 교회 지도자인 베드로와 요한을 파송하여 빌립 집사의 전도사역을 적극적으로 후원하고 대대적인 세례식을 거행하는 등 엄청난 부흥의 역사가 일어났습니다(행 8:4-13). 때문에 사마리아에서의 빌립의 인기는 대단했습니다. 그러나 그는 결코 거기에 안주하지 않았습니다. 그에게 주의 사자가 나타나서 "…일어나서 남쪽으로 향하여 예루살렘에서 가사로 내려가는 길까지 가라"(행 8:26)고 지시했습니다. 그런데 그 곳은 광야로서 사마리아에서는 약 144㎞나 떨어진 아주 먼 곳이었습니다. 그러나 빌립은 곧바로 순종하여 그곳에서 예루살렘에 예배하러 왔다가 돌아가는 에디오피아(구약에서는 스바) 여왕의 국고를 맡은 내시를 만나 그에게 복음을 전파하여 예수 그리스도를 구주로 믿고 세례를 받게 했습니다(행 8:27-38). 그리하여 이방 땅 에디오피아에 최초의 진정한 그리스도인이 탄생케 했습니다. 그리고 그는 주의 영에 이끌려 어디론가 갔습니다. 그는 사마리아에서 머나먼 아프리카까지 복음을 전파한 최초의 해외선교 개척자였습니다.

셋째로 여러 성에 다니며 복음을 전파했습니다.
에디오피아의 내시에게 세례를 베풀고 주의 영에 이끌려 사라진 빌립은 그 후에 아소도에 나타나 여러 성을 지나다니며 복음을 전하고 가이사랴에 이르렀습니다(행 8:40). 다시 말하면 빌립은 지중해 연안의 도시들을 두루 다니면서 복음을 전했던 것입니다.

사랑하는 여러분!
우리들도 복음의 사각지대를 찾아가 빌립처럼 열심히 전파합시다. 또한 내 마음대로 하지 말고 성령님의 음성을 들읍시다. 그리고 언제 어디서나 쉬임 없이 복음을 전하는 사명자들이 되시기 바랍니다.

# 사가랴

[눅 1:5-13]

유대 왕 헤롯 때에 아비야 반열에 제사장 한 사람이 있었으니 이름은 사가랴요 그의 아내는 아론의 자손이니 이름은 엘리사벳이라 이 두 사람이 하나님 앞에 의인이니 주의 모든 계명과 규례대로 흠이 없이 행하더라 엘리사벳이 잉태를 못하므로 그들에게 자식이 없고 두 사람의 나이가 많더라 마침 사가랴가 그 반열의 차례대로 하나님 앞에서 제사장의 직무를 행할새 제사장의 전례를 따라 제비를 뽑아 주의 성전에 들어가 분향하고 모든 백성은 그 분향하는 시간에 밖에서 기도하더니 주의 사자가 그에게 나타나 향단 우편에 선지라 사가랴가 보고 놀라며 무서워하니 천사가 그에게 이르되 사가랴여 무서워하지 말라 너의 간구함이 들린지라 네 아내 엘리사벳이 네게 아들을 낳아 주리니 그 이름을 요한이라 하라

> 사가랴는 히브리 이름으로 '여호와께서 기억하신다, 또는 명성을 떨치신 여호와'라는 뜻을 가지고 있습니다. 이 이름은 유대인 사회에서는 아주 흔한 이름이었습니다. 성경에는 사가랴라는 이름을 가진 사람이 둘이 나옵니다. 하나는 바라갸의 아들로서 의인이었는데 성전 뜰에서 유대인들에 의해 죽임을 당한 구약에서의 마지막 순교자인 사가랴가 있고, 또한 세례 요한의 부친으로서 아비야 반열의 제사장인 사가랴가 있습니다. 오늘 이 시간에는 세례 요한의 부친인 사가랴에 대해서 말씀드리고자 합니다. 그런데 사가랴에 대한 말씀이지만 성경에서 모든 사건을 그의 부인인 엘리사벳과 함께 말씀하고 있기 때문에 부부를 같이 생각하면서 은혜를 받고자 합니다.

1. 삶이 신실한 부부

첫째로 의로운 부부였습니다.

사가랴는 아비야 반열의 제사장이었고 그의 아내 엘리사벳은 아론의 자손이었는데 이 두 사람의 신앙은 의로웠습니다. 사가랴와 엘리사벳은 둘 다 제사장 가정의 출신이었습니다. 그들이 한 가정을 이루었다는 것은 이중적인 영예로 여겨지는 참으로 큰 축복이었습니다(레 21:14). 성경은 "두 사람이 하나님 앞에 의인이니"(눅 1:6)라고 말씀하고 있습니다. 이것은 바로 히브리적 표현 양식으로 유대인이 얻을 수 있는 최고의 칭찬이요, 영예입니다(창 6:9; 레 18:5-26). 그렇다고 해서 그들이 전혀 죄가 없이 완전하다는 것이 아닙니다. 오직 신실하게 하나님을 섬기고 헌신하는 경건한 삶을 살았다는 것입니다. 참으로 아름다운 믿음의 부부였습니다. 우리들도 그들 부부 같은 신실한 신앙의 삶을 살아야겠습니다.

둘째로 계명대로 산 부부였습니다.

당시에는 십계명을 비롯한 율법과 전승된 613개의 규례가 유대인들의 생활을 이끄는 실제적인 법이었습니다. 그런데 사가랴와 엘리사벳은 이러한 모든 계명과 규례대로 살았습니다. 다시 말하면 자신들의 지식이나 경험, 감정대로 산 것이 아니라 하나님의 뜻과 말씀에 순종하는 삶을 살았습니다. 이 세상에는 우리 자신을 포함해서 자기 자신이 의로운척하면서도 실제적인 행동과 삶에 있어서는 그렇지 못한 이율배반적인 사람들이 너무나도 많습니다. 그래서 야고보는 "영혼 없는 몸이 죽은 것 같이 행함이 없는 믿음은 죽은 것"(약 2:26)이라고 했습니다. 사가랴 부부는 그들의 믿음과 행함이 모두 다 인정받는 신실한 삶을 살았습니다.

셋째로 흠이 없는 부부였습니다.

사가랴와 엘리사벳은 종교적인 면에서 의인이었으며 신앙행위에서도 계명과 규례대로 산 부부였습니다. 또한 여기에서 그들의 삶은 전혀 흠이 없었습니다. 한마디로 그들은 윤리와 도덕적인 면에서도 비난받을 만한 것이 전혀 없는 깨끗한 삶을 살았습니다. 다시 말하면 사가랴와 엘리사벳의 종교적인 믿음도 좋았고 그들의 행위도 하나님의 계명과 규례대로 살았으며 윤리와 도덕적인 면에서도 그 무엇하나 탓할 수 없는 깨끗한 삶을 살았다는 것입니다. 그렇다고 하면 그들이 얼마나 아름답고 훌륭한 삶을 살았는지 가히 짐작할 수 있습니다. 때문에 역사가 이렇게 오래 되었음에도 불구하고 오늘 이 시간까지도 이렇게 전파되고 있는 것입니다. 그러므로 우리 모두는 자신들의 삶을 철저하게 반성하고 새롭게 세워 가는 기회가 되어야겠습니다.

사랑하는 여러분!
우리들도 사가랴 부부와 같이 의로운 믿음의 사람이 됩시다. 또한 우리들의 지식이나 경험, 기분과 감정이 아닌 말씀대로 삽시다. 그리고 윤리와 도덕적인 면에서도 세상 사람들로부터 손가락질 받는 일이 없도록 각별히 유의합시다.

2. 하나님의 계시를 의심

첫째로 자식이 없었습니다.
사가랴 부부는 종교적인 믿음도 좋았습니다. 또한 그들의 삶도 하나님의 계명과 규례대로 살았습니다. 그리고 도덕적인 면에서도 아주 경건한 부부였습니다. 다시 말하면 모든 면에서 거의 완벽하다 할 정도로 좋은 가정이었습니다. 그런데 그들에게도 아쉬운 것이 하나 있었는데 바로 자녀가 없었다는 것입니다. 당시의 유대사회에서는 자녀를 하나님의 축복과 기업으로 여겼습니다(시 127:3, 128:3). 그래서 다산유무가 하나님의 축복을 확인하는 척도가 되기도 했습니다. 때문에 여자가 아이를 낳지 못하는 것을 대단한 수치로 여겼으며 하나님의 은혜를 받지 못한 죄인으로 취급되어 이혼의 사유가 되기도 했습니다. 그런데 사가랴와 엘리사벳 부부에게는 자녀가 없었습니다. 그렇습니다. 이 세상에서 모든 것을 다 완전하게 소유한 사람은 하나도 없습니다. 역시 공평하신 하나님이십니다. 그러므로 범사에서 불평하지 말고 감사하는 삶을 살아야 합니다.

둘째로 수태고지를 받았습니다.

다윗 왕 때에 아론의 자손 중 제사장 수가 많아지자 전체 제사장을 24반열로 나누어 한 반열의 제사장들 중에서 제비를 뽑아 한 해에 두 번씩 성전에 들어가 직무를 수행하도록 했습니다. 그런데 사가랴가 뽑혀 그가 속한 아비야 반열의 대표 제사장으로 추대되는 영광을 누리게 되었습니다. 그래서 그가 제사장 직무를 수행하기 위해 성소에 들어가 분향하고 백성들은 성소 밖에서 기도하고 있었습니다. 그런데 "주의 사자가 그에게 나타나 향단 우편에 선지라 사가랴가 보고 놀라며 무서워하니 천사가 그에게 이르되 사가랴여 무서워하지 말라 너의 간구함이 들린지라 네 아내 엘리사벳이 네게 아들을 낳아 주리니 그 이름을 요한이라 하라"(눅 1:11-13)고 했습니다.

셋째로 하나님의 계시를 의심했습니다.

사가랴 부부는 자신들에게 자식을 달라고 하나님께 기도했습니다. 그래서 하나님께서 그들의 간구를 들으셨습니다(눅 1:13). 그런데 사가랴는 하나님께서 자신의 기도를 응답해주셨음에도 불구하고 그 사실을 믿지 못하고 "내가 이것을 어떻게 알리요 내가 늙고 아내도 나이가 많으니이다"(눅 1:18)라고 불신앙적인 반응을 보였습니다. 여기에서 우리는 역시 인간은 불완전한 존재인 것을 생각하게 됩니다. 그가 제사장으로서 그렇게 믿음이 좋고 행함이 있는 삶을 살았음에도 불구하고 하나님의 계시를 믿지 못하고 의심했습니다. 참으로 안타까운 일이었습니다.

사랑하는 여러분!

사가랴 부부처럼 특별한 소원이 있습니까? 하나님 앞에 나아가 간구하십시오. 여러분의 기도를 하나님께서 반드시 들으시고 응답하실 것입니다. 사가랴처럼 의심하지 말고 믿는 자가 되십시오. 하나님께서 반드시 승리케 하실 것입니다.

3. 계시의 성취

첫째로 엘리사벳이 수태했습니다.

가브리엘 천사는 수태고지를 불신한 사가랴에게 "보라 이 일이 되는 날까지 네가 말 못하는 자가 되어 능히 말을 못 하리니 이는 네가 내 말을 믿지 아니함이거니와 때가 이르면 내 말이 이루어지리라 하더라"(눅 1:20)고 했습니다. 가브리엘의 말과 같이 사가랴는 즉시 말 못하는 자가 되었습니다(눅 1:21-23). 하나님께서 불신앙의 말을 얼마나 싫어하셨으며 사가랴의 입을 말 못하는 자로 만들었겠습니까? 그 후에 사가랴의 아내 엘리사벳이 나이 많아 늙었지만 하나님의 은혜로 임신하고 다섯 달 동안 숨어 있었습니다(눅 1:24). 그녀가 임신하고 다섯 달 동안 숨어 있었던 것은 아마도 하나님께서 자신에게 내려주신 은혜에 대한 감사와 겸손의 표시였을 것입니다. 또한 산모로서의 몸 관리를 잘하기 위해서였을 것입니다. 원래가 임신하게 되면 약 5개월까지는 아주 조심해야 합니다. 그리고 말씀과 기도, 찬양으로 경건하게 시간을 보내고 싶었을 것입니다.

둘째로 요한이 출생했습니다.

하나님께서 가브리엘 천사를 통해 사가랴에게 약속하신 대로 엘리사벳이 아들을 낳았습니다(눅 1:57). 그로 인해 이웃과 친족이 즐거워했습니다(눅 1:58). 아이는 팔일만에 할례를 받고 엘리사벳이 원하는 대로 이름을 요한이라고 했습니다(눅 1:59-63). 그러자 그 동안 닫혀있던 사가랴의 혀가 풀려 말하게 되었습니다(눅 1:64). 요한이라는 이름은 '여호와의 은혜' 라는 뜻입니다. 그렇습니다. 하나님의 약속은 정하신 때에 일점 일획도 어김없이 반드시 성취됩니다. 그러므로 우리 성도들은 하나님의 약속을 굳게 붙잡고 소망가운데서 끝까지 인내하며 기다려야 합니다. 그리고 이유 여하를 막론하고 하나님의 말씀에 무조건 순종해야 합니다.

셋째로 하나님을 찬양했습니다.

사가랴는 그 동안 닫혀있던 자신의 입이 열리자 성령이 충만하여 백성을 돌아보시고 속량하시는 이스라엘의 하나님을 찬양했습니다(눅 1:68). 구원자를 보내시는 하나님을 찬양했습니다(눅 1:69). 요한의 사역에 대해 찬양했습니다(눅 1:76,77). 어둠과 사망의 그늘에서 우리들을 건지시고 평강의 길로 인도하시는 메시야에 대해 찬양했습니다(눅 1:78,79). 그렇습니다. 우리도 이 세상 우주만물과 우리들을 창조하신 여호와 하나님을 찬양해야 합니다. 우리들의 죄를 대속해 주신 성자 예수님의 은혜를 찬양해야 합니다. 지금 이 시간까지도 변함없이 우리들과 함께 동행하시며 역사하시는 성령님의 은혜를 찬양해야 합니다. 우리 하나님은 찬송 중에 거하십니다.

사랑하는 여러분!

지금 이 시간에도 약속하신 하나님의 말씀이 우리들의 삶의 현장에 실현되고 있습니다. 또한 하나님께서 우리들에게 약속하신 말씀을 붙잡고 소망 가운데서 끝까지 인내하며 기다립시다. 그리고 범사에서 언제나 감사와 찬송이 끊이지 않는 풍성한 삶을 사시기 바랍니다.

 # 삭개오

[눅 19:1-10]

예수께서 여리고로 들어가 지나가시더라 삭개오라 이름하는 자가 있으니 세리장이요 또한 부자라 그가 예수께서 어떠한 사람인가 하여 보고자 하되 키가 작고 사람이 많아 할 수 없어 앞으로 달려가서 보기 위하여 돌무화과나무에 올라가니 이는 예수께서 그리로 지나가시게 됨이러라 예수께서 그 곳에 이르사 쳐다 보시고 이르시되 삭개오야 속히 내려오라 내가 오늘 네 집에 유하여야 하겠다 하시니 급히 내려와 즐거워하며 영접하거늘 뭇 사람이 보고 수군거려 이르되 저가 죄인의 집에 유하러 들어갔도다 하더라 삭개오가 서서 주께 여짜오되 주여 보시옵소서 내 소유의 절반을 가난한 자들에게 주겠사오며 만일 누구의 것을 속여 빼앗은 일이 있으면 네 갑절이나 갚겠나이다 예수께서 이르시되 오늘 구원이 이 집에 이르렀으니 이 사람도 아브라함의 자손임이로다 인자가 온 것은 잃어버린 자를 찾아 구원하려 함이니라

> 어떤 사람들은 건장한 신체 조건과 남달리 좋은 가정환경에서 태어났음에도 불구하고 자신의 그러한 모든 장점들을 잘 살리지 못하고 오히려 그러한 이점들로 인해 타락하여 실패의 삶을 사는 안타까운 사람들이 있습니다. 그러나 왜소한 신체적인 조건과 열악한 가정환경 속에서도 남다른 믿음과 열심으로 노력하여 크게 성공하여 사회를 위해서 멋있게 헌신하는 훌륭한 사람들도 있습니다.

1. 예수님을 만나기를 소원했습니다.

첫째로 여리고의 세리장이었습니다.

삭개오는 국경도시로서 교통의 요충지요, 부요한 도시인 여리고의 세리장이었습니다. 그는 당시 로마정부로부터 세금 징수권을 부여받은 자로서 많

은 세리들을 거느리고 자기 동족으로부터 무자비하게 세금을 징수하여 로마 정부에 바치고 일부를 자신이 착취하여 큰 부를 이룬 사람이었습니다. 다시 말하면 유대인들의 입장에서 보면 매국노와 같은 사람이었습니다. 때문에 그는 유대인들의 미움과 멸시를 받았고 이 세상에서 상대할 수 없는 가장 비천한 죄인 취급을 받았습니다.

둘째로 외로운 사람이었습니다.

그는 세리장이라는 지위와 권력, 큰 부를 가지고 있었습니다. 그러나 동족의 피를 빨아먹는 배반자라는 낙인이 찍혀 있었습니다. 다시 말하면 그는 비록 돈은 많았으나 동족으로부터 버림을 받은 외로운 사람이었습니다. 그렇습니다. 이 세상의 모든 것들은 다 무상합니다. 제 아무리 높은 지위와 큰 권력도 무상합니다. 뭇 사람들의 환호와 박수갈채를 받는 스타의 화려함도 무상합니다. 일반 사람들이 상상할 수 없는 부요함을 이룬 거부들의 물질도 무상합니다. 때문에 대통령도 자신의 권세로 문제를 해결하지 못하고 고민하다가 자살했습니다. 유명한 스타들도 수많은 사람들의 박수갈채에도 불구하고 자살했습니다. 재벌그룹 회장들도 자신들의 부를 버리고 자살했습니다. 그래서 지위와 권세, 부를 한 몸에 지닌 세리장 삭개오도 이 세상 어느 누구보다 더 외롭고 힘든 삶을 살았습니다. 자신이 동족으로부터 착취하여 모은 그 많은 재산이 그를 위로할 수 없었습니다. 그러므로 우리들은 절대로 이 세상의 것에 마음을 빼앗기는 불행한 일이 없어야겠습니다.

셋째로 예수님을 만나기를 소원했습니다.

그는 세리장이라는 지위와 권력, 그 많은 재산을 소유하고 있었음에도 불구하고 언제나 자신의 삶에 만족하지 못했습니다. 그가 동족으로부터 매국노라는 비난과 함께 홀대를 받는 것은 참으로 견디기 어려운 힘든 일이었습니다. 때문에 그가 구원주이신 예수 그리스도를 만나기를 그토록 간절히 소원했던 것입니다. 그렇습니다. 예수 그리스도는 우리 인간들의 죄와 저주, 멸망을 담당하시고 우리들에게 구원과 자유, 영생을 주시기 위해 이 세상에 오셨습니다. 그러므로 누구든지 주 예수 그리스도를 구주로 믿기만 하면 죄에서 용서받고 저주 대신 축복을 받으며 멸망 대신 영생을 얻습니다. 그러므로 삭개오가 예수 그리스도를 만나기를 소원하는 것은 이 세상의 그 어떤 일보다도 가장 시급하고 귀한 일이었습니다. 우리들도 이 세상의 그 어떤 것보다도 우리 주님과 함께 하는 가치 있는 삶을 살아야겠습니다.

사랑하는 성도 여러분!
이 세상의 그 어떠한 것들도 우리들이 믿고 의지할 수 있는 것들은 하나도 없습니다. 또한 그 무엇도 우리들을 행복하게 할 수 없습니다. 그러므로 우리 인생들의 길과 진리, 생명이 되시는 주님만을 소망하면서 최선을 다하는 멋진 삶을 사시기 바랍니다.

2. 예수님을 만나기 위해 노력했습니다.

첫째로 키가 작았습니다.
삭개오가 예수님을 보고자 했지만 키가 작고 사람이 많아 예수님을 볼 수 없었습니다(눅 19:3). 그것은 바로 그의 내외적인 환경이 그로 하여금 예수님을 만나볼 수 없도록 가로막은 것입니다. 마찬가지로 우리들이 예수님의 뜻대로 살려고 할 때에 먼저 방해되는 것은 언제나 바로 나 자신입니다. 나의 연약한 믿음과 인간적인 짧은 생각이 방해합니다. 또한 사람들입니다. 남편과 아내, 부모와 자식, 이웃과 친구들이 방해하는 경우가 많습니다. 그리고 갖가지 사회적인 요소들이 방해하기도 합니다. 그것은 바로 불신앙의 사상들입니다. 황금 만능주의입니다. 쾌락 추구의 생활들입니다. 이러한 어려움은 이 세상을 살아가는 어느 누구에게나 다 있습니다. 그러므로 우리들은 이유 여하를 막론하고 매사에서 최선을 다하는 삶을 살아야 합니다.

둘째로 돌무화과나무 위에 올라갔습니다.
삭개오는 유난히 작은 자신의 키에 대해 낙심하거나 좌절하지 않았습니다. 그는 사람들의 그 어떤 시선이나 자기 자신의 체면도 생각하지 않았습니다. 반드시 예수님을 보아야겠다는 생각뿐이었습니다. 때문에 예수님께서 지나가시겠다고 생각되는 길 앞으로 가서 돌무화과나무에 올라갔습니다(눅 19:4). 이것은 바로 자신이 예수님을 만나는 데에 방해되는 모든 요인들을 극복하려는 삭개오의 강한 의지와 노력을 나타낸 것입니다.

셋째로 예수님의 시선과 마주쳤습니다.
예수님께서 삭개오가 돌무화과나무 위에 올라가 있는 곳에 이르시자 그를 발견하시고 쳐다보셨습니다(눅 19:5). 가버나움에서도 네 사람이 한 중풍병자를 들것에 들고 예수님께 나왔을 때에도 너무나도 많은 사람들이 모여서 문 앞에도 들어갈 수 없었습니다(막 2:2). 그러나 중풍병자를 메고 온 네 사람은 실망하지 않고 예수님이 계신 집의 지붕을 뚫고 예수님 앞에 중풍병자를 내려놓아 고침 받게 했습니다(막 2:1-12). 그렇습니다. 주님께서는 믿음으로 만나려는 사람에게 만나주시고, 구하는 자에게 응답해 주시며, 낫고자 하는 자에게 고침을 주십니다. 삭개오의 유난히 작은 키도, 수많은 군중들의 인의 장막도, 혹독한 세상의 비난도, 예수님을 만나고자 노력하는 그의 열심과 의지를 꺾을 수 없었습니다. 그는 모든 난관과 어려움을 극복하고 돌무화과나무에 올라감으로 인해 그토록 만나기를 소원했던 예수님의 시선과 마주치게 되었습니다. 바로 그의 간절한 소원이 이루어지게 된 것이었습니다. 그러므로 우리들도 매사에서 내가 할 수 있는 한 최선을 다해 노력하고 하나님의 도우심을 구해야 합니다. 하나님은 스스로 돕는 자를 도우십니다. 때문에 바울은 "누구든지 일하기 싫어하거든 먹지도 말게 하라"(살후 3:10)고 했습니다.

사랑하는 성도 여러분!

자신의 내외적인 그 어떠한 고난이나 역경도 신경 쓰지 맙시다. 그리고 삭개오처럼 지금 이 시간에 바로 돌무화과나무에 올라갑시다. 중풍병자를 메고 온 네 사람처럼 지붕을 뚫읍시다. 그리하여 주님을 만나 문제를 해결 받고 축복 받는 삶을 사시기 바랍니다.

3. 예수님을 만나 새롭게 변화되었습니다.

첫째로 주님께서 부르셨습니다.

돌무화과나무 위에 올라간 삭개오를 보신 예수님께서는 "...삭개오야 속히 내려 오라 내가 오늘 네 집에 유하여야 하겠다"(눅 19:5)라고 말씀하셨습니다. 이 말씀을 들은 삭개오는 즉시 주님을 영접하고 기뻐했습니다. 참된 삶의 보람과 의미를 찾지 못하고 방황하던 그에게 놀라운 삶의 변화가 일어났습니다. 외롭고 힘든 인생을 살던 그에게 진정한 기쁨과 소망이 넘쳤습니다. 그렇습니다. 누구든지 주님을 만나면 삭개오처럼 새로운 인생을 살게 됩니다. 그러므로 이 세상에서 육을 입고 살아가는 모든 인간은 반드시 주님을 만나야 합니다.

둘째로 지은 죄를 회개했습니다.

그 동안 하나님 두려운 줄 모르고 동족들의 재산을 착취했던 그가 "...주여 보시옵소서 내 소유의 절반을 가난한 자들에게 주겠사오며 만일 누구의 것을 속여 빼앗은 일이 있으면 네 갑절이나 갚겠나이다"(눅 19:8)라고 했습니다. 이것은 바로 삭개오가 그 동안 자신이 지은 죄를 철저하게 회개한 것입니다. 왜냐하면 율법에 남의 것을 도둑질한 것은 네 배로 갚아야 한다는 규정이 있기 때문이었습니다(출 22:1; 삼하 12:6). 이와 같은 삭개오의 파격적인 선언은 이제 자기 중심적인 삶을 포기하고 주님의 뜻에 따르겠다는 새로운 삶의 모습인 것입니다. 그렇습니다. 회개는 죄에 대한 단순한 고백이나 참회에 그치는 것이 아니라 전격적으로 삶의 방향을 바꾸는 실천이 따라야 하는 것입니다. 그 동안 우리들은 자신이 지은 죄에 대한 잘못을 뉘우치기는 했지만 곧바로 고치지 못한 아쉬움이 있습니다.

셋째로 구원을 선포하셨습니다.

삭개오의 참된 회개의 모습을 보신 예수님께서는 "오늘 구원이 이 집에 이르렀으니 이 사람도 아브라함의 자손임이로다"(눅 19:9)라고 선언하셨습니다. 이 말씀은 바로 공동체로부터 소외당하고 배타적인 대접을 받아온 삭개오를 공동체로 복귀시켜 당당하게 한 형제로 살아갈 것임을 선언하신 것입니다. 또한 삭개오가 믿음의 조상 아브라함의 자손이라고 선언하신 것은 참된 믿음의 소유자라는 사실을 강조하신 것입니다. 당시의 종교적인 복권은 곧 정치, 사회적인 복권을 의미하며, 더 나아가서는 전인적인 구원을 의미합니다. 때문에 삭개오에 대한 구원을 선언하신 예수님께서는 "인자가 온 것은 잃어버린 자를 찾아 구원하려 함이니라"(눅 19:10)고 선언하셨습니다. 그렇습니다. 예수 그리스도는 우리 인류의 구세주이십니다. 그러므로 이 세상의 모든 인간들은 다 예수 그리스도를 구주로 믿어야 합니다.

사랑하는 성도 여러분!

지금 이 시간에도 주님께서 우리들을 부르십니다. 삭개오처럼 주님 앞에 나와 지은 죄를 철저하게 회개합시다. 그리하여 용서받고 축복 받아 풍성한 삶을 사는 복된 성도들이 되시기 바랍니다.

 # 세례 요한

[마 3:1-12]

그 때에 1)세례 요한이 이르러 유대 광야에서 전파하여 말하되 회개하라 천국이 가까이 왔느니라 하였으니 그는 선지자 이사야를 통하여 말씀하신 자라 일렀으되 ㄱ)광야에 외치는 자의 소리가 있어 이르되 너희는 주의 길을 준비하라 그가 오실 길을 곧게 하라 하였느니라 이 요한은 낙타털 옷을 입고 허리에 가죽 띠를 띠고 음식은 메뚜기와 석청이었더라 이 때에 예루살렘과 온 유대와 요단 강 사방에서 다 그에게 나아와 자기들의 죄를 자복하고 요단 강에서 그에게 1)세례를 받더니 요한이 많은 바리새인들과 사두개인들이 1)세례 베푸는 데로 오는 것을 보고 이르되 독사의 자식들아 누가 너희를 가르쳐 임박한 진노를 피하라 하더냐 그러므로 회개에 합당한 열매를 맺고 속으로 아브라함이 우리 조상이라고 생각하지 말라 내가 너희에게 이르노니 하나님이 능히 이 돌들로도 아브라함의 자손이 되게 하시리라 이미 도끼가 나무 뿌리에 놓였으니 좋은 열매를 맺지 아니하는 나무마다 찍혀 불에 던져지리라 나는 너희로 회개하게 하기 위하여 물로 1)세례를 베풀거니와 내 뒤에 오시는 이는 나보다 능력이 많으시니 나는 그의 신을 들기도 감당하지 못하겠노라 그는 성령과 불로 너희에게 1)세례를 베푸실 것이요 손에 키를 들고 자기의 타작 마당을 정하게 하사 알곡은 모아 곳간에 들이고 쭉정이는 꺼지지 않는 불에 태우시리라

세례 요한은 제사장인 사가랴와 예수님의 어머니 마리아와 사촌간인 엘리사벳을 통해서 태어났습니다. 요한이란 이름은 "여호와께서 사랑하시는 자"란 의미를 가지고 있는데, 하나님께서 그가 태어나기 전에 미리 지어주셨습니다. 사가랴와 엘리사벳은 너무 늙었기 때문에 출산이 불가능한 상태였습니다. 그러나 그는 사가랴와 엘리사벳의 기도를 들으신 하나님의 특별한 은혜로 잉태되어 이 세상에 태어났습니다. 그의 이름은 원래 요한인데 사도인 요한과 구별하기 위해서 세례 요한이라고 합니다.

1. 출생

첫째로 이미 예언된 자였습니다.

이사야 선지자는 "외치는 자의 소리여 이르되 너희는 광야에서 여호와의 길을 예비하라 사막에서 우리 하나님의 대로를 평탄하게 하라"(사 40:3)고 했습니다. 여기에서 이사야가 '외치는 자'가 누구인지에 대해서는 구체적으로 밝히지는 않았습니다. 그러나 우리는 이 '외치는 자'가 다른 모든 예언자들을 말한다고 볼 수도 있지만 특별히 세례 요한을 가리키고 있음을 짐작할 수 있습니다. 왜냐하면 복음서의 저자들이 세례 요한에 대해 언급하며 본 절의 말씀을 인용하면서 '외치는 자'가 세례 요한임을 명시하고 있기 때문입니다(참조. 마 3:1-3; 막 1:2-5; 눅 3:2-6). 다시 말하면 그는 하나님께서 특별히 귀하게 쓰시기 위해 미리 예정하신 특별히 선택된 자였습니다.

둘째로 기도로 태어난 자였습니다.

사가랴 부부는 원래 나이가 많은 자들로서 아이가 없었습니다. 때문에 그들은 하나님께 간절히 기도했습니다. 그런데 어느 날 사가랴가 제사장의 직무를 수행하기 위해 성소에 들어가 직무를 감당할 때에 주의 사자가 나타나 "...사가랴여 무서워하지 말라 너의 간구함이 들린지라 네 아내 엘리사벳이 네게 아들을 낳아 주리니 그 이름을 요한이라 하라 너도 기뻐하고 즐거워할 것이요 많은 사람도 그의 태어남을 기뻐하리니"(눅 1:13,14)라고 말했습니다. 다시 말하면 사가랴와 엘리사벳이 나이가 많았음에도 불구하고 그들이 하나님께 기도했기 때문에 하나님께서는 그들의 기도를 들으시고 천사를 보내어 엘리사벳이 아들을 낳을 것을 알려주셨고 낳기도 전에 미리 아이의 이름까지 요한이라고 지어주셨습니다. 다시 말하면 세례 요한은 하나님께서 당신의 일꾼으로 귀하게 쓰시려고 미리 준비해두신 사람이었습니다.

셋째로 사명을 가지고 태어났습니다.

천사가 사가랴에게 장차 태어날 요한이 할 일에 대해 말한 것을 보면 먼저 그는 늙은 사가랴 부부와 이스라엘 백성들에게 기쁨을 줄 것이라는 것입니다(눅 1:14). 또한 그 여자가 낳은 자로서 큰 자이지만 그의 위대함이 메시야 시대가 도래하기까지만 국한됨을 명백히 해주셨습니다(눅 7:28; 마 11:11). 그리고 그는 포도주나 독주를 마시지 않는 나실인으로서 모태에서부터 구별된 자로 태어나 성령의 충만함을 입어 백성들에게 회개할 것을 촉구할 것이며, 회개하고 돌아오는 자들에게 세례를 베풀 것이라고 했습니다(눅 1:15-17). 더 나아가 그는 엘리야처럼 타락하고 부패한 이스라엘 백성들을 회개시켜 하나님의 사랑받는 자로 회복시키는 자가 될 것이라고 했습니다.

사랑하는 성도 여러분!

우리도 하나님의 예정하심 속에서 택함 받은 자들이라는 자부심을 가지고 삽시다. 또한 사가랴 부부처럼 열심히 기도합시다. 좋으신 하나님께서 반드시 응답해 주실 것입니다. 그리고 우리들에게 맡겨 주신 사명을 철저하게 감당하는 책임감 있는 자들이 되시기 바랍니다.

2. 인격

첫째로 검소하고 겸손했습니다.

그는 광야에서 "낙타털 옷을 입고 허리에 가죽 띠를 띠고 음식은 메뚜기와 석청"(마 3:4)이었습니다. 그 당시에 세례 요한이 입은 옷차림은 그가 엘리야와 같이 예언의 성취자임을 암시하는 것입니다. 다시 말하면 하나님께로부터 보냄을 받은 선지자인 세례 요한이 백성의 죄를 자신이 대신하여 슬퍼하는 감정을 표현하기 위해 입은 옷차림이었습니다. 또한 그의 양식인 메뚜기와 석청은 광야에서 생활하는 가난한 사람들의 양식으로서 그가 철저한 자기 절제와 검소한 삶을 산 선지자였음을 의미합니다. 그리고 그는 겸손했습니다. "…내 뒤에 오시는 이는 나보다 능력이 많으시니 나는 그의 신을 들기도 감당하지 못하겠노라…"(마 3:11)고 했으며 "그는 흥하여야 하겠고 나는 쇠하여야 하리라"(요 3:30)고 말했습니다. 뿐만 아니라 자신의 인기가 절정에 이르렀을 때에도 자신을 드러내지 않고 언제나 예수님만 나타나게 했습니다. 그는 한 번도 어떤 기사와 이적을 행한 일이 없었습니다. 왜냐하면 그 어떤 일로도 자신이 드러나는 일은 싫어했기 때문입니다. 참으로 그는 생각이 깊은 사람이었습니다.

둘째로 의롭고 경건했습니다.

그는 죄인을 통해서 이 세상에 태어난 자연인으로서 한 때는 예수 그리스도께서 메시야가 되심에 대해 회의를 가지기도 한 아주 나약한 인간적인 모습을 보이기도 했습니다. 그러나 그의 삶은 타락한 세속에 물들거나 불의를 행하는 일이 없이 아주 의롭고 경건한 삶을 살았습니다.

셋째로 강하고 담대했습니다.

세례 요한이 선지자로 활동할 당시에는 헤롯왕이 팔레스틴 지역을 통치하던 때로서 로마인들의 압제가 심한 때였습니다. 때문에 이스라엘은 아주 어려운 상황이었습니다. 그런데 그는 광야에서 "회개하라 천국이 가까이 왔느니라"(마 3:2)고 외쳤고, 많은 사람들이 소리를 듣고 자신들의 죄를 자복하고 요한에게 나아와 세례를 받았습니다. 요한은 이 광경을 보고 나아오는 바리새인들과 사두개인들에게 "…독사의 자식들아 누가 너희를 가르쳐 임박한 진노를 피하라 하더냐 그러므로 회개에 합당한 열매를 맺고 속으로 아브라함이 우리 조상이라고 생각하지 말라 내가 너희에게 이르노니 하나님이 능히 이 돌들로도 아브라함의 자손이 되게 하시리라 이미 도끼가 나무 뿌리에 놓였으니 좋은 열매 맺지 아니하는 나무마다 찍혀 불에 던져지리라"(마 3:7-10)고 혹독하게 비판했습니다. 당시의 사회적인 상황으로 봐서는 도저히 상상할 수 없는 일이었습니다. 그리고 그는 당시 무엇이든지 자신이 마음먹은 대로 다 할 수 있는 철권의 통치자인 헤롯이 자기 동생의 아내인 헤로디아를 빼앗아 자기 아내로 삼았을 때에 그의 범죄행위를 강하게 비판했습니다(막 6:18). 참으로 이 세상에서 그 무엇도 무서운 것이 없는 사람이었습니다.

사랑하는 성도 여러분!
우리들도 늘 검소하고 겸손한 삶을 삽시다. 또한 세례 요한처럼 의롭고 경건한 삶을 삽시다. 그리고 하나님의 자녀답게 이 세상 그 무엇도 두려워하지 않는 강하고 담대한 삶을 사시기 바랍니다.

3. 사 역

첫째로 예수님을 증언했습니다.
그가 요단강에서 회개의 세례를 베풀었을 때에 서기관들과 바리새인들은 물론 많은 이스라엘 백성들이 그에게 나아왔습니다. 그 때에 예수님께서도 나타나셨습니다. 그는 예수님에 대해 "세상 죄를 지고 가는 하나님의 어린양이로다"(요 1:29)라고 증언했습니다. 이것은 바로 예수 그리스도께서 인류의 죄를 지시고 대속의 십자가를 지실 메시야이심을 분명하게 증언한 것입니다.

둘째로 최초로 세례를 베풀었습니다.
세례 요한은 예수님보다 6개월 앞서서 태어난 자였습니다. 그는 로마의 통치하에서 신음하는 이스라엘 백성들에게 회개를 외쳤고 죄를 회개하고 나오는 자들에게 세례를 베풀었습니다(행 19:4). 뿐만 아니라 그는 예수님에게도 세례를 베풀었습니다(마 3:5-17). 그리고 "나는 너희로 회개하게 하기 위하여 물로 세례를 베풀거니와 내 뒤에 오시는 이는... 성령과 불로 너희에게 세례를 베푸실 것이"(마 3:11)라고 했습니다.

셋째로 헤롯에 의해 순교 당했습니다.

그는 헤롯왕이 자기 동생인 빌립의 아내 헤로디아를 자신의 아내로 취했을 때에 헤롯에게 "... 동생의 아내를 취한 것이 옳지 않다"(막 6:18)고 헤롯의 범죄행위에 대해 아주 단호하게 비판했습니다. 때문에 그는 곧바로 감옥에 갇히게 되었고(눅 3:20), 이 일로 인해 속이 상한 헤로디아가 요한을 원수로 여겨 죽이고자 했습니다(막 6:19). 그러나 헤롯은 요한을 의롭고 거룩한 사람으로 알고 보호했습니다. 그런데 헤롯이 자기 생일에 대신들과 천부장들과 갈릴리의 귀인들을 초청하여 잔치를 벌였습니다(막 6:21). 그 때에 헤로디아의 딸이 잔치 석에 들어와 춤을 추었는데 헤롯은 물론 그와 함께 한 모든 사람들이 그녀의 춤에 매료되어 환호하면서 기뻐했습니다. 그로 인해 의기 양양해진 헤롯이 그 소녀에게 "무엇이든지 네가 원하는 것을 내게 구하라 내가 주리라 하고 또 맹세하기를... 나라의 절반까지라도 주리라"(막 6:22, 23)고 했습니다. 이에 그녀가 자기 어머니인 헤로디아에게 가서 "...내가 무엇을 구하리이까"라고 의논하자 헤로디아는 요한의 머리를 구하라고 했습니다. 때문에 세례 요한의 머리는 소반에 얹었다가 그 여인에게 주어졌고 요한의 시체는 제자들에 의해 장사되었습니다(막 6:24-29). 그는 아주 충성 되이 사명을 감당하다가 순교했습니다.

사랑하는 성도 여러분!

우리들도 세례 요한처럼 예수 그리스도를 열심히 증언합시다. 또한 이 세상에 나아가 죄와 저주로 인해 멸망해 가는 불쌍한 영혼들에게 복음을 전파하여 회개하고 주님께로 돌아오도록 합시다. 그리고 생명을 걸고 사명을 감당하는 충성된 종들이 되시기 바랍니다.

 # 스데반

[행 7:54-60]

그들이 이 말을 듣고 마음에 찔려 그를 향하여 이를 갈거늘 스데반이 성령 충만하여 하늘을 우러러 주목하여 하나님의 영광과 및 예수께서 하나님 우편에 서신 것을 보고 말하되 보라 하늘이 열리고 인자가 하나님 우편에 서신 것을 보노라 한대 그들이 큰 소리를 지르며 귀를 막고 일제히 그에게 달려들어 성 밖으로 내치고 돌로 칠새 증인들이 옷을 벗어 사울이라 하는 청년의 발 앞에 두니라 그들이 돌로 스데반을 치니 스데반이 부르짖어 이르되 주 예수여 내 영혼을 받으시옵소서 하고 무릎을 꿇고 크게 불러 이르되 주여 이 죄를 그들에게 돌리지 마옵소서 이 말을 하고 자니라

> 스데반(면류관 또는 화관이란 뜻)은 초대 예루살렘 교회의 일곱 집사 중의 한 사람으로서 헬라파 유대인이었습니다. 예수님의 제자들은 대부분이 갈릴리 사람들로서 성품이 거칠고 교육도 제대로 받지 못한 사람들이었습니다. 그러나 스데반은 덕망과 교양을 지닌 인물로서 사람들로부터 평판이 좋은 칭찬 받는 사람이었습니다. 그는 평신도 지도자로서 집사였지만 복음을 전파하는 데 생명을 바친 위대한 사명자였습니다. 우리들도 스데반과 같이 복음에 대한 뜨거운 열정과 사명에 대한 충성심을 가지고 능력 있는 삶을 살아야겠습니다.

1. 신앙이 좋은 사람

첫째로 믿음과 성령이 충만했습니다.

오순절의 성령강림으로 세워진 예루살렘 교회가 크게 성장했기 때문에 열두 사도들만으로는 교회 일을 다 감당할 수 없었습니다. 예루살렘 교회에서는 특별히 교회 내에 있는 고아와 과부들을 구제하는 일을 했습니다. 그런데

그 일들이 원만히 되지 않고 말썽이 생겼습니다. 그래서 헬라파 유대인들이 자기의 과부들이 매일의 구제에서 빠진다고 히브리파 유대인들을 원망하는 일이 일어났습니다(행 6:1). 교회의 거룩한 사업이 시행착오로 말미암아 오히려 성도들의 갈등이 일어나게 된 것입니다. 때문에 열두 사도들은 교회에서 하는 봉사나 구제의 일은 모두 평신도 지도자를 세워 맡기고 자신들은 말씀 전하는 일과 기도하는 일에 전무하기로 했습니다(행 6:2-4). 그 때에 믿음과 성령이 충만한 자 일곱을 선택했는데 그 일곱 명 중에서도 가장 뛰어난 사람이 바로 스데반이었습니다.

둘째로 성도들의 존경을 받았습니다.
교회의 천거로 선택받아 안수 받고 집사로 세움 받은 스데반을 비롯한 일곱 집사들은 모두가 다 교회에서 칭찬 듣는 사람들이었습니다(행 6:3). 교회의 집사는 부정함이 없으며 성도들과 이웃들로부터 성실한 사람으로 인정받고 존경받는 사람이어야 합니다(딤전 3:8-13). 그는 교회생활에서 언제나 신실했습니다. 교회 내의 성도들과도 항상 아름다운 관계를 맺고 있었습니다. 그리고 교회의 일에도 언제나 솔선수범 하는 헌신적인 삶을 살았습니다. 마찬가지로 오늘의 우리 교회에도 스데반과 같이 모범적인 헌신자가 필요합니다.

셋째로 교회를 평안케 하는 사람이었습니다.
스데반을 비롯하여 일곱 집사가 세워져서 예루살렘 교회 내에서 구제하는 일을 맡은 다음에는 구제와 분배문제로 인해 말썽이 일어나는 일이 전혀 없었습니다. 이제 이스라엘 본토에서 출생한 히브리파 유대인들과 이방 각처에 흩어졌다가 유대로 다시 돌아온 헬라파 유대인들 사이에서 벌어졌던 갈등들이 완전히 사라지고 서로 간의 신뢰가 회복됨으로 인해 교회가 평안하여 든든히 서갔습니다. 사도들이 말씀을 전하는 일과 기도하는 일에 전무할 수 있었습니다. 때문에 예루살렘 교회에는 참으로 놀라운 부흥의 역사가 일어났습니다.

사랑하는 성도 여러분!
우리들도 믿음과 성령이 충만한 성도들이 됩시다. 또한 가정이나 교회, 이웃에서 인정받고 존경받는 사람이 됩시다. 그리고 언제 어디서나 모두를 평안케 하는 은혜로운 삶을 사시기 바랍니다.

2. 사명감이 투철한 사람

첫째로 세상으로 나가 말씀을 전파했습니다.
스데반을 위시한 일곱 집사들의 헌신적인 노력으로 교회의 질서가 잡히고 평안하여 든든히 서갔습니다. 교회의 성도들이 불어나기 시작했습니다. 그러자 그는 이제 구제와 봉사하는 일에 멈추지 않고 자신이 직접 복음을 들고 세상 밖으로 나섰습니다. 그는 산헤드린 공회 앞에서 유대인들에게 아브라함과 언약을 맺으신 하나님께서 요셉을 통하여 성취하셨다고 구약성경의 가르침을 요약하여 증언 했습니다(행 7:2-16). 또한 하나님께서는 모세를 부르셔서 고난받고 있는 이스라엘을 출애굽 시켜 젖과 꿀이 흐르는 가나안으로 인도하시는 역사의 주관자라고 했습니다(행 7:17-45). 그리고 하나님께서는 다윗이 하나님의 성전을 짓기 원했지만 허락지 않으시고 그 아들 솔로몬을 통해서 이루셨다(왕상 8:20)고 하면서 예루살렘 성전의 개념에 대해 분명하게 설명하고 우상을 숭배하지 말라고 경고했습니다. 뿐만 아니라 유대인들이 메시야로 오신 예수님을 성전 모독죄와 율법을 어겼다는 죄목을 씌워 십자가에 못 박은 것에 대해 무서운 살인죄로 규정하고 강력하게 비난했습니다(행 7:51,52). 참으로 그는 성경에 해박자요, 열정적인 전도자였으며 위대한 설교자였습니다.

둘째로 죽음을 불사한 사명자였습니다.

스데반은 당시의 교권자인 제사장이나 서기관도 아니요, 권력자나 부자도 아니었습니다. 예루살렘 교회의 평범한 집사에 불과했습니다. 그러나 그 누구도 당해낼 수 없는 능력의 사람이었습니다. 그는 그 어떠한 사람들의 박해나 위협에도 굴하지 않고 생명을 내놓고 사명을 감당했습니다. 때문에 그의 용기 있는 사명감당의 의지를 저지할 수 있는 사람은 하나도 없었습니다. 그는 참으로 세상이 감당할 수 없는 무서운 사람이었습니다. 우리들도 이러한 사명감을 가지고 복음을 전파해야 합니다.

셋째로 초대교회 최초의 순교자였습니다.

"목이 곧고 마음과 귀에 할례를 받지 못한 사람들아 너희도 너희 조상과 같이 항상 성령을 거스르는도다"(행 7:51)라는 스데반의 설교를 들은 유대인들은 크게 분노하여 이를 갈았습니다(행 7:54). 그러나 스데반이 성령으로 충만하여 "보라 하늘이 열리고 인자가 하나님 우편에 서신 것을 보노라"(행 7:56)고 하자 유대인들이 스데반의 설교를 더 이상 듣지 않기 위해 큰소리를 지르면서 귀를 막고 모두가 다 스데반에게 달려들었습니다(행 7:57). 그리고 스데반을 성 밖으로 내치고 돌로 쳐서 죽였습니다(행 7:58-60). 그리하여 스데반은 초대교회 최초의 순교자가 되었습니다. 스데반의 순교가 인간적으로 생각하면 너무 젊은 나이에 죽었고 그의 사역에 대한 성과가 아직 분명하게 드러나지 않았기 때문에 어떻게 보면 당시에는 실패처럼 보였을 것입니다. 그러나 그의 삶은 참으로 멋있고 위대한 삶이었습니다. 왜냐하면 이 일이 있은 후 유대인들은 예루살렘 교회를 전면적으로 박해하기 시작했으며(행 8:1-3). 그로 인해 예루살렘 교회의 성도들이 세계 각지로 흩어져서 복음을 전하게 되었습니다. 다시 말하면 스데반으로 인해 복음전파가 예루살렘에서 전 세계로 퍼지는 놀라운 역사가 일어난 것입니다.

사랑하는 성도 여러분!
우리들도 하나님의 일에 스데반처럼 일을 찾고 만들어서 적극적이고 능동적으로 합시다. 또한 죽음을 불사한 일꾼으로서 세상이 감당할 수 없는 사명자들이 됩시다. 그리고 하나님의 일에 귀하게 쓰임 받는 아름다운 삶을 사시기 바랍니다.

3. 시종이 여일한 사람

첫째로 죽을 때까지 믿음을 지켰습니다.
유대인들이 자기를 향해 이를 가는 상황에서도 그가 하늘을 우러러 주목하여 하나님의 영광과 예수님께서 하나님 우편에 서신 것을 본 것은 자신이 돌에 맞아 죽는 그 순간까지도 변함없이 믿음을 잘 지키고 있었음을 보여주고 있는 것입니다(행 7:56). 그렇습니다. 믿음의 본질은 소망입니다. 그는 믿음으로 천국을 소망했기 때문에 죽는 그 순간까지도 소망을 잃지 않고 하늘을 우러러 본 것입니다. 또한 믿음의 본질은 진실입니다. 때문에 유대인들이 이를 갈며 큰 소리를 지르고 맹수처럼 달려들어 성 밖으로 내치고 돌로 쳤지만 전혀 굽힘이 없이 믿음을 지켰습니다. 그리고 믿음의 본질은 능력입니다. 때문에 그는 자신이 돌에 맞아 죽는 고통도 넉넉히 이겼습니다.

둘째로 죽을 때까지 사랑했습니다.
그는 무고한 자신에게 계속해서 돌을 던져 죽게 하는 원수들에게 불만을 가지고 불평하거나 원망하지 않았으며 미워하거나 저주하지도 않았습니다. 오히려 그는 유대인들이 던지는 돌에 맞아 죽어가면서도 그들의 범죄행위를 안타깝게 여기고 하나님 앞에 "무릎을 꿇고 크게 불러 이르되 주여 이 죄를 그들에게 돌리지 마옵소서"(행 7:60)라고 기도하고 죽음을 맞았습니다. 그는 "원수를 사랑하라"(마 5:44)는 주님의 말씀을 그대로 실천한 사람입니다. 그는 바로 주님과 같이 죽을 때까지도 원수를 사랑했습니다. 참으로 심지가 견고한 위대한 신앙인이었습니다.

셋째로 죽을 때까지 사명을 감당했습니다.

그는 시종이 여일하게 죽을 때까지 뜨거운 열정을 가지고 복음을 전파했습니다. 그가 사명을 감당할 때에 알아주거나 칭찬해 주는 사람은 하나도 없었습니다. 오히려 그의 설교를 들은 유대인들의 분노를 샀고 그들이 던진 돌에 맞아 죽어가면서도 끝까지 사명을 감당했습니다. 우리 인간은 모두가 다 하나님께서 주신 사명을 가지고 이 세상에 태어났습니다. 그러므로 그 어떤 이유로도 자신이 맡은 사명을 저버릴 수 없습니다. 생명을 걸고 죽을 때까지 반드시 감당해야 합니다. 예수님께서도 십자가에서 죽으심으로 인류의 죄를 대속하셨습니다. 그렇습니다. 사명은 생명보다 더 귀합니다.

사랑하는 성도 여러분!

우리들도 죽을 때까지 변함없이 믿음을 지킵시다. 또한 시종이 여일하게 위로 하나님을 사랑하고 아래로 우리의 이웃을 사랑합시다. 그리고 이유 여하를 막론하고 맡은 바 사명을 죽을 때까지 변함없이 잘 감당합시다. 그리하여 하늘의 상급이 넘치는 복된 자들이 되시기 바랍니다.

# 아나니아와 삽비라

[행 5:1-11]

아나니아라 하는 사람이 그의 아내 삽비라와 더불어 소유를 팔아 그 값에서 얼마를 감추매 그 아내도 알더라 얼마만 가져다가 사도들의 발 앞에 두니 베드로가 이르되 아나니아야 어찌하여 사탄이 네 마음에 가득하여 네가 성령을 속이고 땅 값 얼마를 감추었느냐 땅이 그대로 있을 때에는 네 땅이 아니며 판 후에도 네 마음대로 할 수가 없더냐 어찌하여 이 일을 네 마음에 두었느냐 사람에게 거짓말한 것이 아니요 하나님께로다 아나니아가 이 말을 듣고 엎드러져 혼이 떠나니 이 일을 듣는 사람이 다 크게 두려워하더라 젊은 사람들이 일어나 시신을 싸서 메고 나가 장사하니라 세 시간쯤 지나 그의 아내가 그 일어난 일을 알지 못하고 들어오니 베드로가 이르되 그 땅 판 값이 이것뿐이냐 내게 말하라 하니 이르되 예 이것뿐이라 하더라 베드로가 이르되 너희가 어찌 함께 꾀하여 주의 영을 시험하려 하느냐 보라 네 남편을 장사하고 오는 사람들의 발이 문 앞에 이르렀으니 또 너를 메어 내가리라 하니 곧 그가 베드로의 발 앞에 엎드러져 혼이 떠나는지라 젊은 사람들이 들어와 죽은 것을 보고 메어다가 그의 남편 곁에 장사하니 온 교회와 이 일을 듣는 사람들이 다 크게 두려워하니라

성경에 보면 부부가 함께 신앙생활을 잘하여 칭찬받는 부부도 있고 둘이 함께 범죄하여 하나님의 징계를 받아 망한 부부도 있습니다. 인류의 시조인 아담과 하와도 사탄의 유혹을 받고 둘이 다 함께 동산 중앙에 있는 선악을 알게 하는 나무의 열매를 따먹고 인류에게 원죄를 유전시켰습니다. 아합과 이세벨 부부는 사탄의 앞잡이가 되어 우상을 섬기고 주의 종들을 학대하고 죽였습니다. 헤롯과 헤로디아 부부도 함께 세례 요한의 목을 베는 악을 행했습니다. 오늘 본문의 아나니아와 삽비라 부부도 함께 공모하여 하나님을 속이려다가 비참하게 죽었습니다. 우리들의 가정은 온 가정이 함께 하나님의 뜻을 따르고 선을 행하는 복된 삶을 살아야겠습니다.

1. 초대교회

첫째로 성령으로 충만했습니다.

오순절의 성령강림으로 세워진 초대교회 성도들은 모두 다 성령으로 충만하여 다른 방언으로 말하기를 시작했습니다. 때문에 그것을 본 사람들은 "…그들이 새 술에 취하였다…"(행 2:13)라고 했습니다. 성경은 "술 취하지 말라 이는 방탕한 것이니 오직 성령으로 충만함을 받으라"(엡 5:18)고 하셨습니다. 이 말씀은 바로 우리들로 하여금 세상 술에 취하지 말고 초대교인들처럼 성령으로 충만하라는 말씀입니다. 이 세상 사람들은 모두 다 이 세상의 그 무엇인가에 취해 있습니다. 어떤 사람들은 술에 취해 있습니다. 그래서 지금 우리나라에는 알콜 중독자가 300만 명이 넘습니다. 어떤 사람들은 도박에 취해 있습니다. 어떤 사람은 낚시에 취해 있습니다. 어떤 사람은 세상 향락에 취해 있습니다. 요즈음 젊은이들은 세속문화에 취해 있습니다. 그러나 이러한 모든 것은 인생을 더욱 공허하게 하고 실패케 할 뿐입니다. 그러므로 우리 모두는 반드시 성령으로 충만해야 합니다. 그래야 우리들의 삶에 기쁨과 감사, 찬송이 있고 승리가 있습니다.

둘째로 천하를 어지럽혔습니다.

초대교회 성도들이 성령을 충만히 받고 나더니 완전히 예수님에게 미쳤습니다. 다시 말하면 예수밖에 몰랐습니다. 나가도 들어와도 예수님만 생각하고 예수님만 말하고 예수님만 사랑하고 예수님만 전했습니다. 한마디로 그들의 언행심사와 삶에는 모두가 다 예수님뿐이었습니다. 한마디로 그들은 무서운 것이 없이 복음을 전파했습니다. 다시 말하면 죽음을 겁내지 않고 예수 그리스도를 전했습니다. 때문에 그들이 가는 곳마다 회개운동이 일어났습니다. 기사와 이적이 일어났습니다(행 2:43). 예수 그리스도를 구주로 믿는 성도들이 늘어났습니다. 교회가 세워지고 사회가 변화되었습니다. 한마디로 천하를 어지럽혔습니다.

셋째로 유무상통 했습니다.

성령으로 충만한 초대교회 성도들은 모든 것이 다 자기의 것이 아니라 하나님의 것이라는 청지기 정신으로 충만했습니다. 때문에 그들은 "...모든 물건을 서로 통용하고 또 재산과 소유를 팔아 각 사람의 필요를 따라 나눠주며 날마다 마음을 같이하여 성전에 모이기를 힘쓰고 집에서 떡을 떼며 기쁨과 순전한 마음으로 음식을 먹고 하나님을 찬미하며 또 온 백성에게 칭송을 받으니 주께서 구원받는 사람을 날마다 더하게..."(행 2:44-47)했습니다. 다시 말하면 그들은 하나님께서 원하시는 진정한 사랑의 공동체를 이룬 것이었습니다. 오늘의 우리 성도들에게도 이러한 청지기 정신이 필요합니다.

사랑하는 성도 여러분!

우리 모두 부질없는 이 세상의 모든 것들을 다 버리고 성령으로 충만합시다. 또한 진정한 예수님의 사람들이 되어 예수님으로 이 세상을 변화시키는 능력자들이 됩시다. 그리고 영육간이 어렵고 힘든 자들을 살리는 일에 최선을 다하는 멋진 삶을 사시기 바랍니다.

2. 범죄 행위

첫째로 밭을 팔았습니다.

당시에는 성령으로 충만한 성도들이 투철한 청지기 정신으로 자신의 소유를 팔아 복음을 전파하고 가난한 사람들을 구제하는 일에 쓰기 위해 재산을 하나님께 드리는 사람들이 많았습니다. 이 사건 바로 전에도 바나바(원래 이름은 요셉이었는데 사도들이 바나바라고 부름)가 자기 밭을 팔아서 사도들의 발 앞에 둔 일이 있었습니다(행 4:36,37). 아나니아와 삽바라 부부도 역시 복음을 전파하는 일에 사용하기 위해 자신들의 소유를 팔았습니다. 아마도 당시에는 성령님의 감동을 받았을 것입니다. 그러므로 밭은 판 것까지는 아무런 하자가 없었습니다. 그렇습니다. 모든 일은 하나님께 기도하고 반드시 성령의 인도를 받아야 합니다.

둘째로 얼마를 감추었습니다.

그들이 자신들의 밭을 팔기까지는 성령의 감동을 받아 복음을 전파하는 선한 일에 쓰기 위해 팔았을 것입니다. 그런데 문제는 그들이 자신들의 밭을 팔고 나서였습니다. 그들은 밭을 팔고 나서 하나님께 드리게 된 것에 대해 기뻐하고 즐거워해야 되는데 오히려 그 재물에 대한 탐욕이 생겼습니다. 그렇습니다. 인간은 그것이 어떤 것이든지 간에 그에 대한 탐욕에 빠지게 되면 이성을 잃어버리게 되고 상황 판단을 제대로 하지 못합니다. 또한 자신들의 장래 생활에 대한 염려가 생겼을 것입니다. 이 염려는 사탄이 주는 것으로서 우리들의 영육을 병들게 하는 무서운 독소가 됩니다. 때문에 그들이 밭을 판 돈의 일부를 감추게 되었을 것입니다. 그러나 예수님께서는 "…목숨을 위하여 무엇을 먹을까 무엇을 마실까 몸을 위하여 무엇을 입을까 염려하지 말라 목숨이 음식보다 중하지 아니하며 몸이 의복보다 중하지 아니하냐"(마 6:25)라고 말씀하셨습니다. 사도 바울도 "아무 것도 염려하지 말라"(빌 4:6)고 했습니다.

셋째로 일부만 가져왔습니다.

아나니아와 삽비라는 둘이 공모하여 밭을 판 돈의 일부를 감추고 나머지를 베드로에게 가지고 왔습니다(행 5:2). 그러나 그것은 바로 그들이 하나님 앞에 무서운 죄를 범하는 악한 행위였습니다. 그는 밭을 팔아서 하나님의 선한 일에 쓰임 받게 하라는 성령님에 대한 불순종이었습니다. 또한 그들은 주님의 종을 속이고 성도들을 속인 것이었습니다. 하나님께서는 언제나 불꽃같은 눈으로 우리들을 감찰하십니다. 그러므로 그분을 속일 수 있는 사람은 하나도 없습니다. 그런데 아나니아와 삽비라는 하나님을 속이고 일부만 가지고 온 것이었습니다.

사랑하는 성도 여러분!
우리들도 과도한 욕심을 부리지 말고 언제나 청지기 정신으로 삽시다. 또한 그 어떤 이유로도 탐욕을 부리는 어리석은 삶을 살지 맙시다. 그리고 언제나 하나님 앞에서나 사람들 앞에서 정직한 삶을 사시기 바랍니다.

3. 범죄 결과

첫째로 책망을 받았습니다.
아나니아와 삽비라가 밭을 판 돈의 얼마를 감추고 일부를 가져왔을 때에 베드로는 "아나니아야 어찌하여 사탄이 네 마음에 가득하여 네가 성령을 속이고 땅 값 얼마를 감추었느냐 땅이 그대로 있을 때에는 네 땅이 아니며 판 후에도 네 마음대로 할 수가 없더냐 어찌하여 이 일을 네 마음에 두었느냐 사람에게 거짓말한 것이 아니요 하나님께로다"(행 5:3,4)라고 엄히 책망했습니다. 그는 사탄의 조종을 받아 범죄하고 주의 종을 속이기까지 했습니다. 그렇습니다. 거짓의 아비인 사탄의 조종을 받으면 양심이 마비되어 버립니다. 때문에 아나니아와 삽비라가 양심을 속이고 천연덕스럽게 거짓말한 것이었습니다. 그러므로 우리 성도들은 언제나 진실하고 신실하게 살아야 합니다.

둘째로 아나니아가 죽었습니다.
베드로의 책망을 받은 아나니아는 혼이 즉시 떠나 죽었습니다(행 5:5). 아나니아의 시체는 바로 젊은이들이 싸서 메고 나가 장사했습니다(행 5:6). 아나니아의 급작스런 죽음에 대한 심리학적인 설명에 의하면 그가 베드로의 책망을 받고 죽은 것은 자신의 거짓말이 발각된 것에 대한 충격과 수치심이 너무 크기 때문이라고 했습니다. 그러나 우리는 아나니아의 죽음이 바로 공의의 하나님께서 내리신 징계의 채찍에 의해 급사한 것이라고 믿습니다. 그렇습니다. 우리 하나님께서는 오늘 이 시간에도 불꽃 같은 눈으로 감찰하십니다. 때문에 우리 인간은 그 어떤 것으로도 하나님을 속일 수 없습니다. 그러므로 우리들은 언제나 하나님께서 기뻐하시는 일만 해야 합니다.

셋째로 삽비라도 죽었습니다.

아나니아가 죽은 지 세 시간쯤 지난 후에 삽비라는 남편인 아나니아가 교회의 사도들과 성도들로부터 대단한 칭찬을 받고 있을 것이라고 착각하고 베드로 앞에 나아왔습니다(행 5:7). 때에 베드로는 삽비라에게 "그 땅 판 값이 이것뿐이냐 내게 말하라"(행 5:8)고 했습니다. 이에 삽비라는 "…예 이뿐이라"(행 5:8)고 그의 남편과 똑같이 거짓말했습니다. 바로 그것은 그녀가 남편인 아나니아와 공모했다는 증거인 것입니다. 베드로는 거짓말한 삽비라에게 "너희가 어찌 함께 꾀하여 주의 영을 시험하려 하느냐 네 남편을 장사하고 오는 사람들의 발이 문 앞에 이르렀으니 또 너를 메어 내가리라"(행 5:9)고 했습니다. 이에 삽비라는 "곧 그가 베드로의 발 앞에 엎드러져 혼이 떠나는지라 젊은 사람들이 들어와 죽은 것을 보고 메어다가 그의 남편 곁에 장사"(행 5:10)했습니다.

사랑하는 성도 여러분!

우리들은 그 어떤 일이 있어도 책망 받는 삶을 살지 말고 칭찬 받으며 삽시다. 또한 언제나 생명력이 넘치는 축복된 삶을 삽시다. 그리고 한순간이라도 악에게 물들지 말며 언제나 선에 속한 아름다운 삶을 사시기 바랍니다.

 # 아볼로

[행 18:24-28]

알렉산드리아에서 난 아볼로라 하는 유대인이 에베소에 이르니 이 사람은 언변이 좋고 성경에 능통한 자라 그가 일찍이 주의 도를 배워 열심으로 예수에 관한 것을 자세히 말하며 가르치나 요한의 1)세례만 알 따름이라 그가 회당에서 담대히 말하기 시작하거늘 브리스길라와 아굴라가 듣고 데려다가 하나님의 도를 더 정확하게 풀어 이르더라 아볼로가 아가야로 건너가고자 함으로 형제들이 그를 격려하며 제자들에게 편지를 써 영접하라 하였더니 그가 가매 은혜로 말미암아 믿은 자들에게 많은 유익을 주니 이는 성경으로써 예수는 그리스도라고 증언하여 공중 앞에서 힘있게 유대인의 말을 이김이러라

> 아볼로는 아볼로니어스의 줄인 이름입니다. 그는 알렉산드리아 출생의 유대인으로서 초대교회의 영향력 있는 지도자였습니다. 또한 그는 고린도 교회에 있었던 네 파당 중에서 한 파의 지도자로 나타납니다. 그리고 그는 메시야를 믿고 있었으며 구약에 능통한 자였습니다. 그가 웅변가로서 메시야를 힘있게 전했습니다. 그러나 아쉬운 것은 요한의 세례만 알았고 성령에 대해서는 전혀 알지 못했다는 점입니다. 그는 바울보다도 먼저 에베소의 회당에서 주의 도를 가르친 지도자였습니다.

1. 유능한 사람이었습니다.

첫째로 그는 아주 달변가였습니다.

성경은 그에 대해 "알렉산드리아에서 난 아볼로라 하는 유대인이 에베소에 이르니 이 사람은 언변이 좋고 성경에 능통한 자라 그가 일찍이 주의 도를 배워 열심으로 예수에 관한 것을 자세히 말하며 가르치나 요한의 세례만 알

따름이라"(행 18:24,25)고 하셨습니다. 그는 뛰어난 웅변술을 가지고 있었습니다. 때문에 그가 복음을 전했을 때에 많은 사람들이 감동을 받았습니다(행 18:24). 그것은 바로 달변가인 그가 효과적으로 복음을 전했기 때문입니다. 그래서 매튜 헨리는 그에 대해 "사랑스럽고 다정한 설교자"라고까지 극찬했습니다.

둘째로 학문이 많았습니다.

그가 태어난 알렉산드리아는 B.C. 332년에 알렉산더 대왕이 세운 해양도시로서 지식과 학문의 중심지요, 상업 중심지이기도 했습니다. 또한 B.C. 280년경에 구약 성경의 헬라어 번역서인 70인 역이 이곳에서 처음으로 만들어지기도 했습니다. 알렉산더 대왕이 이 도시를 세우고 유대인들을 이주시켰는데 그들이 크게 번성하여 당시 인구의 $\frac{1}{3}$이나 될 정도로 번성했다고 합니다. 따라서 알렉산드리아는 유대적 헬라철학이 크게 발달하였는데 그 철학자들 중에 필로(Philo)가 대표적인 인물입니다. 때문에 많은 사람들이 아볼로가 그 필로 학자의 일원이었을 것이라고 생각하고 있습니다. 한마디로 그는 어느 누구보다도 학문이 많은 사람이었습니다.

셋째로 성경에 능통했습니다.

달변가요, 학문이 많은 아볼로는 하나님의 말씀인 구약성경에도 아주 능통했습니다(행 18:24). 그는 예수 그리스도에 대해서 사람들에게 열심히 가르쳤습니다. 그런데 한가지 아쉬운 것은 그가 세례 요한의 세례에 대해서만 알고 있었다는 것입니다(행 18:25). 그가 어디서 어떻게 주의 도를 배웠는지에 대해서는 성경에 정확하게 기록되어 있지 않습니다. 다만 그가 세례 요한의 제자를 통해서 예수님에 대해서 배웠을 것이라고만 추측할 뿐입니다. 그가 세례 요한이 죽기까지 예수님에 관해서 이야기한 것만을 부분적으로 배웠기 때문에 예수님에 관한 지식에 한계가 있을 수밖에 없었을 것입니다. 다시 말하면 그의 가르침은 성령에 이끌린 것이 아니라 단지 지식에서 나온 것이었으며 예수님을 지식적으로만 알고 있었던 것이었습니다. 다시 말하면 그가 우리 인류의 죄를 십자가에서 담당하시고 부활승천 하신 주님께서 오순절 마가의 다락방에 보내주신 성령을 체험하지 못했습니다. 때문에 그는 요한의 세례만을 최고로 여기고 열심히 전한 것이었습니다.

사랑하는 여러분!
그러나 우리가 비록 지금 현재 다른 사람보다 언변이 부족해서 말을 잘 못해도 괜찮습니다. 다른 사람보다 가방 끈이 짧고 학문이 부족해서 유식하지 못해도 상관없습니다. 살아 계신 하나님의 말씀만 그대로 믿고 순종하면서 자신 있게 나아간다면 전능하신 하나님께서 우리들과 함께 하시사 때마다 일마다 반드시 승리케 하실 것입니다.

2. 교회를 위해 헌신했습니다.

첫째로 고린도에서 사역했습니다.
그가 주로 사역했던 고린도는 아가야 지방의 수도로서 교통의 중심지요, 상업이 매우 발달하였기 때문에 물질적으로 매우 풍요한 도시였습니다. 이 도시가 한창 번성할 때에는 '동방의 눈' 이라고 불릴 정도로 세계적으로 유명한 도시였습니다. 그러나 아덴이 스파르타에 의해 멸망될 때에 이 도시도 함께 주후 46년에 로마에 의해 정복당했습니다. 이 도시를 정복한 율리어스 시저가 이 도시를 재건하여 고린도를 아가야 지방의 수도로 삼았습니다. 그런데 이 고린도는 우상의 도시요, 사치와 허영의 도시였으며, 성적으로도 대단히 문란한 도시였습니다. 철학과 예술의 도시인 아덴과는 전혀 달랐습니다.

때문에 헬라의 소돔과 고모라 성이라고 불릴 만큼 부패하고 타락된 도시였습니다. 그런데 사도 바울이 2차 전도여행 시의 회당에서 성경을 가르침으로 인해 고린도 교회가 세워지게 되었습니다(행 18:4). 그 후에 아볼로가 이곳에서 복음전파사역을 감당하게 되었습니다.

둘째로 담대하게 사역을 감당했습니다.

아볼로는 무엇보다도 복음전파에 대한 투철한 사명감을 가지고 있었기 때문에 유대인의 회당에서 유대인들이 이단의 괴수(행 24:5)로 알고 있는 예수 그리스도를 뜨거운 열정을 가지고 담대하게 복음을 전파한 것입니다. 그는 복음전파에 용기와 담력을 가지고 최선을 다하는 참으로 충성된 일꾼이었습니다. 그는 훌륭한 성경교사였고 전도자였습니다. 그렇습니다. 구원의 역사는 복음전파가 없이는 결코 이루어질 수 없습니다. 그러므로 우리들은 때를 얻든지 못 얻든지 이유 여하를 막론하고 영혼사랑에 대한 열정을 가지고 담대하게 복음을 전파해야 합니다. 우리 모두는 이제 열심을 다해 복음을 전파해야겠습니다.

셋째로 아볼로파가 생겨났습니다.

고린도 교회는 말도 많고 탈도 많은 교회였습니다. 그의 달변과 해박한 지식, 구약성경에 대한 능통한 설교와 열정은 고린도 교회 교인들의 존경을 받기에 충분했습니다. 그런데 고린도 교회에는 분파가 있었습니다. 그것은 바로 아볼로파, 바울파, 게바(베드로)파 그리고 그리스도파였습니다(고전 1:12, 3:4-6, 22-23). 여기에서 우리가 생각할 수 있는 것은 고린도 교회에서는 그를 따른 사람들이 많이 있었다는 것을 알 수 있습니다. 그러나 주님의 몸된 교회에서는 그 어떤 파도 있을 수 없습니다. 우리가 믿고 섬기며 의지하고 영원히 따라가야 할 분은 오직 예수 그리스도 한 분밖에는 그 무엇도 있을 수 없습니다. 그것이 바로 우리들의 진실한 신앙고백이어야 합니다. 우리들도 아볼로처럼 주님의 몸된 교회를 위해 치사충성 하는 자세로 최선을 다해 헌신하는 삶을 살아야겠습니다.

사랑하는 여러분!
하나님을 믿지 않고 우상을 섬기며 사치와 향락에 빠져 있는 오늘의 이 시대가 바로 고린도와 같이 우리들이 복음을 전해야 할 시대인 것입니다. 또한 하나님의 자녀들인 우리들은 세상 눈치보지 말고 강하고 담대하게 복음을 전파해야 합니다. 그리고 교회에는 그 어떠한 파도 존재할 수 없습니다. 우리 모두는 오직 예수 그리스도파 밖에 없습니다.

3. 신앙생활에 모범을 보였습니다.

첫째로 겸손히 배웠습니다.
아볼로는 달변가요, 학식이 많고 구약에 정통한 자였습니다. 또한 그는 회당에서 성경을 가르치는 교사였습니다. 그리고 고린도 교회의 지도자였습니다. 다시 말하면 뭇 사람들의 존경을 한 몸에 받고 있는 사람이었습니다. 그런데 어느 날 브리스길라와 아굴라가 회당에서 복음을 전파하고 있는 아볼로를 데려다가 하나님의 도에 대해 더 자세히 가르쳤습니다(행 18:26). 아마도 성령체험을 받고 구원에 대한 확신을 가지고 있는 브리스가와 아굴라는 아볼로가 아직 모르고 있는 성령에 대해 일러줌으로 보다 더 완전한 복음전파가 이루어질 수 있도록 하고 싶었던 것 같습니다. 그럼에도 불구하고 아볼로는 조금도 기분 나빠하지 않고 겸손히 브리스가와 아굴라 부부의 가르침을 받았습니다. 그리고 그는 그 가르침에 힘입어 성도들을 올바르게 가르쳤습니다. 참으로 그는 겸손한 사람이었습니다.

둘째로 오직 주님만을 위해 헌신했습니다.

아볼로는 그 어떤 경우에도 자신을 위해 살지 않았습니다. 오직 주님만을 위해 철저하게 헌신했습니다. 아볼로나 바울은 자신들의 지위고하와 빈부귀천에 대해서는 한번도 생각해 본 적이 없었습니다. 오직 예수를 위해 그 모든 것들을 다 포기하고 예수 그리스도만 믿고 따르며 전하는 사명에 불탄 사람들이었습니다. 그들은 자신들의 의식주는 물론 죽고 사는 것까지도 개의치 않았습니다. 철저하게 자기를 포기하고 하나님께 온전히 순종하며 헌신한 멋진 하나님의 사람들이었습니다. 우리들도 아볼로와 바울과 같은 투철한 사명자들이 되어야겠습니다.

셋째로 말씀으로 유대인들을 이겼습니다.

유대인들은 많은 율법의 지식을 가지고 있었지만 마게도냐의 남부지역 아가야는 율법에 능한 사람들이 없었습니다. 때문에 유대인들이 예수는 메시야가 될 수 없다고 율법적으로 했을 때에 아가야 사람들은 전혀 대항할 수 없었습니다. 그 때에 아볼로가 유대인들의 논리가 틀렸다고 율법과 성경을 통해서 반박하여 유대인들을 이겼습니다(행 18:28). 다시 말하면 말씀으로 이 세상과 도전해 오는 악을 이긴 것이었습니다. 그리하여 성도들과 교회를 유익하게 한 훌륭한 사람이었습니다.

사랑하는 여러분!

우리들도 겸손한 사람이 됩시다. 하나님께서 도와주실 것입니다. 또한 오직 주님만 위해 삽시다. 하나님께서 책임져 주실 것입니다. 그리고 아볼로처럼 말씀으로 사탄과 이 세상을 정복하고 증언하는 복된 삶을 사시기 바랍니다.

 # 안드레

[요 1:35-42]

또 이튿날 요한이 자기 제자 중 두 사람과 함께 섰다가 예수께서 거니심을 보고 말하되 보라 하나님의 어린 양이로다 두 제자가 그의 말을 듣고 예수를 따르거늘 예수께서 돌이켜 그 따르는 것을 보시고 물어 이르시되 무엇을 구하느냐 이르되 랍비여 어디 계시오니이까 하니 (랍비는 번역하면 선생이라) 예수께서 이르시되 와서 보라 그러므로 그들이 가서 계신 데를 보고 그 날 함께 거하니 때가 열 시쯤 되었더라 요한의 말을 듣고 예수를 따르는 두 사람 중의 하나는 시몬 베드로의 형제 안드레라 그가 먼저 자기의 형제 시몬을 찾아 말하되 우리가 메시야를 만났다 하고 (메시야는 번역하면 그리스도라) 데리고 예수께로 오니 예수께서 보시고 이르시되 네가 요한의 아들 시몬이니 장차 게바라 하리라 하시니라 (게바는 번역하면 베드로라)

> 안드레(강한 남자 또는 남성다움이란 뜻)는 예수님의 열 두 제자 중에서 가장 먼저 부름을 받은 사람이었습니다. 그는 요한의 제자로서 스승을 통해서 예수님을 믿고 따르게 되었습니다. 그는 뛰어나지 않고 묵묵히 주의 일을 하는 아주 성실한 사람이었습니다. 그러나 복음을 전파하여 사람을 그리스도에게로 인도하는 데는 아주 적극적인 전도자였습니다. 그는 갈릴리의 벳새다 출신으로서 어부였으며 베드로의 형제이기도 했습니다.

1. 제일 먼저 선택받은 제자였습니다.

첫째로 세례 요한을 통해서 전도되었습니다.
안드레는 원래 요단강에서 세례를 베푸는 세례 요한의 제자였습니다. 그런데 "요한이 예수께서 자기에게 나아오심을 보고 이르되 보라 세상 죄를 지고 가는 하나님의 어린양이로다 내가 전에 말하기를 내 뒤에 오는 사람이 있는데 나보다 앞선 것은 그가 나보다 먼저 계심이라 한 것이 이 사람을 가리킴이라 나도 그를 알지 못하였으나 내가 와서 물로 세례를 베푸는 것은 그를 이스라엘에 나타내려 함이라… 나도 그를 알지 못하였으나 나를 보내어 물로 세례를 베풀라 하신 그이가 나에게 말씀하시되 성령이 내려서 누구 위에든지 머무는 것을 보거든 그가 곧 성령으로 세례를 베푸는 이인줄 알라 하셨기에 내가 보고 그가 하나님의 아들이심을 증언하였노라…"(요 1:29-34)고 했습니다. 다시 말하면 그는 세례 요한의 증언을 받고 예수님을 구주로 믿고 따르게 되었습니다.

둘째로 최초로 예수님의 제자가 되었습니다.
예수님의 제자들을 보면 열두 제자로 시작해서 칠십 명의 제자로 다시 일백 이십 명의 제자로 또다시 삼천 명의 제자로 계속 번성하여 결국은 지구촌으로 확대되었습니다. 그런데 예수님께서 죄와 저주로 인해 영원히 멸망할 수밖에 없는 인류를 구원하시기 위해 이 세상에 오셔서 세례 요한을 통해 증거 되셨을 때에 제일 먼저 예수님을 믿고 따른 사람이 바로 안드레였습니다. 때문에 그는 예수님의 열두 제자 중에서도 제일 먼저 선택받은 제자였습니다. 그는 어느 누구보다도 더 귀한 축복을 받은 제자였습니다. 우리들도 이 세상 그 누구보다도 먼저 선택하시고 구원해주시고 복음전파의 사명을 주신 하나님께 감사하고 최선을 다해 맡은 바 사명을 다해야겠습니다.

셋째로 제일 먼저 전도했습니다.
세례 요한을 통해서 예수 그리스도를 증거 받은 안드레는 그 즉시로 자기 형제 베드로에게 가서 "…우리가 메시야를 만났다"(요 1:41)라고 예수님이 '메시야'라는 사실을 증언했습니다. 그러므로 그는 예수님의 열두 제자들 중에서는 제일 먼저 예수 그리스도를 이 세상에 전파한 전도자였습니다. 이것은 바로 그에게 있어서 최고의 축복이요, 영광이었습니다. 하나님의 뜻은 죄로 인해서 멸망할 수밖에 없는 우리 인류를 구원하시는 것입니다. 바로 이 일을 위해 독생자이신 예수 그리스도를 이 세상에 보내셨습니다. 우리 주님께서는 이 일을 위해서 대신 십자가를 지시고 죽으셨습니다. 또한 하나님께서는 이 일을 위해서 교회를 세우시고 우리들을 부르셨습니다. 그러므로 우리들은 이 일을 위해서 생명을 걸고 충성해야 합니다. 제가 우리 교회를 처음 개척했을 때에는 아침 먹고 나서 전도를 나가서 복음을 전파하여 예수님을 믿겠다고 고백한 사람이 없으면 밥을 먹지 않았습니다. 오후에도 마찬가지였습니다. 그래서 밥을 먹기 위해서라도 전도한 적이 있습니다. 우리의 사명은 오직 복음전파입니다. 그러므로 최선을 다해 복음을 전파해야 합니다.

사랑하는 여러분!
우리들도 세례 요한처럼 이 세상에 나아가 예수 그리스도를 전합시다. 또한 안드레처럼 선택받은 사람답게 최선을 다해 사명을 감당합시다. 그리고 누구보다도 먼저 복음을 전하려는 열심을 가진 전도자들이 되시기 바랍니다.

2. 열심 있는 전도자였습니다.

첫째로 형제인 베드로를 인도했습니다.
안드레는 자기의 스승인 세례 요한을 통해서 "보라 세상 죄를 지고 가는 하나님의 어린양이로다"(요 1:29)라고 증거받은 다음 곧바로 형제인 베드로를 찾아가서 "...우리가 메시야를 만났다..."(요 1:41) 하고 그를 데리고 예수님께로 왔습니다. 그는 자기만 예수님을 메시야로 알고 믿은 것이 아니라 자기 형제인 베드로에게 전도하여 예수님의 제자가 되게 한 것입니다. 그가 전도한 베드로는 예수님의 열두 제자들 중에서도 특별히 사랑 받고 신임받은 수제자로서 그가 설교할 때에 한꺼번에 삼천 명이나 세례를 받고 가르침을 받은 대로 교제하고 떡을 떼며 기도에 힘쓰는 놀라운 역사가 일어나기도 했습니다(행 2:14-42). 초대교회의 위대한 지도자였던 베드로는 바로 안드레가 전도한 사람이었습니다.

둘째로 오병이어를 가진 아이를 인도했습니다.

하루는 예수님께서 갈릴리 바다 곧 디베랴 건너편으로 가셨습니다. 그 때에 예수님께서 병자들에게 행하시는 표적을 보고 많은 사람들이 따랐습니다. 이것을 보신 예수님께서는 빌립에게 "...우리가 어디서 떡을 사서 이 사람들을 먹이겠느냐"(요 6:5)고 물으셨습니다. 이에 빌립은 "각 사람으로 조금씩 받게 할지라도 이백 데나리온의 떡이 부족하리이다"(요 6:7)고 대답했습니다. 거기다가 때는 저녁때요 광야였습니다. 그러나 안드레는 먹을 것을 찾아 나섰습니다. 불가능하다는 생각이었음에도 불구하고 결국에 가서는 예수님께 "여기 한 아이가 있어 보리떡 다섯 개와 물고기 두 마리를 가지고 있나이다..."(요 6:9)라고 오병이어를 가진 아이를 예수님께 인도했습니다. 그리하여 예수님께서 그 오병이어를 가지시고 축사하신 다음 오천 명을 먹이고도 열두 광주리가 남는 기적을 이루셨습니다.

셋째로 헬라 사람들을 인도했습니다.

유대인들의 가장 큰 명절인 유월절에 예루살렘으로 예배하러온 헬라 사람들이 있었습니다(요 12:20). 이들은 갈릴리 벳새다 사람 빌립에게 "...선생이여 우리가 예수를 뵈옵고자 하나이다"(요 12:21)라고 요청했습니다. 이에 빌립은 자기 혼자 결단을 하지 못하고 안드레와 상의했고 안드레와 빌립이 그들을 주님께로 인도했습니다(요 12:22). 주님께서 그들에게 "인자가 영광을 얻을 때가 왔도다"(요 12:23)라고 말씀하셨습니다. 여기에서 우리가 생각 할 수 있는 것은 안드레는 예수님을 모든 인간의 메시야가 되심을 굳게 믿고 있었다는 것입니다. 그렇습니다. 우리 주님이 온 인류의 구주가 되십니다. 그러므로 우리 모두는 이 세상에 주의 복음을 널리 전파해야 합니다.

사랑하는 여러분!
우리들도 안드레처럼 우리 가족을 주님께로 인도하여 구원받게 합시다. 또한 그 어떠한 상황에서도 최선을 다해 사명을 감당합시다. 그리고 이 세상의 모든 사람들에게 복음을 전하는 충성된 성도들이 되시기 바랍니다.

3. 철저한 헌신자였습니다.

첫째로 부름받은 즉시 주님을 따랐습니다.
예수님께서 마귀의 유혹을 물리치신 후에 "...회개하라 천국이 가까이 왔느니라"(마 4:17)고 천국 복음을 전하시면서 갈릴리 해변가로 다니셨습니다. 그 때에 베드로와 안드레가 그물 던지는 것을 보시고 "... 나를 따라 오라 내가 너희를 사람을 낚는 어부가 되게 하리라"(마 4:19)고 따를 것을 명령하셨습니다. 이에 베드로와 안드레는 즉시로 배와 그물을 버려두고 예수님을 따랐습니다(마 4:22). 그것은 바로 그 동안의 생계수단을 다 버린 것이었습니다. 이제 앞으로 어떻게 먹고 살 것인가 하는 걱정 따위는 아예 생각지도 않았습니다. 이것저것 생각하지 않고 주님의 명령에 즉시 순종한 것뿐이었습니다. 바로 이것이 사명자의 자세인 것입니다. 그러므로 우리들은 생명을 내놓고 사명을 감당해야 합니다.

둘째로 기회를 놓치지 않고 충성했습니다.

그는 먼저 자신의 스승인 세례 요한으로부터 예수님에 대한 증거를 받은 즉시 구주로 영접했습니다. 다시 말하면 복음을 받고 머뭇거리거나 조금도 지체하지 않고 곧바로 예수 그리스도를 영접하고 구원을 받았습니다. 그러므로 우리들도 그 어떤 면으로든지 복음에 대한 증거를 받으면 즉시로 믿고 순종해야 합니다. 또한 그는 자신이 예수님을 발견하고 조금도 머뭇거림이 없이 곧바로 자기의 형인 시몬 베드로에게 가서 예수님에 대해 증언 했습니다. 그리고 벳새다 광야에서 저녁때가 되었음에도 불구하고 예수님께서 빌립에게 "너희가 먹을 것을 주라"고 말씀하셨을 때 안드레는 인간적인 생각으로 계산하지 않고 기사와 이적을 행하시는 주님을 믿고 한 어린이의 점심인 오병이어를 주님께 드려 오천 명의 식사를 해결했습니다. 그는 자신에게 주어진 기회는 절대로 놓치지 않는 참으로 귀한 일꾼이었습니다.

　셋째로 죽는 순간까지 전도했습니다.
　전해 오는 말에 의하면 안드레는 일생 동안 주님을 위하여 헌신했습니다. 또한 예수님께서 승천하신 후에는 소아시아와 헬라의 파트리에서 복음을 전하다가 박해로 인해 X형의 형틀에 못 박혀 죽었다고 합니다. 그런데 형틀에 이틀 동안이나 매달려 있었는데 그 때에도 십자가에 못 박힌 자신을 구경하는 사람들에게 예수 그리스도를 전했다고 합니다. 그래서 그가 못 박힌 X형의 형틀을 '안드레의 십자가'라고 합니다. 그는 참으로 강하고 담대한 사명자요, 순교자였습니다.

　사랑하는 여러분!
　우리들도 성령의 감동을 받은 즉시 순종하는 삶을 삽시다. 또한 기회를 놓치지 말고 충성합시다. 그리고 이 세상 떠나는 그 시간까지 멈춤이 없는 멋진 사명자가 되시기 바랍니다.

야고보 (세베대의 아들)

[눅 9:51-56]

> 예수께서 승천하실 기약이 차가매 예루살렘을 향하여 올라가기로 굳게 결심하시고 사자들을 앞서 보내시매 그들이 가서 예수를 위하여 준비하려고 사마리아인의 한 마을에 들어갔더니 예수께서 예루살렘을 향하여 가시기 때문에 그들이 받아들이지 아니 하는지라 제자 야고보와 요한이 이를 보고 이르되 주여 우리가 불을 명하여 하늘로부터 내려 저들을 멸하라 하기를 원하시나이까 예수께서 돌아보시며 꾸짖으시고 함께 다른 마을로 가시니라

> 야고보란 이름은 '찬탈자'라는 뜻을 가지고 있습니다. 그런데 성경에 야고보란 이름을 가진 동일인이인이 4명 있습니다. 그 중에서도 오늘 이 시간에는 세베대의 아들인 야고보에 대해서 생각해 보고자 합니다. 그는 대단히 부유한 가정이요, 신앙의 가정에서 태어났습니다. 그는 사람을 낚는 어부가 되게 하시겠다는 주님의 명령에 순종하여 주의 제자가 되어 사명을 감당하다가 순교자가 되었습니다.

1. 가계적인 면

첫째로 부유한 가정에서 태어났습니다.

야고보는 세베대의 아들로서 요한의 친형이었습니다(마 17:1). 그의 아버지 세베대는 갈릴리 호수에서 고기잡는 어부였습니다. 배 한 척을 가지고 근근히 때를 이어 가는 소어업인이 아니라 여러 척의 배를 가지고 있었으며 관리하는 종들도 많이 고용하고 있는 어업전문 기업인이었습니다. 또한 그는 대제사장인 가야바의 친구이기도 했습니다. 다시 말하면 그는 부유할 뿐만 아니라 사회적인 지위를 가진 사람이었습니다. 때문에 야고보는 참으로 좋은 환경에서 태어난 유복한 사람이었습니다. 마찬가지로 지금 이 자리에 있는 우리들도 하나님의 자녀요, 천국의 백성으로서 주님의 몸된 교회의 일꾼으로 세움 받았기 때문에 최고의 좋은 환경에서 살고 있는 것입니다. 그러므로 우리 모두는 그에 대한 자부심을 가지고 감사하며 살아야 합니다.

둘째로 신앙의 가정에서 자랐습니다.

야고보의 모친은 살로메였는데 살로메는 주님을 탄생시킴으로써 자기의 아들들이 영광을 누리게 되었던 동정녀 마리아의 친자매였습니다. 따라서 육체를 입으시고 이 세상에 오신 예수님은 야고보와 사촌간이었습니다. 그의 어머니 살로메는 예수님께서 십자가에 못 박히실 때에도 함께 했으며(막 15:40) 새벽 미명에 예수님의 시체에 향유를 바르기 위해 마리아와 함께 아리마대 요셉이 장사한 예수님의 무덤을 찾아가기도 했습니다(막 16:1). 그녀는 예수님의 어머니 마리아의 동생이었으니 야고보는 참으로 좋은 신앙인의 가정에서 자랐다고 생각됩니다. 좋은 신앙의 가정에서 자란다고 하는 것은 이 세상의 그 어떠한 복보다도 훨씬 더 귀하고 가치있는 복입니다. 그러므로 오늘 이 시간의 우리들도 자녀들에게 아름다운 신앙적인 가정 분위기를 만들어 주는 데에 최선을 다해야 하겠습니다.

셋째로 예수님의 핵심 제자였습니다.

예수님께서는 열두 제자들 중에서도 베드로와 요한, 야고보를 특별히 사랑하시고 언제나 그들과 함께 동행하셨습니다(막 5:37). 다시 말하면 그는 예수님의 열두 제자들 가운데서도 특별히 핵심적인 제자의 위치에서 열심히 활동했습니다. 때문에 예수님께서는 변화산 사건 때에도 다른 제자들은 다 산 아래에 있게 하시고, 베드로와 요한, 야고보를 데리고 산 위에 올라가셔서 그들로 하여금 신비한 변화의 광경을 목격할 수 있도록 하셨습니다. 그러므로 우리들도 일평생 동안 주님의 몸 된 교회의 핵심 일꾼으로서 최선을 다해 충성해야겠습니다. 그리하여 하나님께 영광 돌리는 은혜로운 성도들이 되시기 바랍니다.

사랑하는 여러분!
우리들도 하나님의 자녀로서 자부심을 가지고 삽시다. 또한 우리의 가정이 언제나 영적인 분위기가 좋은 가정이 되게 합시다. 그리고 주님의 몸된 교회의 핵심 일꾼으로서 최선을 다하시기 바랍니다.

2. 인간적인 면

첫째로 급한 성격의 소유자였습니다.
예수님께서는 야고보와 요한을 "우레의 아들들"이라고 하셨습니다. 왜냐하면 그들의 성격이 대단한 다혈질로서 벼락과 같이 매우 급했기 때문이었습니다. 유대 사람들이 갈릴리에서 예루살렘으로 가려면 사마리아를 경유하는 것이 가장 빠른 지름길이었습니다. 때문에 주님과 제자들이 예루살렘으로 가는 길에 지름길로 가기 위해 사마리아의 한 촌으로 들어갔습니다. 그런데 사마리아인들이 예수님의 일행을 받아들이지 않고 배척했습니다(눅 9:52,53). 그것은 바로 유대인들과 사마리아인들 사이에는 오랜 역사적인 반목이 있었기 때문입니다(왕하 17:24-41). 그래서 갈릴리에서 예루살렘으로 가는 순례자들이 가까운 사마리아 길을 통과하지 않고 먼 베레아 지방으로 돌아다녔습니다. 그런데 우리 주님께서 사마리아의 지름길을 택하신 것은 사마리아 사람들을 대적하지 않고 사랑으로 품으시려 생각하신 것이었습니다. 그런데 야고보와 요한이 "...주여 우리가 불을 명하여 하늘로부터 내려 저들을 멸하라 하기를 원하시나이까"(눅 9:54)라고 분노했습니다. 이것은 바로 예수님께서 하늘로부터 불을 내리게 해서서 예수님의 일행을 영접하지 않고 거절한 사마리아인들을 불태워 죽여버리기를 원한 것이었습니다. 그러나 이것은 바로 주님의 뜻을 올바로 이해하지 못한 잘못된 소행이었습니다. 그러므로 우리들은 그 어떤 이유로도 급한 마음으로 다른 사람들에게 무조건 화부터 내는 불행한 일이 없어야 합니다.

둘째로 세속적인 야심이 있었습니다.

육을 입고 이 세상을 살아가는 사람들은 누구나 다 자기 나름대로의 세속적인 욕망을 가지고 살아갑니다. 야고보도 마찬가지였습니다. 예수님께서 예루살렘으로 올라가시는 길에서 열두 제자들에게 자신이 당하실 일을 말씀해 주셨습니다(막 10:32). 그런데 야고보와 요한이 주님께 "…선생님이여 무엇이든지 우리가 구하는 바를 우리에게 하여 주시기를 원하옵나이다… 주의 영광 중에서 우리를 하나는 주의 우편에, 하나는 좌편에 앉게 하여 주옵소서"(막 10:35-37)라고 예수님의 좌우에 자신들을 앉게 해달라고 청탁했습니다. 이것은 바로 주님의 말씀을 올바로 이해하지 못한 무지의 소치요, 세속적인 욕망에 사로잡힌 것이었습니다. 이러한 욕망의 요구는 야고보와 요한의 어머니도 마찬가지였습니다(마 20:20 21). 그렇습니다. 어머니들의 자식을 위한 치마 바람은 어제, 오늘의 일만이 아니라 예전부터 있었습니다. 그러나 우리들은 그 어떤 이유로도 과도한 세속적인 욕망에 사로잡혀 하나님의 은혜를 저버리는 불행한 일이 없어야겠습니다.

셋째로 예수님께 꾸중을 받았습니다.

예수님께서 자신들의 급한 성격을 통제하지 못하고 크게 분개한 야고보와 요한을 꾸짖으시고 다른 촌으로 가셨습니다(눅 9:55,56). 그렇습니다. 하나님의 자녀인 우리 성도들은 그 어떤 이유로도 분을 내어 사람과 부딪치고 실족시키는 일이 없어야겠습니다. 또한 예수님의 좌우편에 앉게 해달라는 야고보와 요한의 요구에는 "내 좌우편에 앉는 것은 내가 줄 것이 아니라 누구를 위하여 준비되었든지 그들이 얻을 것이니라"(막 10:40)고 말씀하셨습니다. 그리고 "…너희 중에 누구든지 크고자 하는 자는 너희를 섬기는 자가 되고 너희 중에 누구든지 으뜸이 되고자 하는 자는 모든 사람의 종이 되어야 하리라 인자가 온 것은 섬김을 받으려 함이 아니라 도리어 섬기려 하고 자기 목숨을 많은 사람의 대속물로 주려 함이니라"(막 10:43-45)고 말씀하셨습니다. 이것은 바로 제자들에게 겸손히 섬기는 자가 될 것을 분부하신 것입니다. 그러므로 우리 모두는 언제나 겸손히 모든 사람들을 섬기는 아름다운 삶을 살아야겠습니다.

사랑하는 여러분!
우리 모두는 언제나 온유한 심정으로 살아갑시다. 또한 세속적인 야심을 버리고 하늘의 소망을 가지고 삽시다. 그리고 겸손히 섬기는 삶으로 하나님을 영화롭게 하는 성도들이 되시기 바랍니다.

3. 신앙적인 면

첫째로 열심 있는 신앙인이었습니다.
성격이 급하여 우레의 아들이라는 별명을 가진 야고보는 그의 동생 요한과 함께 그의 별명에 걸맞게 아주 열정적으로 복음 전파사역에 최선을 다했습니다. 그는 예수님께서 어디로 가시든지 언제나 최측근으로서 함께 동행했습니다. 예수님께서 변화산에 가실 때에도 베드로와 요한, 야고보만 데리고 가셨습니다(마 17:1-8; 눅 9:28,29). 겟세마네 동산에서 기도하실 때에도 그들과 함께 하셨습니다(마 26:36, 37; 막 14:32, 33). 또한 주님께서 십자가에 죽으시고 묻히셨다가 부활하신 후에도 핵심 제자로서 많은 일들을 감당했습니다. 우리들도 야고보처럼 열심을 가지고 주님을 섬겨야겠습니다. 그리하여 착하고 충성된 종이라고 일컬음 받으시기 바랍니다.

둘째로 철저한 순종의 사람이었습니다.

야고보가 예수님을 따르지 않았다고 하면 세베대의 유업을 이어 받아 큰 사업가가 되었을 것입니다. 그러나 그는 사람을 낚는 어부가 되게 하시겠다고 예수님께서 부르셨을 때에 모든 것을 포기하고 예수님을 따라 나섰습니다. 그는 조금도 주저하지 않았습니다. 한마디로 그는 철저한 순종의 사람이었습니다. 우리들도 주님의 말씀에 철저하게 순종해야겠습니다.

셋째로 사도 중에서 첫 순교자였습니다.

헤롯 아그립바 1세가 초대교회를 피박하고 박해할 때에 첫 공격의 대상자로서 야고보를 지목했습니다. 그것은 바로 그가 어느 누구보다도 가장 열심 있는 신앙을 가지고 열심히 복음을 전했다는 것을 알 수 있습니다. 그는 예수 그리스도를 증언하다가 헤롯 아그립바 1세의 탄압 때에 체포되어 순교했습니다. 그는 순교자들 중에서는 두 번째 순교자요, 예수 그리스도를 위해 목숨을 바친 사도들 중에서는 첫 번째 순교자입니다.

사랑하는 여러분!

우리 모두 열심히 신앙생활을 합시다. 또한 철저한 순종의 삶을 삽시다. 그리고 순교의 각오로 주님의 일에 최선을 다해야겠습니다.

오네시모

[몬 1:4-20]

내가 항상 내 하나님께 감사하고 기도할 때에 너를 말함은 주 예수와 및 모든 성도에 대한 네 사랑과 믿음이 있음을 들음이니 이로써 네 믿음의 교제가 우리 가운데 있는 선을 알게 하고 그리스도께 이르도록 역사하느니라 형제여 성도들의 마음이 너로 말미암아 평안함을 얻었으니 내가 너의 사랑으로 많은 기쁨과 위로를 받았노라 이러므로 내가 그리스도 안에서 아주 담대하게 네게 마땅한 일로 명할 수도 있으나 도리어 사랑으로써 간구하노라 나이가 많은 나 바울은 지금 또 예수 그리스도를 위하여 갇힌 자 되어 갇힌 중에서 낳은 아들 오네시모를 위하여 네게 간구하노라 그가 전에는 네게 무익하였으나 이제는 나와 네게 유익하므로 네게 그를 돌려 보내노니 그는 내 1)심복이라 그를 내게 머물러 있게 하여 내 복음을 위하여 갇힌 중에서 네 대신 나를 섬기게 하고자 하나 다만 네 승낙이 없이는 내가 아무 것도 하기를 원하지 아니하노니 이는 너의 선한 일이 억지 같이 되지 아니하고 자의로 되게 하려 함이라 아마 그가 잠시 떠나게 된 것은 너로 하여금 그를 영원히 두게 함이리니 이 후로는 종과 같이 대하지 아니하고 종 이상으로 곧 사랑 받는 형제로 둘 자라 내게 특별히 그러하거든 하물며 육신과 주 안에서 상관된 네게랴 그러므로 네가 나를 동역자로 알진대 그를 영접하기를 내게 하듯 하고 그가 만일 네게 불의를 하였거나 네게 빚진 것이 있으면 그것을 내 앞으로 계산하라 나 바울이 친필로 쓰노니 내가 갚으려니와 네가 이 외에 네 자신이 내게 빚진 것은 내가 말하지 아니하노라 오 형제여 나로 주 안에서 너로 말미암아 기쁨을 얻게 하고 내 마음이 그리스도 안에서 평안하게 하라

> 오네시모의 헬라어 '오네시모스'는 '쓸모 있는, 유익한'이란 뜻을 가지고 있습니다. 그는 골로새에 살고 있던 빌레몬 가정의 노예였습니다. 그런데 그는 자신의 이름이 뜻하는 바와는 전혀 다른 사람이었습니다. 그는 주인인 빌레몬의 가정에 전혀 유익을 주지 못했고 오히려 손해를 끼치고 도망한 사람이었습니다. 그러나 로마 감옥에서 사도 바울을 만나 변화 받은 다음, 바울의 신실한 동역자가 되어 복음사역에 귀하게 쓰임 받은 일꾼이 되었습니다.

1. 노예로서의 오네시모

첫째로 빌레몬 가정의 노예였습니다.

빌레몬은 골로새에 사는 부요한 사람이었습니다(골 4:9). 그는 바울의 전도로 기독교인이 되었으며 자신의 집을 예배처소로 내놓았습니다(몬 1:2). 그는 신실한 바울의 동역자로서 바울의 전도사역을 위해 최선을 다했습니다. 당시 사회에서의 노예는 그 사회의 중요한 노동력으로서 모든 산업 활동의 기초를 이루고 있었습니다. 때문에 노예는 인격체가 아닌 주인의 소유물로서 하나의 재산 목록으로 등재되었으며 주인 마음대로 매매할 수 있었습니다. 또한 주인의 집에 해를 끼치거나 도망 등의 행위를 저질렀을 때는 사형시킬 수도 있었습니다. 그런데 오네시모가 빌레몬 가정의 노예였습니다. 한마디로 불쌍한 존재였습니다.

둘째로 빌레몬의 집에 손해를 끼쳤습니다.

오네시모는 '쓸모 있는, 유익한' 이란 자기 이름의 뜻과는 달리 빌레몬의 가정에 유익을 끼치지 못했으며 오히려 해를 끼친 사람이었습니다(몬 1:11,18). 그는 빌레몬의 재산에 대해 손해를 끼쳤든지 아니면 도둑질을 했을 것으로 추정됩니다. 왜냐하면 사도 바울이 빌레몬에게 "그가 만일 네게 불의를 하였거나 네게 빚진 것이 있으면 그것을 내 앞으로 계산하라"(몬 1:18)고 하였기 때문입니다. 또한 바울은 "그가 전에는 네게 무익하였으나…"(몬 1:11)라고 했습니다. 다시 말하면 이런 저런 정황으로 볼 때에 오네시모는 빌레몬의 집에 손해를 끼친 무익한 존재였습니다.

셋째로 도망을 쳤습니다.

당시 사회제도 하에서 주인의 가정에 손해를 끼치고 도망하는 행위는 바로 사형이라는 극형에 처할 수 있는 아주 중한 범죄행위였습니다. 그런데 오네시모는 빌레몬의 가정에 손해를 끼치고 도망쳤습니다(몬 1:18). 그러므로 당시의 상황으로 본다고 하면 그는 살아남을 소망이 없는 아주 불행한 존재였습니다. 왜냐하면 당시에는 종에 대한 모든 주권이 주인에게 있었기 때문입니다. 그는 자신이 어떤 변호인을 세워서 자신의 죄를 변호케 하여 줄이거나 탕감할 수도 없는 처지였습니다. 또한 오늘날처럼 교통수단이 발달되어서 멀리 국외로 도망할 수도 없었습니다. 그렇다고 해서 그가 빌레몬을 설득시켜서 이해시키고 용서받을 만한 위인도 되지 못했습니다. 때문에 그가 몰래 도망하게 된 것이었습니다.

사랑하는 여러분!
여러분은 지금 무엇의 노예가 되어있습니까? 절대로 이 세상 것의 노예가 되지 맙시다. 또한 절대로 남에게 피해를 끼치는 일이 없어야겠습니다. 그리고 사명의 기피자가 되지 말고 맡은 바 사명을 충성되이 감당하시기 바랍니다.

2. 바울을 만난 오네시모

첫째로 바울을 만났습니다.
당시의 바울은 복음을 전하다가 로마의 감옥에 갇히게 되었습니다. 그런데 그 감옥 안에서 오네시모를 만나게 되었습니다. 당시 노예들이 죄를 범하게 되면 큰 도시인 로마로 도망쳐서 숨는 일이 많았습니다. 성경은 오네시모가 그 곳에서 어떻게 감옥에 가게 되었고 어떻게 바울을 만나게 되었는지를 구체적으로 밝히지 않고 있습니다. 그러나 중요한 것은 그가 사도 바울을 만났다는 것입니다. 사도 바울은 전천후 사명자였습니다. 그는 때와 장소, 상황을 가리지 않고 복음을 전했습니다. 생명을 내놓고 복음전파의 사명을 감당했습니다(행 20:22-24). 그는 재판을 받으면서도 복음을 전했으며, 채찍을 맞으면서 전했고, 옥중에서도 전했습니다. 때문에 오네시모가 로마 감옥에서 바울을 만나 복음을 듣게 된 것이었습니다(몬 1:9,10). 참으로 크고 위대한 하나님의 축복이었습니다. 그렇습니다. 우리가 이 세상을 살아가는 동안에 누구를 만나느냐는 것은 대단히 중요합니다.

둘째로 바울의 양육을 받았습니다.

로마 옥중에서 사도 바울을 만나 복음을 듣고 예수님을 영접한 오네시모는 사도 바울의 양육을 받아 일꾼으로 세움받았습니다. 그렇습니다. 복음은 이렇게 차별이 없습니다. 유대인에게나, 헬라인에게나, 이방인에게나 다 한결같습니다(롬 3:22, 10:12). 때문에 누구든지 예수 그리스도를 구주로 믿기만 하면 다 구원받아 일꾼이 될 수 있습니다(행 16:3). 바울은 옥중에서 노예로서 빌레몬 가정에 손해를 끼치고 도망쳐 나온 오네시모에게 복음을 전하여 구원받게 하고 말씀으로 잘 양육했습니다. 그래서 바울이 오네시모를 "갇힌 중에서 낳은 아들..."(몬 1:10)이라고 한 것입니다. 그러므로 우리들도 열심히 복음을 전하여 많은 사람들을 구원하고 그들을 잘 양육하여 훌륭한 사명자로 세워가야 하겠습니다. 바로 이것이 우리 성도들의 사명입니다.

셋째로 바울이 보증했습니다.

사도 바울은 빌레몬에게 오네시모가 빌레몬의 곁을 떠난 것은 영원히 함께 있기 위한 잠시 동안의 떠남이었다고 말하고 이제는 종으로서가 아니라 사랑받는 형제로 받아줄 것을 간곡히 부탁했습니다(몬 1:15,16). 다시 말하면 오네시모가 이제 그리스도 안에서 한 형제가 되었기 때문에 과거에 그가 잘못했던 것을 다 용서하고 사랑하는 형제로 맞아달라는 부탁이었습니다. 그렇습니다. 육적인 형제자매도 귀하지만 주 안에서 하나된 영적인 형제자매도 귀합니다(마 12:50). 때문에 사도 바울은 영적인 아버지의 심정으로 부탁하고 있는 것입니다. 또한 오네시모가 이제 자신의 동역자라고 말하고 있습니다. 그리고 만약에 오네시모가 빌레몬에게 잘못을 하거나 물질적인 손해를 끼치면 자신이 책임지겠다고 보증까지 했습니다(몬 1:18). 이것은 바로 사도 바울이 오네시모에 대한 모든 것을 완전히 책임지겠다는 보증이었습니다. 중요한 것은 우리 성도들은 주님께서 보증해 주셨다는 것입니다.

사랑하는 여러분!
우리는 길이요, 진리요, 생명이신 주님을 만났습니다. 우리도 이 주님을 많은 사람들에게 전합시다. 또한 전도한 사람들을 바울처럼 잘 양육하여 세상으로 파송합시다. 그리고 그들의 든든한 후원자가 되어 하나님을 기쁘시게 하시기 바랍니다.

3. 일꾼된 오네시모

첫째로 참 자유인이었습니다.
오네시모가 복음을 받아들이기 전에는 육신적으로 빌레몬 가정의 종이었습니다. 또한 빌레몬의 가정에 손해를 끼치고 도망함으로 인해 당시 사회법을 범한 현행범이었습니다. 그리고 영적으로 사탄의 종이었습니다. 다시 말하면 이리 봐도 저리 봐도 살아남을 수 있는 소망이 없었습니다. 오늘도 내일도 없는 사람이었습니다. 살아있어야 할 가치도 없는 사람이었습니다. 그런데 그가 이제 완전한 자유인이 되었습니다. 우선 영적으로 구원받은 자유자가 되었습니다. 뿐만 아니라 빌레몬에 대한 현실적인 문제도 해결 받았습니다. 이제 사람의 종이 아니라 하나님의 종이 되었습니다. 때문에 하나님께서 그를 지키시고 보호하시며 사용하신 것이었습니다.

둘째로 바울의 심복이었습니다.
바울은 변화 받은 오네시모를 빌레몬에게 보내면서 "...그는 내 심복"(몬 1:12)이라고 했습니다. 여기에서 심복이란 '내장'이란 말로서 '신임하고 사랑한다'는 의미입니다. 화나 있는 빌레몬의 노를 진정시키는 데에는 사도 바울이 오네시모에 대해 심복이라고 표현한 것보다 더 적절한 표현은 있을 수 없을 것입니다. 왜냐하면 그동안 빌레몬은 자기 집을 예배 처소로 내놓고 계속해서 사도 바울의 전도 사역을 도왔기 때문입니다. 만약에 여기에서 빌레몬이 오네시모를 용서하지 않는다고 하면 사도 바울을 무시하는 셈이 되었을 것입니다. 또한 오네시모는 분신과 같이 바울을 떠나지 않고 그의 전도사역을 도왔습니다. 그러므로 인간관계에서 이 '심복'이란 말보다 더 아름답고 신뢰가 가는 말은 없습니다. 왜냐하면 철저한 순종자에게 붙여지기 때문입니다. 우리 모두는 예수 그리스도의 진정한 심복이 되어 맡은 사명에 최선을 다 해야겠습니다.

셋째로 유익한 일꾼이었습니다.

그동안 무익한 자였던 오네시모는 예수 그리스도를 구주로 믿고 구원받아 변화 받은 후로는 사도 바울에게나 빌레몬에게 자신의 이름대로 유익한 일꾼이었습니다. 그동안 그는 자기 자신만을 생각하며 살아왔습니다. 그러나 이제는 복음전도자인 바울을 보필하는 유익한 헌신자가 되었습니다. 실제로 그는 골로새 교회로 보내는 사도 바울의 편지를 두기고와 함께 전할 정도로 충성된 일꾼이었습니다. 때문에 사도 바울은 "신실하고 사랑을 받는 형제 오네시모를 함께 보내노니 그는 너희에게서 온 사람이라 그들이 여기 일을 다 너희에게 알려 주리라"(골 4:9)고 했습니다. 참으로 놀라운 변화였습니다.

사랑하는 여러분!

우리 모두는 죄와 저주, 멸망으로부터 구원받은 참 자유자들입니다. 또한 오네시모가 바울의 심복이 된 것처럼 우리들도 우리 주님의 심복이 되어 그분의 뜻에 철저하게 순종합시다. 그리고 우리의 가정과 몸된 교회, 이 세상에 유익한 삶을 사는 복된 자들이 되시기 바랍니다.

요셉 (마리아의 남편)

[마 1:18-25]

예수 그리스도의 나심은 이러하니라 그의 어머니 마리아가 요셉과 약혼하고 동거하기 전에 성령으로 잉태된 것이 나타났더니 그의 남편 요셉은 의로운 사람이라 그를 드러내지 아니하고 가만히 끊고자 하여 이 일을 생각할 때에 주의 사자가 현몽하여 이르되 다윗의 자손 요셉아 네 아내 마리아 데려오기를 무서워하지 말라 그에게 잉태된 자는 성령으로 된 것이라 아들을 낳으리니 이름을 예수라 하라 이는 그가 자기 백성을 그들의 죄에서 구원할 자이심이라 하니라 이 모든 일이 된 것은 주께서 선지자로 하신 말씀을 이루려 하심이니 이르시되 ㄱ)보라 처녀가 잉태하여 아들을 낳을 것이요 그의 이름은 임마누엘이라 하리라 하셨으니 이를 번역한즉 하나님이 우리와 함께 계시다 함이라 요셉이 잠에서 깨어 일어나 주의 사자의 분부대로 행하여 그의 아내를 데려왔으나 아들을 낳기까지 동침하지 아니하더니 낳으매 이름을 예수라 하니라

> 본문의 요셉은 성경 역사에서 예수 그리스도의 잉태에 대해 인간으로서는 제일 처음 알게 된 자였습니다. 그런데 여기에서 우리가 익히 알고 배워야 할 것은 요셉이 예수 그리스도를 맞이하는 자세가 아주 성숙된 인격으로 아름답게 맞았다는 것입니다. 때문에 그는 하나님의 인류구원사역에 귀하게 쓰임 받았습니다. 예루살렘 성이 의인 한 사람이 없어서 멸망받은 것을 보면 이 세상에서 가장 귀하고 가치있는 것은 바로 한 사람의 의인이라는 것입니다.

1. 의로운 사람이었습니다.

첫째로 의로운 자에 대해 생각해 봅시다.

성경에서 직접 의로운 자로 언급된 사람들을 보면 대략 여덟 사람을 볼 수 있습니다. 그 사람들은 바로 아벨(마 23:35), 노아(창 6:9), 마리아의 남편 요셉(마 1:19), 사가랴와 엘리사벳(눅 1:6), 시므온(눅 2:25), 아리마대 요셉(눅 23:50), 고넬료(행 10:22) 등입니다. 베드로가 언급한 롯(벧후 2:7,8)은 의인이라기 보다는 그가 아브라함의 기도로 인해 구원받은 것을 말하는 것입니다(창 18:22, 19:29). 창세기에서는 그가 세상적인 죄에 빠졌던 인물로 언급되었습니다(창 13:10-14, 19:6-35). 그럼에도 불구하고 베드로가 롯을 '의로운 자'라고 한 것은 외경의 전승을 따른 것이었습니다(지혜서 10:6, 19:17). 의인 일곱 사람의 특징은 한결같은 믿음을 가지고 하나님의 말씀에 순종한 사람들이었습니다. 성경이 그들을 의인이라고 한 것은 그들이 무죄하고 완전하다는 말이 아니라 그들이 하나님을 의식하고 하나님의 말씀대로 살려고 노력했다는 것입니다. 그런데 하나님께서는 심히 연약하고 부족한 우리들을 의인으로 취급해주셨다는 것입니다.

둘째로 유다 지파요 다윗의 혈통이었습니다.
요셉은 유다 지파요, 다윗의 혈통이었습니다. 유다는 야곱의 넷째 아들이었습니다. 그런데 위로 세 형들이 모두 다 범죄함으로 지도권을 상실(창 49:1-7)했기 때문에 그가 영적인 장자의 명분을 이어 받았습니다. 그래서 우리 주님이 유다의 후손으로 오시게 되었습니다(창 49:8-10). 또한 성경은 "다윗의 자손 예수 그리스도의 계보라"(마 1:1)고 말씀하셨습니다. 다시 말하면 성경이 예수 그리스도께서 유다 지파요, 다윗의 혈통인 요셉을 통해서 이 세상에 오신 것을 말씀하셨습니다. 때문에 마리아와 정혼한 요셉이 예수 그리스도의 육신의 아버지로 불리게 된 것입니다.

셋째로 요셉의 의로운 행위를 봅시다.
그는 자신과 정혼하고 아직 동거하기 전에 마리아가 잉태했음을 알았음에도 불구하고 그를 비판하거나 정죄하지 않았습니다. 그는 마리아를 율법에 따라 고소하여 돌에 맞아 죽게 할 수도 있었습니다. 당시 이스라엘 사회에서 다른 남자의 아이를 임신한 여자를 아내로 맞이한다는 것은 상상도 할 수 없는 일이었습니다. 사실 이러한 경우는 그가 마리아와 정혼했다고 할지라도 그녀를 버릴 수 있는 충분한 조건이 되었습니다. 또한 배신자인 마리아에게 율법적인 채찍을 가함으로 인해 자기 자신의 의를 과시하고 복수할 수도 있었습니다. 그러나 그는 마리아의 마음을 상하게 하거나 고통스럽게 하지 않았습니다. 그는 오직 그녀만을 생각하고 여전히 사랑했습니다.

사랑하는 여러분!
우리들도 우리들의 언행심사를 믿음으로 다스려가면서 하나님의 말씀대로 살아갑시다. 또한 비록 나 자신이 심히 부족하고 연약하지만 하나님의 자녀라는 사실을 기억하고 자신 있게 삽시다. 그리고 요셉처럼 그 어떠한 경우에서도 남을 배려하는 아름다운 삶을 사시기 바랍니다.

2. 사람을 살리는 사람이었습니다.

첫째로 추궁하지 않았습니다.
요셉은 마리아가 임신한 사실에 대한 의혹을 밝히며 추궁하지 않았습니다. 그것은 바로 사건의 확대를 원치 않았기 때문이었습니다. 이 세상 남성들의 특징은 독점 소유욕이 강하기 때문에 아내에 대해 자기 외의 다른 사람이 관심을 갖거나 사랑하는 것을 용납하지 않습니다. 그런데 요셉과 마리아의 관계는 무엇보다도 정혼한 관계로서 사실상의 부부였습니다. 그러므로 자신의 아내가 임신했다고 하면 대단히 황당했을 것입니다. 이 세상의 그 어떤 남자라고 할지라도 가만히 있지 않을 것입니다. 만약에 난폭한 남자라고 하면 무조건 폭력부터 행사했을 것입니다. 또한 따지기 좋아하는 남자는 밤새도록 심문함으로 피를 말리는 고통을 주었을 것입니다. 그리고 성질이 급한 남자는 곧바로 간통죄로 고발하고 이혼을 선언했을 것입니다. 그러나 성숙한 인격자인 요셉은 자신의 언행심사를 말씀으로 잘 다스리고 마리아에게 어떠한 부담도 주지 않았습니다.

둘째로 드러내지 않으려고 했습니다.

당시에는 아직 결혼하지 아니한 처녀가 아이를 잉태하게 되면 간음죄로 정죄되어 돌에 맞아 죽게되어 있었습니다. 때문에 요셉은 자신이 혹시라도 잘못하여 사건이 확대되면 마리아에게 불행한 일이 벌어질 것을 염려하여 마리아가 잉태했다는 사실을 사람들에게 드러내지 않고 조용히 덮어나가려고 했던 것입니다(마 1:19). 다시 말하면 어떻게 하든지 마리아를 평안케 하고 안전하게 하려는 생각이었습니다. 자기와 정혼한 마리아가 임신한 것에 대해 가장 가슴아파하고 괴로워하며 분해야 할 사람은 바로 요셉이었습니다. 그러나 그는 자기 자신의 아픔과 고통을 믿음으로 잘 다스렸습니다. 그렇습니다. 나 자신의 순간적인 잘못된 기분이나 감정을 다스리지 못하면 가족이나 이웃이 상처를 받게 되고 모든 일들을 그르치게 될 수도 있습니다.

셋째로 가만히 끊고자 했습니다.

요셉은 임신한 마리아가 사람들로 인해 상처를 받거나 잘못되는 일이 있어서는 안 된다는 생각에서 자신과 마리아가 정혼한 사실을 감추고 조용히 관계를 끊으려고 했습니다. 그것은 바로 자신을 위한 것이 아니라 오직 마리아를 보호하기 위한 것이었습니다. 요셉의 이와 같은 행위는 우리들의 생각으로는 도저히 상상할 수 없는 성숙한 인격에서 이타적인 삶의 자세였습니다. 그는 자신을 배신하고 범죄한 마리아였지만 그녀를 위해 자신이 모든 것을 다 책임지고 조건 없이 희생하고자 한 것이었습니다. 참으로 이해와 용서, 사랑이 충만한 아름다운 삶의 모습이었습니다. 이러한 그의 아름다운 행위는 바로 사랑하는 마리아를 살렸으며 그의 가정에서 예수 그리스도가 무사히 탄생하게 했습니다. 또한 그 자신이 예수 그리스도의 육신의 아버지라고 불리게 되는 영광을 누리게 되었습니다. 그러므로 우리들도 이유 여하를 막론하고 어떻게 하든지 사람을 살리려 애쓰는 값진 삶을 살아야 합니다.

사랑하는 여러분!
우리 인간은 모두 다 죄와 허물이 많은 죄인들이요, 심히 연약하고 불완전한 자들입니다. 그러므로 우리들이 어느 누구의 잘못을 따지거나 정죄하고 드러내는 것은 온당치 못합니다. 우리들도 요셉처럼 다른 사람의 허물을 덮어주고 살리는 멋진 삶을 살아야겠습니다.

3. 순종하는 사람이었습니다.

첫째로 자기를 포기했습니다.
요셉이 자신과 정혼한 마리아를 대한 것을 보면 자기 자신을 완전히 포기했습니다. 때문에 그는 자기와 정혼한 여자가 다른 남자와 동침하여 임신했음에도 불구하고 그 사실에 대해 알려고조차 하지 않았던 것입니다. 그는 자기 자신의 기분이나 감정은 물론 자신이 남편으로서 행할 수 있는 법률적인 권리까지도 완전히 포기하고 오직 마리아의 체면을 살려주고 평안케 하며 그녀의 생명을 살리려는 데만 관심을 가지고 있었습니다. 한마디로 마리아를 살리기 위해 자기 자신을 완전히 포기한 믿음의 사람이었습니다.

둘째로 아내를 데려왔습니다.
요셉은 자기와 정혼한 마리아가 임신했다는 사실을 알고 자신과의 정혼 사실이나 마리아의 잉태 사실을 숨긴 채로 적절한 시기에 조용히 끊고자 했습니다. 그런데 바로 그 때에 주의 사자가 요셉에게 나타나 "...다윗의 자손 요셉아 네 아내 마리아 데려오기를 무서워하지 말라 그에게 잉태된 자는 성령으로 된 것이라"(마 1:20)고 했습니다. 다시 말하면 마리아가 잉태하게 된 것은 이 세상의 그 어떤 남자를 통한 것이 아니라 "성령으로 잉태된 것"이니 그녀를 데려오라고 하신 것이었습니다. 이에 요셉은 하나님의 명령에 순종하여 즉시 마리아를 아내로 맞아들였습니다. 이러한 요셉의 순종으로 인해 마리아도 살고, 아기 예수도 살았으며, 자신도 예수님의 아버지가 되는 복을 받게 된 것입니다.

셋째로 아들로 받아들였습니다.
주의 사자의 지시를 받은 요셉은 예수 그리스도를 자신의 아들이요, 인류의 구주로 받아들였습니다. 바로 순결하고 깨끗한 동정녀 마리아와 의로운 사람 요셉의 순종을 통해 인류의 구주이신 주님이 이 땅에 태어나신 것입니다. 요셉은 하나님의 사자가 일러준 대로 아기 이름을 '예수'라고 지어주었습니다. 예수는 '여호와는 구원이시다'라는 뜻입니다. 이 이름의 뜻과 같이 예수 그리스도는 우리 인류의 구주이십니다. 이 예수 그리스도는 예언의 성취요, 하나님의 약속의 실현인 것입니다. 우리들도 우리 자신들의 생각을 포기하고 오직 하나님의 말씀대로만 살아야 합니다.

사랑하는 여러분!
우리들도 요셉처럼 자기 자신을 철저히 포기할 줄 아는 성숙한 삶을 삽시다. 또한 언제나 상대방을 우선적으로 배려하는 넉넉한 삶을 삽시다. 그리고 하나님의 뜻에 무조건 순종하는 복된 성도들이 되시기 바랍니다.

요셉 (아리마대)

[마 27:57-61]

저물었을 때에 아리마대의 부자 요셉이라 하는 사람이 왔으니 그도 예수의 제자라 빌라도에게 가서 예수의 시체를 달라 하니 이에 빌라도가 내주라 명령하거늘 요셉이 시체를 가져다가 깨끗한 세마포로 싸서 바위 속에 판 자기 새 무덤에 넣어 두고 큰 돌을 굴려 무덤 문에 놓고 가니 거기 막달라 마리아와 다른 마리아가 무덤을 향하여 앉았더라

> 성경에는 요셉이란 이름을 가진 동명이인이 15명이 있습니다. 그런데 우리 주님과 관계가 아주 깊은 사람이 있는데 바로 마리아의 남편 요셉과 아리마대 사람 요셉입니다. 왜냐하면 예수님께서 우리 인류의 죄를 대속하시기 위해 이 세상에 오실 때에는 요셉의 아내 마리아에게 성령으로 잉태되어 오셨습니다. 그러나 대속의 십자가를 지시고 땅에 묻히실 때에는 아리마대 요셉이 자신을 위해 갈보리 언덕 부근에 준비해두었던 그의 묘에 장사되셨습니다. 요셉이란 이름은 '그는 더 많이 주신다'란 의미를 가지고 있는데, 이 두 사람은 참으로 영광스러운 복을 이 세상의 그 누구보다도 더 많이 받은 사람들이었습니다.

1. 성숙한 믿음의 사람

첫째로 아리마대 출신의 부자였습니다.

요셉의 고향인 아리마대(헬라어)는 구약의 사무엘 선지자가 태어난 라마다임소빔(히브리어)입니다(삼상 1:1). 사무엘 선지자의 고향에서 태어난 요셉은 고향을 떠나 예루살렘으로 이주한 후에 부귀와 명성을 누렸던 것으로 생각됩니다. 왜냐하면 그가 준비해두었던 무덤이 있는 곳은 아리마대와 같은 시골 사람으로서는 도저히 상상할 수 없는 아주 비싼 곳이었습니다. 때문에 이곳은 예루살렘 귀족들의 호화로운 무덤이 있었습니다. 아마도 아리마대에서 태어난 그가 예루살렘 지역으로 이주한 다음 자수성가하여 부자가 된 것으로 추정할 수 있습니다. 요셉이 아리마대에서 태어났기 때문에 다른 요셉과 구별하기 위해 그의 출생지인 아리마대를 붙여서 아리마대 요셉이라고 한 것입니다. 그는 자신과 자신의 소유를 예수님을 위해 사용했습니다. 우리들도 우리의 몸과 마음, 시간과 물질은 물론 우리가 할 수 있는 모든 것들을 다 동원하여 하나님의 영광을 위해 살아야겠습니다.

둘째로 존귀한 공회의원이었습니다.
당시의 산헤드린 공회는 70명으로 구성되어 있었는데 유대의 입법과 사법은 물론 행정까지도 모두 다 관장하는 최고의 권력기관이었습니다. 그런데 조그만한 시골 아리마대에서 태어나 물질적인 부요를 이룬 그가 국가의 최고권력까지 소유하게 된 것이었습니다. 산헤드린 공회의원들은 유대인들로부터 큰 존경을 받고 있었습니다. 다시 말하면 그는 유대에서 최고의 권력을 누리고 있는 사람이었습니다. 그러나 그는 다른 공회의원들과는 달리 자신의 권리를 부정적으로 사용하지 않았습니다. 그는 언제나 믿음으로 선하고 의로운 삶을 살아왔습니다.

셋째로 하나님의 나라를 기다렸습니다.
그는 믿음의 사람으로서 언제나 "하나님의 나라를 기다리는 자"(눅 23:51)였습니다. 참으로 그는 철저한 신앙인이었습니다. 그러면서도 그는 유대인들의 눈을 의식해서 조심스럽게 신앙생활을 잘해왔습니다(마 27:57; 막 15:43; 요 19:38). 우리들도 시므온과 안나, 요셉처럼 천국에 대한 소망을 가지고 답답하고 힘든 오늘의 현실을 자신 있게 타개해 나아가야겠습니다. 그렇습니다. 하늘에 소망을 둔 사람은 이 세상에서의 일 때문에 괴로워하거나 슬퍼하지 않습니다. 왜냐하면 하나님의 나라는 이 세상의 그 무엇과도 바꿀 수 없는 영광스러운 나라이기 때문입니다.

사랑하는 여러분!

우리들이 비록 어렵고 힘든 처지에서 태어났다고 할지라도 우리는 하나님의 자녀들입니다. 그러므로 이 세상 그 누구보다도 부요한 자들입니다. 또한 산헤드린 공회의원보다 더 크고 능력 있는 예수 그리스도의 이름을 가진 자들입니다. 그리고 우리는 이미 천국을 소유한 부요한 자들입니다. 그러므로 언제, 어디서나, 항상 자신 있게 살아야겠습니다.

2. 강하고 담대한 신앙

첫째로 선하고 의로운 사람이었습니다.

성경은 그에 대해 "...선하고 의로운 요셉"(눅 23:50)이라고 말씀하셨습니다. 여기에서 '선하고'로 번역된 '아가도스'는 '좋은 땅이나 좋은 인품'을 가리킬 때 사용되는 단어입니다. 그런데 오늘 본절에서는 '존경할 만한 좋은 자질'이란 의미로 사용되었습니다. 그러므로 그의 인품은 모든 사람들이 존경할 만한 탁월한 인품의 사람이었음을 알 수 있습니다. 또한 '의로운'으로 번역된 '디카이오스'는 율법과 규례를 준수함에 있어서 흠 없는 모습을 가리키는 단어입니다. 다시 말하면 요셉은 좋은 인품을 가진 자로서 자신이 맡은 바 사명을 성실하게 감당하는 사람이었다는 것입니다. 그러므로 우리들도 선하고 의로운 사람인 아리마대 요셉을 본받아 모든 사람들이 존경할 만한 인품을 가지고 맡은 바 사명을 성실하게 감당하는 책임감 있는 삶을 살아야겠습니다.

둘째로 공회의 결정에 가담하지 않았습니다.

아리마대 요셉은 자신의 신분이 유대의 산헤드린 공회의원이었음에도 불구하고 예수님을 정죄하여 십자가에 못 박기로 결정하는 회의에서 "…찬성하지"(눅 23:51) 않았습니다. 이것은 바로 그가 처음부터 예수 그리스도를 십자가에 못 박고자 하는 산헤드린 공회의 불법적인 모임에 아예 가담하지 않았다는 것을 알 수 있습니다. 왜냐하면 예수님을 십자가에 못박아 죽이기로 결정한 산헤드린 공회원들의 결정은 만장일치였기 때문입니다(막 14:64, 15:1). 이러한 그의 행위는 산헤드린 공회 편에서 볼 때에 직무 유기자요, 반동분자였습니다. 만약에 이러한 모든 것들이 탄로가 나게 되면 그는 중죄에 처하게 되었을 것입니다. 그럼에도 불구하고 그는 예수님을 정죄하고 죽이는 일에 가담하지 않았습니다.

셋째로 빌라도에게 예수님의 시체를 달라고 했습니다.

아리마대 요셉은 "당돌히 빌라도에게 들어가 예수의 시체를 달라…"(마 27:58; 막 15:43)고 했습니다. 그가 산헤드린 공회의원으로서 빌라도에게 들어가서 당돌하게 예수님의 시체를 달라고 한 것은 대단히 위험한 일이었습니다. 왜냐하면 당시 예수님께서는 산헤드린 공회에 의해 신성 모독 죄로 사형을 언도 받은 자였기 때문입니다. 따라서 공회의원인 그가 예수님의 시체를 장사지낸다고 하면 산헤드린 공회의 입장을 정면으로 거부하는 것이 되기 때문입니다. 당시 로마의 입장에서 보면 예수님이 반역죄로 십자가에 못 박히셨기 때문에 그의 시체가 인도될 수 없을 뿐만 아니라 요셉 또한 반역자로 몰릴 수도 있었습니다. 그래서 예수님의 가족과 제자들도 감히 엄두도 못내고 망설였던 일이었습니다. 그러므로 그가 예수님의 시체 인도를 요구한 것은 대단한 용기요, 모험이었습니다.

사랑하는 여러분!

우리들도 선하고 의로운 삶을 삽시다. 또한 사람을 괴롭히고 죽이는 불의한 일에는 일체 가담하지 맙시다. 그리고 이 세상의 그 무엇도 두려워하지 말고 강하고 담대하게 사명을 감당하시기 바랍니다.

3. 헌신과 희생의 사람

첫째로 헌신의 사람이었습니다.

당시 유대의 최고 권력기관인 산헤드린 공회의원 70명 중의 한 사람이었던 그가 예수님의 제자였다고 하면 그의 신앙이 얼마나 좋았고 헌신적인 사람이었나를 알 수 있습니다. 왜냐하면 당시 유대나라의 지도자들은 대부분이 다 유대교 지도자들이었습니다. 때문에 아리마대 요셉이 터놓고 예수님을 따르는 신앙생활을 할 수 없었습니다. 그러므로 그가 "예수의 제자"(마 27:57)가 되었다고 하는 것은 대단한 믿음과 헌신의 사람이었다는 것을 알 수 있습니다. 그러나 그는 자신이 산헤드린 공회의원이었음에도 불구하고 예수 그리스도의 제자인 것을 드러내지 않고 지혜롭게 처신해왔습니다(요 19:38). 또한 그가 부자요, 유대의 최고 권력자로서 주님의 제자가 되어 은밀하게 자신을 지켰다는 것은 대단한 소신을 가진 주님의 제자였다는 것을 알 수 있습니다. 그것은 바로 그가 예수 그리스도께서 메시야이심을 확신했기 때문입니다.

둘째로 예수님의 시체를 세마포로 쌌습니다.

예수님의 시체를 십자가에서 내린 요셉은 피투성이가 된 예수님의 시체를 깨끗이 닦아냈습니다. 니고데모가 가지고 온 몰약과 침향을 섞은 향품을 시체에 바른 다음 세마포로 쌌습니다(마 27:59; 눅 23:52-54; 요 19:38-40). 그것은 바로 시체가 부패되어 냄새나는 것을 조금이라도 막아보자는 안타까운 마음에서였습니다. 당시의 장례법을 보면 로마인들은 화장이 일반적인 관습이었지만, 유대인들은 시체가 쉽게 부패되는 것을 방지하기 위해 시체에 향품을 바르고 향료를 뿌린 다음 세마포로 깨끗하게 싸서 매장하는 것이 관습이었습니다(요 19:40). 여기에서 우리는 아리마대 요셉이 예수님을 위해 헌신과 희생을 아끼지 않았다는 것을 알 수 있습니다.

셋째로 자신의 무덤에 시신을 안장했습니다.

예수님의 시신을 깨끗하게 싼 아리마대 요셉은 유대식으로 장례를 치렀습니다. 그는 자신을 위해 미리 준비해두었던 새 무덤에 예수님 시신을 장사했습니다. 이 무덤은 바위를 파서 만든 것으로서 당시의 권력층만이 가질 수 있는 호화로운 무덤이었습니다. 참으로 그는 계산하지 않고 깨끗하고 아름답게 봉사한 사람이었습니다. 우리들도 아리마대 요셉처럼 아름답게 헌신하는 멋진 삶을 살아야겠습니다. 이 무덤은 수직으로 판 것이 아니라 바위에 수평으로 판 것이었기 때문에 돌을 굴러서 무덤의 입구를 막을 수 있었습니다.

사랑하는 여러분!

우리들도 주님의 일에 최선을 다해 헌신하는 삶을 살아야겠습니다. 또한 요셉처럼 주님의 일에 정성을 다하는 삶을 삽시다. 그리고 주님을 위한 일이라면 그 어떠한 것도 아까운 것이 없는 희생적인 삶을 살아야겠습니다.

요 한

[막 1:16-20]

갈릴리 해변으로 지나가시다가 시몬과 그 형제 안드레가 바다에 그물 던지는 것을 보시니 그들은 어부라 예수께서 이르시되 나를 따라오라 내가 너희로 사람을 낚는 어부가 되게 하리라 하시니 곧 그물을 버려 두고 따르니라 조금 더 가시다가 세베대의 아들 야고보와 그 형제 요한을 보시니 그들도 배에 있어 그물을 깁는데 곧 부르시니 그 아버지 세베대를 품꾼들과 함께 배에 버려 두고 예수를 따라가니라

> 요한(여호와께서 사랑하는 자란 의미)이란 이름은 유대인들 중에서는 아주 흔한 이름이었습니다. 그래서 동명이인이 많습니다. 오늘 이 시간에는 세베대와 살로메의 아들이요, 야고보의 형제인 요한에 대해 말씀드리고자 합니다. 그는 아주 성격이 급하고 불같은 사람이었습니다. 또한 너무나도 강한 그의 선민의식으로 인해 때로는 배타적인 면이 나타나기도 했습니다. 그러나 그는 겸손히 자신을 낮추고 하나님을 경외하는 믿음의 사람이었습니다. 때문에 그는 지금까지도 사랑의 사도로 남아있습니다.

1. 예수님의 제자였습니다.

첫째로 자기 일에 충실한 어부였습니다.

예수님께서는 3년 동안의 공생애 사역을 시작하시면서 제일 먼저 열두 제자들을 선택하시기 위해 갈릴리 호수가로 가셨습니다. 주님께서 그곳에서 시몬과 그의 형제 안드레가 그물 던지는 것을 보시고 "나를 따라 오라 내가 너희로 사람을 낚는 어부가 되게 하리라"(막 1:17)고 하셨습니다. 이에 그들은 곧 그물을 버려두고 예수님을 따랐습니다(막 1:18). 또한 조금 더 가시다가 야고보와 요한이 그물을 깁는 것을 보시고 그들을 부르셨습니다. 갈릴리 지방의 어부인 세베대와 살로메 사이에서 야고보의 형제로 태어났습니다. 그는 아버지를 따라 야고보와 함께 찢어진 그물을 깁고 있었습니다. 다시 말하면 그는 자기 생활에 아주 충실한 자였습니다. 이처럼 주님께서는 자기에게 맡겨진 일에 충실한 자를 들어 쓰십니다. 한마디로 주님께서는 그 어떤 사람의 개인적인 능력보다도 당신을 향한 열심을 그 무엇보다도 가장 중요하게 여기십니다. 그러므로 우리들도 자신의 가정과 교회, 직장과 사회에서 최선을 다해 충성하는 성실한 삶을 살아야 합니다.

둘째로 용기와 결단의 사람이었습니다.
예수님께서는 야고보와 요한이 세베대와 함께 그물을 깁는 것을 보시고 그들을 부르시자 그들은 "그 아버지 세베대를 품꾼들과 함께 배에 버려 두고 예수를 따라"(막 1:20) 나섰습니다. 그들은 이것저것을 따지거나 주저하지 않았습니다. 예수님의 말씀이 떨어지자마자 즉시 따랐습니다. 이것은 바로 그가 아주 적극적이고 용기와 결단력이 있는 사람임을 잘 보여주고 있는 것입니다. 한마디로 그는 아주 화끈한 사람이었습니다. 때문에 예수님께서 야고보와 요한에게 "우레의 아들"(막 3:17)이라는 별명까지 붙여주신 것이었습니다. 우리들의 신앙생활에서도 마찬가지입니다. 야고보와 요한 같은 용기와 결단이 필요합니다.

셋째로 수제자로 평생 주님만 따랐습니다.
그는 갈릴리 호수가에서 예수님의 부르심을 받고 그분을 따른 이후로 이 세상을 떠나는 그 순간까지 한번도 변함없이 끝까지 주님만 따랐습니다. 이것은 바로 그가 예수님을 따를 때에 그 어떤 순간적인 기분이나 감정에 의한 것이 아니라 평생토록 주님만 믿고 사랑하며 따르겠다는 굳은 결심에 의한 것이었기 때문입니다. 그가 바로 강한 성령의 능력에 이끌린 용기요 결단이었습니다. 그는 그 어떠한 고난과 역경에서도 변함없이 주님을 따랐습니다. 그는 노년에 복음을 전하다가 밧모섬에 유배되는 그 순간까지도 변함없이 신실한 제자의 삶을 살았습니다. 그는 참으로 심지가 견고한 믿음직스러운 제자였습니다. 우리들도 요한과 같이 하나님이 부르시는 그 순간까지 변함없이 주님만 믿고 따르는 견고한 삶을 살아야겠습니다.

사랑하는 여러분!
우리들도 언제, 어디서나, 항상 자신의 일에 충실한 삶을 삽시다. 또한 요한처럼 용기와 결단을 가지고 주님의 부르심에 순종해야겠습니다. 그리고 우리들의 생명이 다하는 그 날까지 주님만 믿고 따르는 견고한 삶을 사시기 바랍니다.

2. 신실한 믿음의 사도였습니다.

첫째로 기도의 사람이었습니다.
베드로와 요한은 날마다 시간을 정해 놓고 규칙적으로 기도했습니다(행 3:1). 그들은 제구시 시간에 기도하기 위해 성전으로 올라갔습니다. 바쁜 현대인들이 시간을 정해놓고 규칙적으로 기도한다는 것은 참으로 중요합니다. 또한 그들은 성전 중심의 사람이었습니다. 사실 기도에는 시간이나 장소가 따로 없습니다. 그러므로 언제, 어디서나 항상 기도할 수 있습니다. 그러나 온전한 신앙생활을 효과적으로 하기 위해서는 일정한 시간을 정해놓고 주님의 몸된 교회에서 규칙적으로 기도한다면 더할 나위 없이 귀한 일일 것입니다. 그리고 그는 자기 혼자만이 아니라 베드로와 더불어 기도했습니다. 하나님께서는 "너희 중의 두 사람이 땅에서 합심하여 무엇이든지 구하면 하늘에 계신 내 아버지께서 그들을 위하여 이루게 하시리라"(마 18:19)고 하셨습니다. 그렇습니다. 하나님께서는 언제나 기도의 사람과 함께 하시고 그를 사용하십니다.

둘째로 기사와 이적을 행했습니다.

베드로와 요한은 제구시 기도 시간에 성전으로 기도하러 가다가 성전 미문에서 구걸하는 나면서 못 걷게 된 사람을 만났습니다. 그런데 그는 베드로와 요한에게 동정을 구했습니다(행 3:3). 이에 베드로와 요한은 "은과 금은 내게 없거니와 내게 있는 이것을 네게 주노니 나사렛 예수 그리스도의 이름으로 일어나 걸으라 하고 오른손을 잡아 일으키니 발과 발목이 곧 힘을 얻고 뛰어 서서 걸으며 그들과 함께 성전으로 들어가면서 걷기도 하고 뛰기도 하며 하나님을 찬송"(행 3:6-8)했습니다. 베드로와 요한에게는 하나님의 말씀을 믿고 그대로 실행하는 신실한 믿음이 있었습니다. 그렇습니다. 우리들도 이러한 믿음만 있으면 하나님께서 주시는 능력으로 기사와 이적을 행할 수 있습니다.

셋째로 담대하게 복음을 전파했습니다.

베드로와 요한은 성전 미문의 나면서 못 걷게 된 사람을 일으키는 역사를 체험하고 나서는 자신감을 가지고 더욱 담대하게 복음을 전파했습니다. 때문에 위기의식을 느낀 대제사장들과 성전 맡은 자와 사두개인들이 그들을 잡아 가두었습니다. 그러나 베드로와 요한이 담대하게 전한 말씀을 들은 사람들 중에 믿는 자들이 많이 나타나 남자의 수만 약 5천 명이나 되었습니다(행 4:4). 이튿날에 관원과 장로와 서기관들이 베드로와 요한을 가운데 세우고 "너희가 무슨 권세와 누구의 이름으로 이 일을 행하였느냐"(행 4:7)고 심문했습니다. 그리고 예수님의 이름으로 말하지도 말고 가르치지도 말라고 했습니다(행 4:10-18). 이에 베드로와 요한이 그들에게 "하나님 앞에서 너희의 말을 듣는 것이 하나님의 말씀을 듣는 것보다 옳은가 판단하라"(행 4:19)고 담대하게 말했습니다.

사랑하는 여러분!
우리들도 쉬지 말고 기도합시다. 기도해야 삽니다. 또한 하나님의 말씀을 믿고 그대로 실행합시다. 기사와 이적이 일어날 것입니다. 그리고 언제, 어디서나 강하고 담대하게 복음을 전하는 멋진 삶을 사시기 바랍니다.

3. 사랑의 사도였습니다.

첫째로 주님의 사랑을 받았습니다.
예수님의 열두 제자들 중에서도 예수님의 사랑을 가장 많이 받은 사람은 요한이었습니다. 그는 원래 다혈질로서 급하고 과격한 인물이었습니다. 그러나 예수님의 사랑으로 인해 온유하고 사랑이 많은 사람으로 변화되었습니다. 때문에 예수님께서는 베드로와 요한, 야고보를 수제자로 삼으시고 늘 그들과 동행하셨습니다. 또한 전도하실 때에도 그들과 같이 하셨습니다. 변화산에도 그들과 같이 가셨습니다. 십자가를 앞에 두고 최후의 기도를 드리는 겟세마네 동산에도 같이 가셨습니다. 또한 주님께서는 제자들과의 최후 만찬준비도 베드로와 요한에게 준비케 하셨습니다. 그리고 십자가에 달려 운명하실 때에도 어머니 마리아를 요한에게 부탁하셨습니다. 주님께서는 그를 어느 누구보다도 더 사랑하셨습니다.

둘째로 주님을 끝까지 사랑했습니다.
베드로와 요한이 주님께서 재판 받으시는 가야바의 법정에까지 따라갔습니다. 그런데 문 지키는 여종이 베드로에게 "너도 이 사람의 제자 중 하나가 아니냐"(요 18:17)고 말하자 그는 "아니라"고 부인했습니다. 그러나 요한은 법정에까지 주님을 따라 들어갔습니다. 또한 주님께서 십자가를 지시고 갈보리 언덕을 오르실 때에도 요한은 같이했습니다. 그리고 주님께서 십자가에 못 박히실 때에도 끝까지 같이 했습니다. 때문에 그는 예수님께서 "내가 목마르다" "다 이루었다"는 말씀을 직접 듣고 그대로 기록했으며, 예수님의 옆구리에서 피가 흐르는 것과 아리마대 요셉과 니고데모가 예수님의 시체를 장사하는 모습을 생생하게 기록할 수 있었습니다.

셋째로 밧모섬에 유배되었습니다.
로마 황제 도미티아누스 때에는 황제숭배만 섬기도록 했습니다. 때문에 예수님이 참 구주라고 전하는 것은 철저하게 봉쇄되고 있었습니다. 그러나 요한은 굽히지 않고 예수만이 우리의 구주가 되심을 계속 선포했습니다. 그는 이제 몸을 제대로 가눌 수 없는 노구였음에도 불구하고 그의 복음전파에 대한 열정은 식을 줄 몰랐습니다. 그로 인해 그는 결국 밧모섬으로 유배되었습니다. 그러나 그는 자신이 '예수님의 환난에 참여하게 되었다'고 오히려 기뻐했습니다. 그는 그곳에서 환상 가운데 계시를 받아 신약의 예언서인 계시록을 썼습니다. 참으로 그는 주님을 사랑한 멋진 사도였습니다.

사랑하는 여러분!
우리 모두는 오늘 이 시간에 하나님의 사랑 안에 살고 있습니다. 그러므로 감사합시다. 또한 우리 주님을 끝까지 사랑합시다. 그리고 사나 죽으나 담대하게 주님의 복음을 전하는 심지가 견고한 삶을 사시기 바랍니다.

 # 유니게

[딤후 1:1-3]

하나님의 뜻으로 말미암아 그리스도 예수 안에 있는 생명의 약속대로 그리스도 예수의 사도 된 바울은 사랑하는 아들 디모데에게 편지하노니 하나님 아버지와 그리스도 예수 우리 주께로부터 은혜와 긍휼과 평강이 네게 있을지어다 내가 밤낮 간구하는 가운데 쉬지 않고 너를 생각하여 청결한 양심으로 조상적부터 섬겨 오는 하나님께 감사하고

> 어느 나라, 어떤 민족 누구에게 있어서나 한결 같이 어머니는 생각만 해도 좋고 불러보면 더 좋고 안기면 더더욱 행복합니다. 또한 이 세상에서 가장 귀하고 강한 것이 바로 모성애입니다. 그래서 '여자는 강하다. 그러나 어머니는 더 강하다'라는 말도 있습니다. 소들의 위계질서를 보면 언제나 힘센 놈이 왕입니다. 그러나 이 위계 질서가 바뀌게 되는데 바로 잉태하는 소가 생기면 언제나 그 소가 왕입니다. 제 아무리 힘센 소도 잉태한 소를 당할 수 없기 때문입니다. 오늘 본문의 유니게는 참으로 훌륭한 믿음의 어머니였습니다.

1. 참 좋은 신앙인

첫째로 어머니 로이스의 영향을 받았습니다.

성경은 유니게의 어머니 로이스에 대해서 별다른 언급이 없습니다. '로이스'란 말의 헬라어는 '보다 바람직한, 더 나은'이란 뜻을 가지고 있습니다. 그녀는 훌륭한 기독교적인 신앙을 가진 자로서 사도 바울의 칭찬을 한 몸에 지닌 여인이었습니다(딤후 1:5). 그녀가 사도 바울과 뭇 성도들의 칭찬을 받는 신앙생활을 했다는 것은 그녀가 하나님의 영광을 위해 참으로 헌신적인

삶을 살았다는 것을 증명해 주고 있는 것입니다. 때문에 유니게는 자신의 어머니인 로이스의 신앙적인 영향을 많이 받아들인 디모데를 믿음으로 잘 양육할 수 있었습니다. 그러므로 우리들도 신앙 열조들의 믿음을 본받아 자녀들에게 아름다운 신앙의 영향력을 끼치기 위해 최선을 다 해야겠습니다.

둘째로 심지가 견고한 믿음이었습니다.

유니게는 유대인이요, 그의 남편은 헬라인이었습니다(행 16:1). 다시 말하면 유대인인 그녀가 이방인 남자와 결혼한 것이었습니다. 물론 결혼 전에 개종했을 것입니다. 어떤 사람들은 결혼하기 전까지는 열심히 신앙생활을 하다가도 결혼한 후에는 언제 그랬느냐는 듯이 전혀 다른 불신앙적인 삶을 사는 것을 보게 됩니다. 그래서 '처녀 총각들의 믿음은 결혼해 봐야 안다' 는 말이 나오기까지 합니다. 또한 삶의 환경이 바뀌면서 믿음생활을 소홀히 하거나 아주 버리는 경우도 있습니다. 그런데 유니게는 결혼 전이나 결혼 후나 전혀 신앙에 이상이 없었습니다. 아마도 그녀의 신앙은 이 세상의 그 어떠한 핍박이나 고난에도 타협이 없는 심지가 아주 견고한 신앙인이었다는 것을 알 수 있습니다. 참으로 칭찬 받을 만한 아름다운 신앙을 가진 여인이었습니다(딤후 1:5).

셋째로 거짓이 없는 믿음이었습니다.

유니게의 믿음이 '거짓이 없는 믿음' 이었다는 것은 당시 바리새인들처럼 겉치레와 의식에 매인 위선 된 신앙이 아닌 꾸밈이 없는 아주 진실하고 순수한 신앙이었다는 것입니다. 이 세상은 지금 위선과 거짓으로 가득 차 있습니다. 때문에 가짜가 판을 칩니다. 예수님도 가짜가 있습니다. 교회도 가짜가 있고 목사도 가짜가 있습니다. 교회 직분자들도 가짜가 있습니다. 회사도 가짜가 있고 공산품도 가짜가 있습니다. 식료품도 가짜가 있습니다. 요즈음 가짜로 결혼을 하는 가짜 신랑신부도 있습니다. 가짜가 없는 것이 없을 정도입니다. 때문에 "짜가가 판을 친다"는 말이 있습니다. 그래서 요즈음에는 부부가 잠잘 때에도 당신 내 남편이나 내 아내가 맞느냐고 물어봐야 된다고 합니다. 그런데 유니게는 거짓이 없는 아주 순수한 신앙인이었습니다.

사랑하는 여러분!
우리들도 위대한 신앙인들의 믿음을 본받는 자들이 되어야겠습니다. 또한 유니게와 같이 그 어떠한 경우에도 변함없는 심지가 견고한 믿음직한 신앙인들이 됩시다. 그리고 위선과 거짓이 없는 아름다운성도들이 되시기 바랍니다.

2. 참 좋은 어머니

첫째로 신앙생활에서 모범을 보였습니다.
자녀들의 신앙교육에 있어서 가장 중요한 것은 부모가 먼저 하나님을 잘 믿고 그 말씀대로 행하면서 사는 것입니다. 다시 말하면 부모가 자신들의 신앙생활을 통해 하나님을 기쁘시게 하는 삶을 사는 것이 자녀들에게 최고의 신앙 모범을 보이는 것입니다(히 11:6). 그러므로 부모는 하나님을 열심으로 섬겨야 합니다. 언제나 하나님의 말씀대로 살아야 합니다. 전천후 예배자요, 전천후 충성자여야 합니다. 항상 감사 만만해야 합니다. 범사에서 사랑과 기쁨, 평화가 넘치는 삶을 살아야 합니다. 유니게가 사도 바울과 뭇 사람들로부터 칭찬 받은 것을 보면 신앙생활에서 아들 디모데에게 모범이 되었다는 것을 알 수 있습니다.

둘째로 신앙을 계승시켰습니다.

부모가 자녀들이 변함없이 신앙생활을 잘 할 수 있도록 계승시키는 것이 최고의 유산을 물려주는 것으로서 가장 가치 있는 일입니다. 이 세상에서 제 아무리 높은 명예와 권세, 많은 재물을 가지고 호화롭게 살았다고 할지라도 자녀들에게 신앙의 유산을 물려주지 못했다고 하면 그들은 최고로 불행한 삶을 산 인생 실패자들입니다. 그런데 유니게는 어머니의 아름다운 신앙을 계승받았고 그 신앙을 아들 디모데에게 또 계승시켰습니다. 그런데 요즈음 신앙인들 중에는 자녀가 몸이 아프면 큰일났다고 곧바로 병원으로 데리고 가면서도 그들의 영혼이 시들어가고 병들어 가는 데도 전혀 감각이 없습니다. 학원에 가는 것은 체크하면서도 자녀들의 신앙은 체크하지 않습니다. 그러나 분명한 것은 세상 교육은 자녀들의 영혼을 살릴 수 없습니다. 유니게는 아들을 말씀으로 철저하게 교육시켰습니다(딤후 3:15). 그렇습니다. 성경 말씀만이 자녀들을 올바르게 교육시킬 수 있습니다(딤후 3:16). 그러므로 우리들도 하나님의 말씀으로 자녀들을 잘 양육 시켜야겠습니다.

셋째로 아들을 훌륭하게 키웠습니다.

유니게는 아들을 아주 훌륭한 목회자로 잘 키웠습니다. 디모데는 유대인 어머니와 이방인 출신 아버지 사이에서 태어났지만 아주 좋은 신앙적인 분위기에서 자랐습니다. 그것은 바로 그동안 유니게의 헌신적인 믿음의 수고가 있었기 때문입니다. 그는 율법에 따라 할례를 받았습니다(행 16:3). 또한 어려서부터 성경을 배웠습니다(딤후 3:15). 그리고 초대교회의 목회자로 안수를 받았습니다(딤전 4:14). 그는 결국 바울의 동역자가 되어 충성 되이 사명을 감당했습니다. 그는 약한 체질을 가졌음에도 불구하고 복음을 전하는 일에 최선을 다했습니다(빌 2:22; 딤전 5:23). 그는 바울 사도의 사랑을 받는 믿음의 아들로서 초대 교회의 훌륭한 지도자였습니다. 다시 말하면 유니게는 결혼한 여자로서는 최상의 유산을 남긴 아름다운 여인이었습니다. 하나님의 말씀에 순종한 아브라함은 믿음으로 이스라엘 민족을 남겼지만 물질만 추구한 롯은 역사상 가장 비참한 모압과 암몬 족속을 남겼다는 사실을 기억해야 합니다.

사랑하는 여러분!
우리들도 철저한 신앙생활로 자녀들에게 모범을 보입시다. 또한 이유여하를 막론하고 우리들의 자녀들에게 하나님을 믿는 신앙을 계승시킵시다. 그리하여 우리의 자녀들이 훌륭한 하나님의 일꾼으로 세워질 수 있도록 힘쓰시기 바랍니다.

3. 어머니의 영향

첫째로 어머니의 기도가 자식을 살립니다.
이 세상에서 자식에게 가장 큰 영향을 미치는 것은 어머니입니다. 때문에 이스라엘에서는 아버지가 누구이든지 간에 전혀 상관하지 않지만 어머니는 반드시 이스라엘 사람이어야만 이스라엘 국적을 줍니다. 그것은 바로 자식은 어머니의 영향을 받기 때문입니다. 이스마엘이 목말라 죽게 되었을 때에 하갈이 눈물로 기도하여 샘물을 얻어 자식을 살렸습니다(창 21:14-19). 수로보니게 여인의 간절한 기도가 딸의 병을 고쳤습니다(마 15:21-28; 막 7:24-30). 그러므로 우리 부모들이 자녀들을 위한 최고의 선물은 그들을 위해 눈물로 기도하는 것입니다. 암브로스는 "눈물의 자식은 하나님이 결코 외면하시지 않는다"고 했으며, 시인 롱펠로우는 "어머니의 눈물은 자식들의 불평을 씻어내려 바른 심성을 갖게 한다"고 했습니다. 우리의 희생과 자녀들의 인생이 헛되지 않게 하려면 자녀를 위해 눈물로 기도해야 합니다.

둘째로 성경의 역사적인 인물들을 봅시다.

출애굽의 영웅 모세는 지혜로운 어머니 요게벳에 의해 이루어졌습니다. 그녀는 바로 궁에 들어가서 젖먹일 적부터 그가 하나님을 믿는 이스라엘 사람인 것을 계속 주지시켰습니다(출 2:1-10). 때문에 그가 바로 궁에 안주하지 않고 자기 민족을 출애굽 시킨 것입니다. 이스라엘의 마지막 사사요, 최초의 선지자로서 이스라엘의 왕을 임명하는 특권을 가진 사무엘도 한나의 눈물의 기도로 출생하여 자란 사람입니다. 유니게도 믿음으로 디모데를 잘 양육했기 때문에 초대교회의 훌륭한 지도자로 세운 것입니다.

셋째로 교회사의 인물들을 봅시다.

모니카는 극도로 타락하여 방탕의 삶을 살고 있던 아들을 위해 10여 년 동안이나 끊임없이 눈물로 기도하여 엄마 젖꼭지를 물었던 것까지 회개하는 성 어거스틴이 되게 했습니다. 수산나는 19명의 자녀들에게 성경을 창세기 1장부터 철저하게 가르치고 그 말씀대로 살도록 하고 규칙적인 삶을 살도록 훈련시켜 감리교를 창설하고 '세계는 나의 교구다'라는 슬로건을 걸고 세계 방방곡곡에 복음을 전파한 훌륭한 요한 웨슬레를 배출했습니다. 은혜로운 찬송을 많이 지은 찰스 웨슬레도 요한 웨슬레의 동생입니다.

사랑하는 여러분!

우리 모두 자녀들을 위해 눈물로 기도합시다. 자녀들의 신앙 인격에 신선한 충격을 주는 부모가 됩시다. 그리하여 교회와 사회를 위해 헌신하는 훌륭한 자녀로 키우시기 바랍니다.

# 유두고

[행 20:7-12]

그 주간의 첫날에 우리가 떡을 떼려 하여 모였더니 바울이 이튿날 떠나고자 하여 그들에게 강론할새 말을 밤중까지 계속하매 우리가 모인 윗다락에 등불을 많이 켰는데 유두고라 하는 청년이 창에 걸터 앉아 있다가 깊이 졸더니 바울이 강론하기를 더 오래 하매 졸음을 이기지 못하여 삼 층에서 떨어지거늘 일으켜보니 죽었는지라 바울이 내려가서 그 위에 엎드려 그 몸을 안고 말하되 떠들지 말라 생명이 그에게 있다 하고 올라가 떡을 떼어 먹고 오랫동안 곧 날이 새기까지 이야기하고 떠나니라 사람들이 살아난 청년을 데리고 가서 적지 않게 위로를 받았더라

> 유두고(복되다, 행운의 뜻)는 바울이 설교하는 동안에 삼층 누의 창문에 걸터앉아 졸다가 아래로 떨어져 죽은 드로아의 청년이었습니다. 이 유두고라는 이름은 대부분이 노예의 이름이었습니다. 그러므로 어쩌면 그는 하루종일 현장에서 일하는 노예였는지도 모릅니다. 그는 초만원이 된 방에서 창가에 걸터앉아 있다가 졸음으로 3층에서 떨어져 죽었습니다. 그러나 바울이 그를 안고 기도하여 "생명이 저에게 있다"고 말하고 그를 살려냈습니다. 참으로 놀라운 하나님의 역사였습니다.

1. 예배에 참석했습니다.

첫째로 주일날이었습니다.

사도 바울이 3차 전도여행을 마치고 예루살렘으로의 귀환 도중에 드로아에 일주일간 체류하게 되었습니다. 오늘 본문은 바울이 그곳에서 안식 후 첫날인 주일날 설교 도중에 발생했던 사건의 내용입니다(행 20:7). 초대교회에

서는 예수 그리스도께서 부활하신 날인 일요일을 주님의 날로 정하고 예배를 드렸습니다. 그래서 초대교회 이후의 모든 교회는 지금 이 시간까지 토요일을 안식일로 지키는 것이 아니라 주님께서 부활하신 날을 주님의 날로 정하고 예배드리는 것입니다. 안식일은 유대인들이 지키는 날이지만 주일은 예수 그리스도를 믿는 모든 성도들이 예배드리는 거룩한 날입니다. 당시 드로아의 신자들도 주님의 만찬을 기념하는 떡을 떼기 위해 주일에 모였던 것입니다(고전 16:16,17). 다시 말하면 오늘 우리들처럼 예배드리기 위해 모인 것이었습니다. 그러므로 우리들도 생명을 걸고 주일을 지켜야 합니다.

둘째로 말씀을 사모했습니다.
사도 바울은 그 이튿날 떠나기 때문에 성도들에게 밤중까지 설교를 계속했습니다(행 20:7). 그도 인간이기 때문에 긴 선교여행으로 피곤했을 것입니다. 그럼에도 불구하고 하나라도 더 전하고 가르치기 위해서 밤늦게까지 설교한 것이었습니다. 그런데 드로아의 사람들이 한 사람도 흩어짐이 없이 밤중까지 말씀을 들은 것을 보면, 유두고 역시 하나님의 말씀을 진심으로 사모했다는 것을 알 수 있습니다. 우리들도 사도 바울이나 드로아 사람들과 같이 열심히 전하고 배워야 합니다. 바울은 디모데에게 "너는 말씀을 전파하라 때를 얻든지 못 얻든지 항상 힘쓰라 범사에 오래 참음과 가르침으로 경책하며 경계하며 권하라"(딤후 4:2)고 명령했습니다. 이것은 바로 우리들을 향한 명령인 것입니다.

셋째로 창가에 걸터 앉았습니다.
노예였을 것으로 추측되는 유두고가 드로아 교회의 교인이었습니다. 그것은 바로 드로아 교회에는 유두고와 같은 서민층들이 많이 있었음을 시사하는 것입니다. 유두고가 창가에 걸터앉은 것에 대한 주석가들의 해석을 보면,

먼저 메튜헨리는 유두고가 창문에 걸터앉은 것에 대해 "비난받아 마땅한 건방진 행위"라고 했습니다. 또한 맥가비는 "방이 회중으로 꽉 차서 할 수 없이 청년인 그가 어른들에게 자리를 양보하고 어쩔 수 없이 창문턱에 걸터 앉았을 것이라"고 했습니다. 그리고 브루스는 "많은 등불들로 인해 방안의 공기가 너무 탁해서 신선한 공기를 마시기 위해서"였다고 했습니다. 이 세 사람의 추측들이 나름대로 일리가 있습니다. 여하튼 이 말씀을 통해서 우리들의 예배자세가 어떠해야 하는가에 대해 많은 것을 시사해주고 있습니다. 그러므로 우리는 이유 여하를 막론하고 반드시 예배에 성공해야 합니다.

사랑하는 여러분!
우리 모두는 하나님께 드리는 예배에 열심을 냅시다. 또한 뜨거운 마음으로 말씀을 사모합시다. 그리고 예배를 통해서 하나님께 크게 영광 돌리는 복된 성도들이 되시기 바랍니다.

2. 삼층에서 떨어져 죽었습니다.

첫째로 바울이 밤중까지 설교했습니다.
그날은 바울이 드로아에서 머물던 칠일 가운데 마지막 날이었습니다(행 20:7). 때문에 바울은 밤늦게까지 설교했습니다. 왜냐하면 바울은 자신이 드로아 교회 성도들에게 전해야 할 말씀은 많았는데 다시 그들을 찾아올 기회가 없을 것이라고 생각되어 밤중까지 계속 설교한 것이었습니다. 여기에서 우리는 사도 바울의 말씀증거에 대한 열정을 읽을 수 있습니다. 그는 말씀 증거하는 사명을 위해서 이미 생명을 내놓은 상태였습니다(행 20:24). 때문에 그는 물불을 가리지 않고 아침부터 밤중까지 "하나님의 나라를 증언하고 모세의 율법과 선지자의 말을 가지고 예수에 대하여 권"(행 28:23)했습니다. 참으로 지칠 줄 모르는 사명자였습니다. 우리들도 이러한 열정을 가지고 복음을 증거해야겠습니다.

둘째로 졸다가 떨어져 죽었습니다.

드로아의 성도들은 삼층 누의 윗다락에 모여 바울의 설교를 들었습니다. 초대교회들은 모두 다 믿음 있는 성도의 집에서 모인 가정교회였습니다. 당시는 오늘날과 같은 성전도 없었고 모일만한 공간도 없었습니다. 때문에 그들은 개인 집의 다락방에 모인 것이었습니다. 그럼에도 불구하고 모이기에 힘썼습니다. 비록 모임의 장소나 환경은 불편하고 열악했지만 모임의 열기만은 대단했습니다. 그들은 모이기를 힘쓰고 주님의 죽으심을 기념하고 떡을 떼며 말씀을 들음으로써 부활의 신앙을 다져나갔습니다. 그런데 유두고가 졸음을 참지 못하고 졸다가 삼층 누에서 떨어져 죽었습니다(행 20:9). 아마도 그가 다락 안으로 완전히 들어왔다고 하면 떨어져 죽는 일은 없었을 것입니다. 그로 인해 예배의 분위기는 잠시 동안 어수선해졌습니다. 그러므로 우리는 이유 여하를 막론하고 교회 안에 완전히 들어와서 신앙생활하면서 반드시 예배에 성공해야 합니다.

셋째로 현대판 유두고가 있습니다.

하나님께서는 영이시기 때문에 졸지도 않으시고 주무시지도 않으십니다(시 121:4). 늘 우리들의 삶의 현장에 함께 하시고 계십니다. 또한 교회는 하나님의 집입니다(딤전 3:15,16). 그리고 예배는 우리 성도들이 살아 계신 하나님께 몸과 마음, 시간과 물질은 물론 내게 있는 모든 것을 다 드려 경배를 드리는 행위입니다. 때문에 최고의 정성이 요구됩니다. 그 어떤 사람도 자신의 생애에서 중요하다고 생각되는 일에는 조는 일이 없습니다. 또한 육신의 연락과 관계되는 일에서도 졸지 않습니다. 때문에 카바레에서 춤추면서 조는 사람 없습니다. 도박장에서 도박하면서 조는 사람 없습니다. 운동경기를 보면서 조는 사람도 없습니다. 그런데 오늘의 현대판 유두고가 있습니다. 그러므로 예배 시간에 조는 것은 용납할 수 없는 행위입니다.

사랑하는 여러분!
우리들도 시간과 장소, 상황을 따지지 말고 열심히 복음을 전파합시다. 또한 세상 것들을 다 버리고 주님의 몸 된 교회 속에 깊숙이 들어와 살면서 예배에 성공하는 삶을 삽시다. 그리고 그 어떤 경우에서도 현대판 유두고가 되지 마시고 반드시 예배에 성공하시기 바랍니다.

3. 다시 살아났습니다.

첫째로 바울이 기도하여 살렸습니다.
바울은 자신이 드로아의 성도들에게 설교하는 도중에 유두고가 삼층 누에서 떨어져 죽었지만 당황하지 않고 민첩하게 그에게 "…내려가서 그 위에 엎드려 그 몸을 안고 말하되 떠들지 말라 생명이 그에게 있다"(행 20:10)고 했습니다. 이것은 바로 바울이 유두고 위에 엎드려 그 몸을 안고 기도했을 때에 그의 생명이 돌아왔음을 시사하는 표현입니다. 이는 엘리야가 사르밧 과부의 죽어 있는 아들을 살릴 때도 그랬습니다(왕상 17:21,22). 또한 엘리사가 수넴 여인의 죽은 아들을 살릴 때에도 마찬가지였습니다(왕하 4:34,35). 이것은 바로 바울이나 엘리야, 엘리사가 한 생명을 얼마나 사랑했는지를 알 수 있습니다. 그러므로 우리들은 예수님의 이름으로 우리의 믿음을 선포해야 합니다. 왜냐하면 바로 거기에서 믿음의 역사가 일어나기 때문입니다.

둘째로 합력하여 선을 이루었습니다.

삼층 누에서 떨어져 죽은 유두고를 사도 바울이 기도하여 살린 것을 본 드로아 교인들은 큰 위로를 받았습니다(행 20:12). 왜냐하면 하나님의 임재하심과 역사하심이 나타난 기사와 이적을 친히 목도했기 때문입니다. 그들에게는 기쁨과 감사가 넘쳤습니다. 뿐만 아니라 하나님에 대한 그들의 믿음과 신뢰가 더욱 견고해졌습니다. 저들을 비난하고 핍박하는 자들이나 이 세상에 대해 더욱 담대하게 복음을 전할 수 있었습니다. 안타까운 유두고의 사건으로 인해 오히려 전화위복의 큰 축복이 된 것입니다. 그렇습니다. 믿음으로 사는 자는 언제, 어디서나, 모든 상황에서 승리하게 됩니다.

셋째로 우리도 살리는 자들이 되어야 합니다.
하나님의 뜻은 범죄한 우리 인간들을 살리시는 것이었습니다. 때문에 독생자를 이 세상에 보내셨습니다(요 3:16). 예수님께서는 죄와 저주로 인해 죽을 수밖에 없는 불쌍한 우리 인간들을 살리시기 위해 이 세상에 오셨습니다. 그분은 이 일을 위해 친히 낮아지시고 겸손히 섬기셨으며 자신의 피와 살을 나누어 주셨고 친히 십자가에 못 박혀 희생하셨습니다. 그러므로 우리들도 나 자신을 낮추고 겸손히 섬겨야 합니다. 예수 그리스도의 사랑을 모든 사람들에게 전파해야 합니다. 그리고 이 일을 위해 생명을 바쳐 충성해야 합니다. 그것이 바로 우리 사명자들의 삶입니다.

사랑하는 여러분!
죄와 저주로 인하여 멸망해 가는 불신 영혼들을 바울의 심정으로 기도합시다. 범사에는 반드시 하나님의 섭리가 있음을 깨닫고 믿음으로 자신 있게 나아갑시다. 그리고 이유 여하를 막론하고 사람과 가정, 교회를 살리는 자들이 되시기 바랍니다.

# 헤로디아

[막 6:17-28]

전에 헤롯이 자기가 동생 빌립의 아내 헤로디아에게 장가 든 고로 이 여자를 위하여 사람을 보내어 요한을 잡아 옥에 가두었으니 이는 요한이 헤롯에게 말하되 동생의 아내를 취한 것이 옳지 않다 하였음이라 헤로디아가 요한을 원수로 여겨 죽이고자 하였으되 하지 못한 것은 헤롯이 요한을 의롭고 거룩한 사람으로 알고 두려워하여 보호하며 또 그의 말을 들을 때에 크게 번민을 하면서도 달갑게 들음이러라 마침 기회가 좋은 날이 왔으니 곧 헤롯이 자기 생일에 대신들과 천부장들과 갈릴리의 귀인들로 더불어 잔치할새 헤로디아의 4)딸이 친히 들어와 춤을 추어 헤롯과 그와 함께 5)앉은 자들을 기쁘게 한지라 왕이 그 소녀에게 이르되 무엇이든지 네가 원하는 것을 내게 구하라 내가 주리라 하고 또 맹세하기를 무엇이든지 네가 내게 구하면 내 나라의 절반까지라도 주리라 하거늘 그가 나가서 그 어머니에게 말하되 내가 무엇을 구하리이까 그 어머니가 이르되 3)세례 요한의 머리를 구하라 하니 그가 곧 왕에게 급히 들어가 구하여 이르되 3)세례 요한의 머리를 소반에 얹어 곧 내게 주기를 원하옵나이다 하니 왕이 심히 근심하나 자기가 맹세한 것과 그 5)앉은 자들로 인하여 그를 거절할 수 없는지라 왕이 곧 시위병 하나를 보내어 요한의 머리를 가져오라 명하니 그 사람이 나가 옥에서 요한을 목 베어 그 머리를 소반에 얹어다가 소녀에게 주니 소녀가 이것을 그 어머니에게 주니라

헤로디아는 예수 그리스도와 사도시대의 정치적인 지배자에 대한 '헤롯'의 여성형입니다. 헤로디아는 헤롯 대왕의 아들인 아리스도불러스의 딸이었습니다. 그녀는 헤롯 대왕의 아들인 빌립 1세와 결혼했습니다. 다시 말하면 자신의 친삼촌과 결혼한 것이었습니다. 그리고 후에는 남편의 이복형인 헤롯 안디바와 결혼하여 왕비가 되었습니다. 그러나 그녀는 역사 가운데서 가장 비열하고 사악한 여인으로 기록되었습니다.

1. 복잡한 결혼관계

첫째, 헤롯 빌립과 이혼했습니다.

헤로디아는 팔레스타인의 외곽 지대인 이두래와 드라고닛 지방의 분봉왕이며 자신의 삼촌인 헤롯 빌립과 결혼하여 살로메라는 딸까지 두었습니다. 그런데 헤롯 빌립은 팔레스타인 외곽 지역의 분봉왕이었기 때문에 팔레스타인 영토 내에서는 영향력이 매우 약한 존재였습니다. 또한 앞으로 성장 가능성의 측면에서도 매우 불투명한 존재였습니다. 다시 말하면 헤롯 빌립은 헤로디아의 마음에 차지 않았습니다. 때문에 그는 남편을 우습게 여기고 쉽게 버릴 수 있었습니다. 그렇습니다. 부부간의 비극은 결혼을 자기 유익을 위한 수단으로 생각하여 상대방을 하찮게 여기고 이용하려는 데서 비롯됩니다. 그러므로 어느 가정이든지 부부는 서로를 존중하고 귀하게 여겨야 합니다. 그래야 행복한 가정을 이룰 수 있습니다.

둘째, 남편의 형과 재혼했습니다.

그녀는 자신이 하찮게 여긴 헤롯 빌립과 이혼하고 그의 형으로서 헤롯 빌립보다는 훨씬 더 여건이 좋고 장래성이 있다고 생각되는 갈릴리와 베레아의 분봉왕이었던 헤롯 안디바를 선택하여 재혼했습니다(막 6:17). 이것은 바로 보다 더 나은 자신의 장래를 위해서 마땅히 지켜야 할 부부간의 신의를 버리고 능력자에게 편승하는 비겁한 배신행위였습니다. 우리들의 삶의 현장에서는 그 어떤 이유로도 이러한 배신이 없어야 합니다. 또한 그녀의 행위는 하나님의 말씀을 어기는 범법행위였습니다. 왜냐하면 성경은 "너는 형제의 아내의 하체를 범하지 말라 이는 네 형제의 하체니라"(레 18:16)고 말씀하셨기 때문입니다. 하나님의 사랑과 예수 그리스도의 십자가로 구원받은 우리 성도들은 이유 여하를 막론하고 자신과 가정을 아름답게 세워가야 합니다.

셋째, 근동지방의 고대 왕족들은 근친혼인을 했습니다.

고대에서는 왕족들이 자기 왕족의 혈통을 보존하기 위해 자기 집안들끼리 결혼하는 근친혼이 많았습니다. 요즈음도 재벌가들은 자기네들끼리 서로 사돈관계를 맺습니다. 또한 권력과 재벌이 함께 하는 결혼도 있습니다. 다시 말하면 가진 자들은 가진 자들끼리 혼인관계를 맺습니다. 얼마 전에 매스컴에서 설문 조사하여 보도한 것을 보면 강남사람들은 강남사람들끼리 결혼하기를 원한다고 했습니다. 그러므로 우리 성도들도 이 세상과 짝하지 않고 구원 받은 성도들이 서로 합력하여 아름다운 가정과 교회, 사회를 이루기 위해 최선을 다해야 합니다. 그것이 바로 하나님을 기쁘시게 하는 값진 일입니다.

사랑하는 여러분!
제 아무리 힘들고 어려워도 가정을 잘 지켜갑시다. 또한 결혼 생활을 자신의 그 어떤 유익을 위한 수단으로 전락시키는 불행한 일이 없어야 합니다. 그리고 예수 그리스도의 십자가의 은혜로 구원받은 자들로서 언제나 성도다운 구별된 삶을 살아가시기 바랍니다.

2. 세례 요한의 책망

첫째, 헤롯 안디바를 책망했습니다.

당시의 정치적인 상황에서는 막강한 권력을 행사하고 있는 분봉왕 헤롯 안디바와 헤로디아의 결혼관계에 대해 어느 누구도 비난할 수 없었습니다. 그런데 세례 요한은 헤롯 안디바에게 "당신이 그 여자를 차지한 것이 옳지 않다"(마 14:4; 막 6:18)고 책망했습니다. 헤롯 안디바는 세례 요한의 책망을 받아 마땅했습니다. 왜냐하면 헤롯 안디바가 로마를 방문했을 때에 헤롯 빌립과 헤로디아는 그를 성대하게 환대하기까지 했습니다. 그런데 헤롯 안디바는 자신의 아내였던 아라비아의 공주와 이혼하고 동생의 아내인 헤로디아와 관계를 맺고 재혼했기 때문입니다. 그런데 선지자인 세례 요한이 당시 갈릴리와 베레아의 분봉왕으로서 절대권력자인 헤롯 안디바를 두려워하지 않고 그의 잘못을 책망한 것이었습니다. 그렇습니다. 사명자는 언제, 어디서나, 항상 강하고 담대해야 합니다.

둘째, 헤롯 안디바는 요한을 죽이지 못했습니다.

세례 요한의 책망을 받은 헤롯 안디바가 "요한을 죽이려 하되 무리가 그를 선지자로 여기므로 그들을 두려워하…"(마 14:5)였습니다. 또한 그는 "요한을 의롭고 거룩한 사람으로 알고 두려워하여 보호하며 또 그의 말을 들을 때에 크게 번민을 하면서도 달갑게 들…"(막 6:20)었습니다. 때문에 헤롯 안디바는 요한을 죽이지 못했습니다. 그러나 그들은 세례 요한의 책망을 받아들이지 않고 그를 자신들의 권위를 무시하고 도전하는 악한 사람으로 생각했습니다. 그래서 그들이 세례 요한을 죽이려는 악한 생각을 갖게 된 것이었습니다. 그렇습니다. 죄로 인하여 양심이 화인 맞은 사람은 선과 악을 구별할 수 없기 때문에 언제나 악의의 도구로 사용됩니다. 우리들은 그 어떤 이유로도 남을 미워하거나 해치고 죽이려는 악한 생각을 가져서는 절대로 안 됩니다. 우리 성도들은 이유 여하를 막론하고 하나님의 뜻을 따라 사람을 세우고 살리는 아름다운 삶을 살아야 합니다.

셋째, 요한을 투옥시켰습니다.

헤롯 안디바와 헤로디아는 세례 요한을 죽이지는 못했지만 적당한 때에 그를 제거하기 위해 결박하여 투옥시켰습니다(마 14:3). 그러나 그것은 세례 요한을 통해서 역사하시는 하나님의 말씀을 무시하고 거역하는 무서운 범법 행위였습니다. 또한 그들은 죄 없는 하나님의 사람을 죄인처럼 취급하여 억울하게 가두는 악한 사람들이었습니다. 그리고 그들 스스로가 악의 축이 되어 하나님의 심판을 받아 멸망할 수밖에 없는 파멸의 길에 들어

선 것이었습니다. 분명한 것은 하나님께서 하시는 일은 이 세상의 그 누구도 막을 수 없습니다. 그러므로 우리들은 그 어떠한 이유로도 자신의 유익을 위해서 다른 사람을 억울하게 하는 일은 결코 없어야 합니다. 그것이 바로 십자가 정신입니다.

사랑하는 여러분!
하나님의 말씀을 겸허한 자세로 받아들이고 순종하는 삶을 삽시다. 또한 그 어떤 이유로도 남을 미워하거나 생명을 해치는 일이 없어야 합니다. 그리고 이유 여하를 막론하고 남을 억울하게 하지 말고 편안하게 하는 은혜로운 삶을 사시기 바랍니다.

3. 세례 요한을 처형

첫째, 살로메를 불의의 도구로 이용했습니다.
헤롯 안디바의 감성에 대해 잘 알고 있는 헤로디아는 헤롯 안디바가 "자기 생일에 대신들과 천부장들과 갈릴리의 귀인들로 더불어 잔치할…"(막 6:21) 때에 자신의 딸인 살로메를 이용하여 계략을 꾸몄습니다. 그것은 바로 헤롯 안디바가 잔치자리에서 주흥이 오르자 살로메로 하여금 춤을 추게 하여 술에 취한 헤롯 안디바의 감정을 자극하여 세례 요한을 죽이려는 자신의 목적을 이루려는 것이었습니다. 헤로디아는 이미 악의 축이 되어 세례 요한을 죽이려는 완전한 계략을 갖고 있었습니다. 그렇습니다. 사람이 하나님을 배신하고 타락하게 되면 곧바로 악의 축이 되어 걷잡을 수 없는 범죄를 저지르게 됩니다. 그러나 분명한 것은 그 길은 파멸의 길입니다.

둘째, 헤롯 안디바가 경솔한 제안을 했습니다.
술에 취한 헤롯 안디바는 나풀거리는 야한 옷을 입고 요염한 몸짓으로 춤을 추는 살로메의 자태에 매혹되어 함께 앉은 자들과 기뻐하면서 그 소녀에게 "...무엇이든지 네가 원하는 것을 내게 구하라 내가 주리라 하고 또 맹세하기를 무엇이든지 네가 내게 구하면 내 나라의 절반까지라도 주리라"(막 6:22,23)고 했습니다. 참으로 정신없는 헤롯 안디바였습니다. 어떻게 어린 소녀에게 나라의 절반을 줍니까? 그래서 술은 인간을 바보로 만들어 실패하게 합니다. 옛말에도 늘 잔치 집을 맴돌면서 술을 즐기는 자는 장래성이 없다고 했습니다. 또한 우리들은 절대로 말을 함부로 해서는 안 됩니다. 언제나 하나님께서 기뻐하시고 영광을 받으실 만한 생각을 하고 말을 해야 합니다. 그러므로 우리들은 그 어떤 이유로도 세상 연락에 빠지지 말아야 합니다.

셋째, 세례 요한이 참수되었습니다.
헤롯 안디바의 제안을 받은 살로메는 자기 어머니인 헤로디아에게 가서 "...내가 무엇을 구하리이까"라고 물었습니다. 딸의 질문을 받은 헤로디아는 "세례 요한의 머리를 구하라"(막 6:24)고 주문했습니다. 이에 살로메는 왕에게 급히 들어가서 구하기를 "...세례 요한의 머리를 소반에 얹어 곧 내게 주기를 원하옵나이다"(막 6:25)라고 했습니다. 이에 왕은 심히 근심했습니다. 그러나 자기가 맹세한 것과 그 앉은 자들을 의식하여 거절할 수 없었기 때문에 시위병을 불러서 요한의 머리를 가져오게 하여 그 머리를 소반에 담아 살로메에게 줌으로 그녀가 받아 자기 어머니인 헤로디아에게 주었습니다(막 6:26-28). 그리하여 세례 요한은 사악한 헤로디아의 계략에 의해 목 베어 죽임을 당했습니다.

사랑하는 여러분!
우리 모두는 그 무엇이든지 악한 도구로 사용해서는 안 됩니다. 또한 우리들의 삶이 이 세상 연락에 취하여 범죄하는 일이 없도록 각별히 주의해야 합니다. 그리고 절대로 남의 생명을 해치지 말고 살리는 삶을 사시기 바랍니다.

 # 헤롯 대왕

[마 2:1-12]

헤롯 왕 때에 예수께서 유대 베들레헴에서 나시매 동방으로부터 1)박사들이 예루살렘에 이르러 말하되 유대인의 왕으로 나신 이가 어디 계시냐 우리가 동방에서 그의 별을 보고 그에게 경배하러 왔노라 하니 헤롯 왕과 온 예루살렘이 듣고 소동한지라 왕이 모든 대제사장과 백성의 서기관들을 모아 그리스도가 어디서 나겠느냐 물으니 이르되 유대 베들레헴이오니 이는 선지자로 이렇게 기록된 바 ㄱ)또 유대 땅 베들레헴아 너는 유대 2)고을 중에서 가장 작지 아니하도다 네게서 한 다스리는 자가 나와서 내 백성 이스라엘의 목자가 되리라 하였음이니이다 이에 헤롯이 가만히 박사들을 불러 별이 나타난 때를 자세히 묻고 베들레헴으로 보내며 이르되 가서 아기에 대하여 자세히 알아보고 찾거든 내게 고하여 나도 가서 그에게 경배하게 하라 박사들이 왕의 말을 듣고 갈새 동방에서 보던 그 별이 문득 앞서 인도하여 가다가 아기 있는 곳 위에 머물러 서 있는지라 그들이 별을 보고 매우 크게 기뻐하고 기뻐하더라 집에 들어가 아기와 그의 어머니 마리아가 함께 있는 것을 보고 엎드려 아기께 경배하고 보배합을 열어 황금과 유향과 몰약을 예물로 드리니라 그들은 꿈에 헤롯에게로 돌아가지 말라 지시하심을 받아 다른 길로 고국에 돌아가니라

헤롯(영웅이라는 뜻)은 에서의 후손인 이두메인으로서 유대교로 개종한 자의 후손이었습니다. 다시 말하면 그는 단지 유대에서 태어난 사람이었지 진정한 유대인은 아니었습니다. 그가 한 일들을 보면 모두가 다 유대인들을 압박하는 이방의 독재자였습니다. 그는 간계와 뇌물로 당시 로마의 속국이었던 유대의 왕이 되어 무서운 학정을 펼쳤습니다. 그는 대단히 교만하고 냉정했으며 언제나 자신을 과신했습니다. 때문에 그는 자신이 스스로 "헤롯"이란 이름에 "대왕"이란 말을 붙였습니다.

1. 정권욕에 사로잡힌 자

첫째, 정권욕이 대단했습니다.

그는 25세의 젊은 나이에 갈릴리의 총독으로 부임했습니다. 그리고 7년 뒤에 로마의 아우구스도에 의해 유대 왕으로 임명되었습니다. 당시 유대는 로마가 지배하고 있는 속국이었습니다. 그는 로마 정부의 관리들에게 수단과 방법을 가리지 않고 온갖 아부와 뇌물을 바치면서 충성을 다했습니다. 그는 유대인이 아니었기 때문에 유대인의 민족의식이나 여호와 하나님에 대한 신앙이 전혀 없었습니다. 때문에 그가 한 일들을 보면 대규모의 우상제단을 건축했습니다. 물론 그는 예루살렘 성전의 재건축사업도 전개했습니다. 그러나 그것은 그에게 여호와 하나님에 대한 신앙이 있어서가 아니라 유대인들의 마음을 잡기 위한 정략적인 조치였습니다. 한마디로 그는 정권욕에 사로잡힌 노예였습니다.

둘째, 유대인들에게 매우 배타적이었습니다.

그는 줄리어스 시저가 이끄는 로마의 원로회의를 돈으로 매수하여 그 대가로 B.C. 37년에 유대 왕으로 임명되었습니다. 때문에 그는 유대의 왕이었음에도 불구하고 유대인들에 대한 애정은 전혀 없었습니다. 또한 이방인들에게 배타적인 유대인들을 다스리기 위해서도 남다른 정치력이 필요했었습니다. 그래서 소요로 인한 내란이 발생하지 않도록 특별히 신경을 썼습니다. 그리고 로마정부의 눈치를 보면서 자신의 정권 유지에만 온 힘을 기울였습니다. 한마디로 정치적 야망이 남다른 사람이었습니다. 그러나 분명한 것은 하나님이 내신 권력이 아니면 하나님께 영광 돌리는 통치를 할 수 없다는 점입니다. 그러므로 우리 모두는 모든 것을 하나님께 맡기고 그분이 원하시는 대로 살아야 합니다.

셋째, 견제세력을 무조건 제거했습니다.

그는 유대 경내에 있는 자신에 대한 견제세력에 대해서는 철저하게 배제시켰으며 만약에 도전세력이라고 의심이 되면 가차 없이 처단했습니다. 또한 유대를 통치하고 있는 로마정부의 권력에 아부하고 충성하기 위해 유대인들에 대해서는 아주 잔인한 학대정책을 펼쳤습니다. 그리고 그는 자신의 아내와 장남을 비롯한 두 아들들, 장모와 처남, 삼촌까지도 숙청했습니다. 그는 자신이 가진 권력유지를 위해 일말의 인정사정이나 눈물도 없는 참으로 냉혈동물과 같이 차갑고 무서운 사람이었습니다.

사랑하는 여러분!
우리 모두는 하나님을 믿는 신앙 안에서 모든 것을 바라고 찾아야 합니다. 또한 그 어떤 이유로도 다른 사람에 대한 배타적인 삶을 살지 맙시다. 그리고 주위의 모든 이들과 항상 좋은 관계를 맺으면서 아름다운 삶을 사시기 바랍니다.

2. 예수님을 죽이려 한 자

첫째, 동방박사의 방문을 받았습니다.

예수님 탄생 시에 유대의 왕이었던 그는 자신의 왕권을 유지하기 위해 수단과 방법을 가리지 않았습니다. 그런데 그 때에 "동방으로부터 박사들이 예루살렘에 이르러 말하되 유대인의 왕으로 나신 이가 어디 계시냐 우리가 동방에서 그의 별을 보고 그에게 경배하러 왔노라"(마 2:1,2)고 했습니다. 이에 헤롯왕과 온 예루살렘이 듣고 소동했습니다. 이에 "왕이 모든 대제사장과 백성의 서기관들을 모아 그리스도가 어디서 나겠느냐"(마 2:4)라고 물으니 그들은 이것은 이미 선지자를 통해서 예언된 것인데 유대 땅 베들레헴에서 나신다고 말했습니다(미 5:2; 마 2:5,6). 이 말을 들은 헤롯은 동방박사들을 "...

가만히 불러 별이 나타난 때를 자세히 묻고 베들레헴으로 보내며 이르되 가서 아기에 대하여 자세히 알아보고 찾거든 내게 고하여 나도 가서 그에게 경배하게 하라"(마 2:7,8)고 했습니다. 그러나 이것은 그가 예수님을 죽이기 위한 음모였습니다.

둘째, 하나님께서 동방박사에게 지시하셨습니다.
동방에서 온 "박사들이 왕의 말을 듣고 갈새 동방에서 보던 그 별이 문득 앞서 인도하여 가다가 아기 있는 곳 위에 머물러 서 있는지라 그들이 별을 보고 매우 크게 기뻐하고 기뻐…"(마 2:9,10)했습니다. 또한 그들은 곧바로 "집에 들어가 아기와 그의 어머니 마리아가 함께 있는 것을 보고 엎드려 아기께 경배하고 보배합을 열어 황금과 유향과 몰약을 예물로 드…"(마 2:11)렸습니다. 그런데 하나님께서 꿈에 그들에게 "헤롯에게로 돌아가지 말라 지시하심을 받아 다른 길로 고국에 돌아…"(마 2:12)갔습니다. 이것은 바로 하나님께서 정권유지에 혈안이 되어 있는 헤롯이 유대의 왕으로 오신 예수님을 죽이려 하는 것을 잘 아시고 박사들이 헤롯에게로 돌아가는 것을 막으신 것이었습니다. 그렇습니다. 하나님께서는 지금 이 시간에도 당신의 자녀들을 눈동자처럼 지키십니다.

셋째, 하나님께서 요셉에게 지시하셨습니다.
동방박사들이 예수님께 경배하고 떠난 후에 "주의 사자가 요셉에게 현몽하여 이르되 헤롯이 아기를 찾아 죽이려 하니 일어나 아기와 그의 어머니를 데리고 애굽으로 피하여 내가 네게 이르기까지 거기 있으라"(마 2:13)고 하셨습니다. 이에 요셉은 아기와 그의 어머니를 데리고 애굽으로 가서 헤롯이 죽기까지 그곳에서 살았습니다(마 2:14,15). 하나님께서 우리들의 인생길을 구체적으로 인도해주시고 책임져주십니다. 그러므로 성도들은 아무 것도 염려하지 말고 오직 믿음으로 순종하며 따라 가기만 하면 됩니다.

사랑하는 여러분!

우리 모두는 하나님의 섭리와 역사하심을 무조건 기뻐하고 즐거워해야 합니다. 왜냐하면 그 모두 다 우리를 향하신 큰 축복이기 때문입니다. 또한 언제나 하나님의 말씀대로만 삽시다. 반드시 사는 길이 열립니다. 그리고 하나님의 명령에 즉시 순종합시다. 복된 삶이 전개될 것입니다.

3. 비극의 왕가를 이룬 자

첫째, 유대의 영아를 학살했습니다.

그는 한 때 팔레스틴에 안정을 가져오고 왕궁과 예루살렘 성전을 세우기도 했습니다. 그러나 그는 근본적으로 악한 자였습니다. 헤롯은 성경의 예언을 믿으면서도 선지자들이 예언한 예수님을 죽이려고 했습니다. 그는 동방박사들이 자기에게 돌아오지 않자 속은 줄 알고 심히 노하여 "…사람을 보내어 베들레헴과 그 모든 지경 안에 있는 사내아이를 박사들에게 자세히 알아본 그 때를 기준하여 두 살부터 그 아래로 다 죽…"(마 2:16)였습니다. 그러나 그의 이러한 영아학살 행위로는 우리 주님을 죽일 수 없었습니다. 그렇습니다. 전능하신 하나님께서 우리를 위하시면 그 어떤 악의 세력도 우리들을 해칠 수 없습니다. 그러므로 우리들은 나 자신이 그 어떠한 악조건의 환경에 처했다고 할지라도 두려워하지 말고 자신 있게 살아가야 합니다.

둘째, 사람의 생명을 해친 왕가였습니다.

그의 뒤를 이어 유대의 왕이 된 헤롯 아켈라오는 부왕의 잔인함을 그대로 이어 받아 영향력 있는 유대인들을 3천 명이나 살해했습니다. 또한 헤롯 안디바는 동생의 아내인 헤로디아를 빼앗아 결혼한 것 때문에 세례 요한의 책망을 받고 세례 요한을 결박하여 투옥시켰다가 헤로디아의 요구를 받고 세례 요한의 목을 쳐 죽였습니다(마 14:1-12). 그리고 헤롯 대왕의 손자인 헤롯 아그립바 1세는 야고보를 칼로 죽였습니다(행 12:1,2). 뿐만 아니라 예수님의 수제자인 베드로를 가두기까지 했습니다(행 12:3-11). 다시 말하면 3대가 모두 다 악을 행했습니다. 참으로 불행한 왕가였습니다. 우리는 이유 여하를 막론하고 죄와 악은 물론 부정적인 영향을 후손에게 끼치는 일이 없어야 합니다.

셋째, 비참한 최후를 남겼습니다.
헤롯 대왕은 무고한 어린 생명들은 물론 수많은 사람들을 괴롭히고 죽였습니다. 그런데 그토록 완악했던 그에게도 하나님께서 정하신 죽음이 찾아왔습니다(마 2:19). 역사가 요세푸스에 의하면 그는 내장이 썩고, 벌레가 났으며, 악취와 경련이 끊이질 않았다고 했습니다. 그의 병은 백약이 무효하였기 때문에 절망 가운데서 신음하다가 죽었다고 했습니다. 안타까운 것은 죽은 그의 모습이 마치 잔인한 괴물과 같았다고 했습니다. 참으로 비참한 최후를 남긴 불행한 자였습니다. 하나님께서는 영아학살이후 곧바로 그를 죽이셨습니다. 자신의 권력을 유지하기 위해 그토록 무섭게 휘둘렀던 그의 권세와 능력도 그를 죽음의 자리에서 건져내지 못했습니다. 감사한 것은 그가 죽음으로 유대 땅에 평화가 왔다는 것입니다. 그러므로 우리들은 이유 여하를 막론하고 이웃이나 환경을 불안하게 해서는 안 됩니다. 우리 인간에게 있어서 한 번 죽는 것은 사람에게 정하신 것입니다. 때문에 내가 지금 살아있을 때에 하나님 잘 믿고 모든 사람들을 평안케 하는 멋진 삶을 살아야 합니다. 이것이 바로 우리 성도들의 사명입니다.

사랑하는 여러분!
우리들은 이유 여하를 막론하고 살리고 세우는 삶을 삽시다. 또한 어떤 이유로도 남을 해치는 불행한 자들이 되지 맙시다. 그리고 단 한번밖에 살 수 없는 우리들의 인생이 가장 아름다운 삶의 자취를 남기도록 해야겠습니다.

신약인물 설교

- 초판인쇄 | 2016년 12월 28일

- 지은이 | 김요셉
- 발행인 | 김요셉
- 발행처 | 도서출판 선교횃불(ccm2u)
  전화:02-2203-2739 팩스:02-2203-2738
- 등록일 | 1999년 9월 21일 제54호
- 등록처 | 서울 송파구 백제고분로27길 12(삼전동)
- 이메일 | ccm2you@gmail.com
- 홈페이지 | www.ccm2u.com

- 파본은 교환해 드립니다.
- 이 출판물은 저작권법의 보호를 받는 저작물이므로
  무단전재와 무단복제를 금합니다.